中国再制造产业技术发展

(2019)

京津冀再制造产业技术研究院 编著

权威发布再制造产业技术现状，引领产业发展趋势

机械工业出版社
CHINA MACHINE PRESS

再制造产业被我国列为支持生态文明建设、循环经济发展的战略性新兴产业，本书全面介绍了国内外再制造产业发展现状，围绕汽车零部件、航空装备、机床、工程机械、动力装备、轨道交通装备、办公设备等行业的再制造，对行业的发展概况、规模、运行情况、贸易及技术水平、存在的问题及发展建议等进行了详细论述。结合国家10年来再制造示范试点的经验，选择介绍了不同行业再制造技术创新企业典型案例，并专题介绍了国家再制造产业政策及解析。

本书可供从事再制造管理、技术和科研工作的人员参考。

图书在版编目（CIP）数据

中国再制造产业技术发展. 2019/京津冀再制造产业技术研究院编著. —北京：机械工业出版社，2019.9
ISBN 978-7-111-63976-3

Ⅰ. ①中… Ⅱ. ①京… Ⅲ. ①制造工业－工业发展－研究－中国－2019 Ⅳ. ①F426.4

中国版本图书馆 CIP 数据核字（2019）第 224761 号

机械工业出版社（北京市百万庄大街22号　邮政编码100037）
策划编辑：吕德齐　　责任编辑：吕德齐
责任校对：李　杉　　封面设计：严娅萍
责任印制：孙　炜
保定市中画美凯印刷有限公司印刷
2020年1月第1版第1次印刷
169mm×239mm ・17.5 印张・327 千字
0001—1900 册
标准书号：ISBN 978-7-111-63976-3
定价：78.00 元

电话服务　　　　　　　　网络服务
客服电话：010-88361066　机 工 官 网：www.cmpbook.com
　　　　　010-88379833　机 工 官 博：weibo.com/cmp1952
　　　　　010-68326294　金　书　网：www.golden-book.com
封底无防伪标均为盗版　机工教育服务网：www.cmpedu.com

《中国再制造产业技术发展（2019）》
指导委员会及编写委员会

指导委员会
主　任　徐滨士
副主任　何光远　薛群基
委　员　杨兴富　刘世参　宋天虎　刘文强　李冬茹　朱　胜

编写委员会
主　任　张　伟
副主任　史佩京　于鹤龙
撰稿人　（按姓氏笔画排序）
　　　　于鹤龙　么　新　王玉江　史佩京　刘　欢　刘宏伟　闫世兴
　　　　许　艺　阮　霞　李圣文　李　臣　李恩重　汪　勇　张　伟
　　　　张洪涛　周新远　侯廷红　侯建明　夏　丹　曹华军　梁秀兵
　　　　董世运　蒋　杰　韩红兵　谢建军　魏世丞　魏　敏
统稿人　张　伟　时小军

序

党的十九大报告提出"加快建设制造强国"目标，同时提出生态文明建设和保护生态环境要求。再制造作为符合国家战略目标，符合我国发展方向的朝阳产业和新兴产业，正逐渐引起全社会的关注和重视。

再制造是对废旧产品进行专业化修复升级改造，使其质量特性不低于原型新品的制造技术。作为循环经济"再利用"的最佳形式，再制造构建了"资源—产品—报废—再制造产品"的循环型产业链条，重塑了节能、环保、可持续的绿色发展模式，为工业绿色化发展提供了有力保障。

发展再制造产业，一方面可以缓解大量报废产品带来的环境负荷加重问题，另一方面使废旧机电产品得以循环利用，节约资源，降低成本。据统计，再制造与制造新品相比，节能60%，节材70%，综合成本节约50%以上，几乎不产生固体废物，大气污染物排放量降低80%以上。2018年联合国环境署发布最新报告《重新定义价值——制造业革命：循环经济中的再制造、翻新、维修和直接再利用》，指出：再制造可以节省80%~98%的新材料，有助于温室气体排放量减少79%~99%。因此再制造产业对提升绿色制造水平，促进制造业转型升级，推动全球可持续发展作用明显、意义重大。

我国高度重视再制造产业的培植和发展。2005年以来，国家出台了50余项相关政策法规，再制造专项政策法规近30项，再制造国家标准30多个。再制造产业在国家政策引导、扶持、推动下快速蓬勃发展：目前国内已经有上千家再制造企业，其中试点企业153家，产业示范基地8个，涉及汽车零部件、工程机械、能源、冶金、电力装备及电子信息产品等十几个领域；再制造产品种类不断丰富，产值约达1000亿元人民币。初步形成了"以高新技术为支撑、产学研融合、既循环又经济、自主创新"的中国特色再制造产业模式。

再制造产业的快速发展急需数据分析和研究支撑，因此有必要对我国再制造产业现状进行全面深入的调查研究，总结特点和规律，并在此基础上进一步探索高端再制造、智能再制造发展新模式。本书编写组在长期开展再制造理论研究和实际调研的基础上，全面总结、梳理了国内外再制造产业发展的历程,剖析了不同行业再制造的现状、特点,精选了行业再制造的典型案例,汇编了再制造相关的国家政策,为了解我国再制造产业结构特点及未来发展潜力提供了翔实数据,也为确定下一步发展重点提供了方向和思路。

这本书是践行我国"创新、协调、绿色、开放、共享"发展理念的成果,为我国再制造产业成长壮大提供了实践指导和研究支撑。我相信,本书的出版将有利于深化各行各业对再制造产业的认识,有利于推动绿色再制造技术不断突破,有利于促进再制造产业向高端再制造、智能再制造持续进化。

中国工程院院士 徐滨士

前　言

经过近一年的努力，《中国再制造产业技术发展（2019）》终于呈献给了读者。本书聚焦于循环经济战略性新兴产业——再制造。再制造是循环经济"再利用"的最佳形式，再制造产业的发展将构建"资源—产品—报废—再制造产品"的循环型产业链条，构筑节能、环保、可持续的工业绿色发展模式，对中国经济社会的可持续发展和生态文明建设具有重大意义。不仅如此，随着"一带一路"倡议的深化，中国探索支持工业绿色发展的再制造路径，也将对全球可持续发展产生深远影响。

改革开放以来，中国经济取得了举世瞩目的伟大成就，然而高速发展也带来了多重挑战：在成为全球制造业第一大国的同时，资源开发利用强度已相当高，资源投入量大，废弃物排放量高速增长，经济增长过度依赖能源资源消耗，自然环境承受的生态压力巨大。环境污染和资源匮乏已成为制约中国可持续发展的突出问题。为了少走发达国家工业化过程中资源过度消耗、环境重度污染的弯路，我国进行了诸多探索和研究。

再制造作为支撑循环经济发展的重要战略性新兴领域，以其独特优势和实际效果受到国家高度重视，已列入"国家中长期科技发展规划（2006—2020）"。同时政府推出了一系列支持推动再制造产业发展的法规和政策，包括《循环经济促进法》《战略性新兴产业重点产品和服务指导目录》《关于加快推进生态文明建设的意见》《中共中央关于制定国民经济和社会发展第十三个五年规划的建议》等。再制造产业在这样的战略推动和政策扶持下快速发展，成果得到世界各国的高度关注和赞誉。

《工业绿色发展规划（2016—2020年）》和《绿色制造工程实施指南（2016—2020年）》颁布后，工业和信息化部印发《高端智能再制造行动计划（2018—2020年）》，引领再制造产业向高端再制造、智能再制造升级进化，以进一步提升再制造技术管理水平和产业发展质量，推动形成绿色发展方式，实现绿色增长。为全面系统展现再制造产业发展面貌、考察《高端智能再制造行动计划（2018—2020年）》落实状况，工业和信息化部节能与综合利用司高云虎司长、杨铁生巡视员、王孝洋处长、郭丰源处长、欧阳昊明主任等领导要求开展再制造产业技术发展调研和论证，并对调研报告的框架和要点给予了具体指导。京津冀再制

前言

造产业技术研究院作为积极推动我国再制造产业技术创新发展的新锐机构,有幸承担了此次调研的组织实施工作。经过调研组20余位专家历时一年多深入40多个城市上百家企业的细致调研,以及编写组近30位专家的精心编写,完成了这份内涵丰富、视野开阔的调研报告。

本书从产业结构、技术创新、问题挑战等方面,对当今国内外再制造产业发展现状进行了全面综述,对我国相关政策法规进行了汇集;根据实地调研和国家试点验收结果,阐述了军用装备、航空装备、汽车零部件、工程机械、机床、动力装备、轨道交通、高效电动机、办公设备等重点行业和领域中再制造产业的发展状况、运行情况和技术水平;结合一线企业的意见反馈,提出了各行业、领域发展再制造的建议。报告精选了典型案例,汇编了再制造产品认定及产品目录、再制造产业相关标准、机电产品再制造技术及装备目录、再制造试点企业名录、国内外研究机构目录及再制造相关著作。为全面了解我国再制造产业结构特点和未来发展潜力提供了翔实数据,也为下一步发展重点的确定提供了方向和思路。

本书得益于众多专家领导的鼎力支持和全体参与人员的辛勤付出:工业和信息化部节能与综合利用司领导全程指导本书撰写;中国国际工程咨询有限公司产业发展处、中标合信认证有限公司、北京盾构工程协会、中国汽车工业协会汽车零部件再制造分会、中国循环经济协会再制造专业委员会、全国绿色再制造技术标准化委员会再制造技术分委会、陆军装甲兵学院装备保障与再制造系对报告的章节内容提供了宝贵数据和意见建议;清华大学苏州环境创新研究院么新副院长对报告框架结构提出了指导意见并参与撰写;再制造技术国家重点实验室荣誉主任、京津冀再制造产业技术研究院荣誉院长徐滨士院士对报告的主体内容提出了重要指导并亲自作序。

本书由京津冀再制造产业技术研究院院长张伟、副院长史佩京和再制造技术国家重点实验室副主任于鹤龙共同主持撰写。各章撰写人员如下:第1章,张伟、么新;第2章,张伟、史佩京;第3章,蒋杰、李臣、史佩京;第4章,于鹤龙、张伟;第5章,刘欢、谢建军、侯建明;第6章,候廷红、汪勇,第7章,曹华军,第8章,张洪涛、阮霞、李圣文、魏敏、魏世丞、王玉江;第9章,董世运、闫世兴;第10章,张伟、于鹤龙、刘宏伟;第11章,于鹤龙;第12章,魏敏;第13章由相关企业提供内容,韩红兵、于鹤龙、魏敏、汪勇、刘欢、阮霞、许艺撰写;第14章由各国家级再制造示范基地提供内容,史佩京、魏敏撰写;附录由李恩重、周新远、夏丹、梁秀兵、魏敏撰写,全书经张伟和时小军统稿。由于作者水平有限,书中难免错误,欢迎广大读者批评、指正。

张 伟
2019年6月18日于京津冀再制造产业技术研究院

目 录

序
前言

第1篇 产 业 篇

第1章 国际再制造产业发展概况 ⋯⋯⋯⋯⋯⋯⋯⋯⋯⋯⋯⋯⋯⋯⋯⋯⋯⋯ 2
1.1 再制造产业的意义与作用 ⋯⋯⋯⋯⋯⋯⋯⋯⋯⋯⋯⋯⋯⋯⋯⋯⋯ 2
1.2 国际再制造产业发展现状 ⋯⋯⋯⋯⋯⋯⋯⋯⋯⋯⋯⋯⋯⋯⋯⋯⋯ 3
1.3 主要国家和地区再制造产业概况 ⋯⋯⋯⋯⋯⋯⋯⋯⋯⋯⋯⋯⋯⋯ 6

第2章 中国再制造产业概况 ⋯⋯⋯⋯⋯⋯⋯⋯⋯⋯⋯⋯⋯⋯⋯⋯⋯⋯⋯ 10
2.1 发展历程 ⋯⋯⋯⋯⋯⋯⋯⋯⋯⋯⋯⋯⋯⋯⋯⋯⋯⋯⋯⋯⋯⋯⋯⋯ 10
2.2 现状 ⋯⋯⋯⋯⋯⋯⋯⋯⋯⋯⋯⋯⋯⋯⋯⋯⋯⋯⋯⋯⋯⋯⋯⋯⋯⋯ 11
 2.2.1 结构现状 ⋯⋯⋯⋯⋯⋯⋯⋯⋯⋯⋯⋯⋯⋯⋯⋯⋯⋯⋯⋯ 11
 2.2.2 技术创新现状 ⋯⋯⋯⋯⋯⋯⋯⋯⋯⋯⋯⋯⋯⋯⋯⋯⋯⋯ 12
 2.2.3 存在的问题与挑战 ⋯⋯⋯⋯⋯⋯⋯⋯⋯⋯⋯⋯⋯⋯⋯⋯ 15

第3章 中国再制造产业政策与产品质量标准 ⋯⋯⋯⋯⋯⋯⋯⋯⋯⋯⋯⋯ 19
3.1 再制造产业相关政策 ⋯⋯⋯⋯⋯⋯⋯⋯⋯⋯⋯⋯⋯⋯⋯⋯⋯⋯⋯ 19
 3.1.1 再制造产业政策 ⋯⋯⋯⋯⋯⋯⋯⋯⋯⋯⋯⋯⋯⋯⋯⋯⋯ 19
 3.1.2 再制造财税政策 ⋯⋯⋯⋯⋯⋯⋯⋯⋯⋯⋯⋯⋯⋯⋯⋯⋯ 27
3.2 再制造产品质量控制标准与实施 ⋯⋯⋯⋯⋯⋯⋯⋯⋯⋯⋯⋯⋯⋯ 28
3.3 再制造产业发展政策建议 ⋯⋯⋯⋯⋯⋯⋯⋯⋯⋯⋯⋯⋯⋯⋯⋯⋯ 30

第2篇 行 业 篇

第4章 军用装备再制造 ⋯⋯⋯⋯⋯⋯⋯⋯⋯⋯⋯⋯⋯⋯⋯⋯⋯⋯⋯⋯⋯ 34
4.1 行业发展概况 ⋯⋯⋯⋯⋯⋯⋯⋯⋯⋯⋯⋯⋯⋯⋯⋯⋯⋯⋯⋯⋯⋯ 34
4.2 行业运行情况 ⋯⋯⋯⋯⋯⋯⋯⋯⋯⋯⋯⋯⋯⋯⋯⋯⋯⋯⋯⋯⋯⋯ 34
 4.2.1 外军装备再制造情况 ⋯⋯⋯⋯⋯⋯⋯⋯⋯⋯⋯⋯⋯⋯⋯ 34
 4.2.2 我军装备再制造情况 ⋯⋯⋯⋯⋯⋯⋯⋯⋯⋯⋯⋯⋯⋯⋯ 36
4.3 行业技术水平分析 ⋯⋯⋯⋯⋯⋯⋯⋯⋯⋯⋯⋯⋯⋯⋯⋯⋯⋯⋯⋯ 36

		4.3.1 外军装备再制造技术水平 ········· 36
		4.3.2 我军装备再制造技术水平 ········· 40
	4.4	行业发展问题与建议 ····················· 41

第5章 汽车零部件再制造 ························ 43
- 5.1 行业发展概况 ····························· 43
- 5.2 行业运行情况 ····························· 44
  - 5.2.1 汽车零部件再制造产品标志管理与保护 ········· 45
  - 5.2.2 汽车零部件再制造产业集聚 ········· 45
  - 5.2.3 重点产品再制造情况分析 ········· 46
  - 5.2.4 行业贸易分析 ········· 46
- 5.3 行业技术水平分析 ····················· 47
  - 5.3.1 再制造典型工艺流程 ········· 48
  - 5.3.2 未来新技术、新工艺的发展趋势 ········· 49
- 5.4 行业发展问题与建议 ····················· 50
  - 5.4.1 存在的主要问题 ········· 50
  - 5.4.2 发展建议 ········· 50

第6章 航空装备再制造 ························ 52
- 6.1 行业发展概况 ····························· 52
  - 6.1.1 再制造是航空装备可持续发展的支撑和保障 ········· 52
  - 6.1.2 国外航空装备再制造发展概况 ········· 52
  - 6.1.3 国内航空装备再制造发展概况 ········· 53
- 6.2 行业运行情况 ····························· 54
  - 6.2.1 国内民航装备维修及再制造运行情况 ········· 54
  - 6.2.2 国内军航装备维修及再制造运行情况 ········· 54
  - 6.2.3 行业规模分析 ········· 55
  - 6.2.4 行业贸易分析 ········· 55
- 6.3 行业技术水平分析 ····················· 56
  - 6.3.1 国内民航装备再制造技术水平分析 ········· 56
  - 6.3.2 国内军航装备再制造技术水平分析 ········· 57
- 6.4 行业发展问题与建议 ····················· 59
  - 6.4.1 存在的主要问题 ········· 59
  - 6.4.2 行业发展前景分析 ········· 60
  - 6.4.3 发展建议 ········· 64

第7章 机床再制造 ························ 65
- 7.1 行业发展概况 ····························· 65
- 7.2 行业运行情况 ····························· 66
  - 7.2.1 国外机床再制造 ········· 66

	7.2.2 国内机床再制造	67
7.3	行业技术水平分析	69
	7.3.1 机床再制造关键技术及水平	69
	7.3.2 行业技术发展趋势	72
7.4	行业发展问题与建议	73
	7.4.1 存在的主要问题	73
	7.4.2 行业发展需求	74
	7.4.3 发展建议	75

第8章 工程机械再制造 … 79

- 8.1 盾构装备再制造 … 79
  - 8.1.1 行业发展概况 … 79
  - 8.1.2 行业运行情况 … 79
  - 8.1.3 再制造工艺流程 … 80
  - 8.1.4 行业发展的主要问题与建议 … 81
- 8.2 矿山机械再制造 … 82
  - 8.2.1 行业发展概况 … 82
  - 8.2.2 行业运行情况 … 83
  - 8.2.3 行业技术水平分析 … 83
  - 8.2.4 行业发展问题与建议 … 84
- 8.3 钢筋混凝土机械再制造 … 86
  - 8.3.1 行业发展概况 … 86
  - 8.3.2 行业运行情况 … 86
  - 8.3.3 行业技术水平分析 … 87
  - 8.3.4 行业发展问题与建议 … 88

第9章 动力装备再制造 … 89

- 9.1 行业发展概况 … 89
- 9.2 行业运行情况 … 89
- 9.3 行业技术水平分析 … 90
- 9.4 行业发展问题与建议 … 94

第10章 轨道交通装备再制造 … 96

- 10.1 行业发展概况 … 96
- 10.2 行业运行情况 … 97
- 10.3 行业技术水平分析 … 99
- 10.4 行业发展问题与建议 … 100

第11章 办公设备再制造 … 102

- 11.1 行业发展概况 … 102
- 11.2 行业运行情况 … 105

11.3 行业技术水平分析 107
11.4 行业发展问题与建议 108
　11.4.1 存在的主要问题 108
　11.4.2 发展前景分析 110
　11.4.3 发展建议 112

第12章 工业电动机再制造 114
12.1 行业发展概况 114
12.2 行业运行情况 117
12.3 行业技术水平分析 118
12.4 行业发展问题与建议 118
　12.4.1 存在的主要问题 118
　12.4.2 发展建议 119

第3篇 案 例 篇

第13章 再制造技术创新企业典型案例 122
13.1 军用装备再制造（南阳市军龙实业总公司） 122
　13.1.1 企业再制造业务简介 122
　13.1.2 技术水平和经济、社会效益 122
　13.1.3 经验总结 124
13.2 汽车发动机再制造（中国重汽集团济南复强动力有限公司） 125
　13.2.1 企业再制造业务简介 125
　13.2.2 技术水平和经济、社会效益 125
　13.2.3 经验总结 129
13.3 航空装备再制造（中国人民解放军第五七一九工厂） 133
　13.3.1 企业再制造业务简介 133
　13.3.2 技术水平和经济、社会效益 134
　13.3.3 经验总结 135
13.4 机床再制造（重庆机床集团） 138
　13.4.1 企业再制造业务简介 138
　13.4.2 技术水平和经济、社会效益 138
　13.4.3 经验总结 142
13.5 矿山装备再制造（山东能源重型装备制造集团有限责任公司） 145
　13.5.1 企业再制造业务简介 145
　13.5.2 技术水平和经济、社会效益 146
　13.5.3 经验总结 150
13.6 冶金动力装备再制造（河北瑞兆激光再制造技术股份

　　　　有限公司) 151
　　　13.6.1　企业再制造业务简介 151
　　　13.6.2　技术水平和经济、社会效益 152
　　　13.6.3　经验总结 152
　13.7　办公用品再制造(珠海天威飞马打印耗材有限公司) 153
　　　13.7.1　企业再制造业务简介 153
　　　13.7.2　技术水平和经济、社会效益 153
　　　13.7.3　经验总结 159
　13.8　采油装备再制造(沧州格锐特钻头有限公司) 160
　　　13.8.1　企业再制造业务简介 160
　　　13.8.2　技术水平和经济、社会效益 160
　　　13.8.3　经验总结 161
　13.9　电动机再制造(河北新四达电机股份有限公司) 162
　　　13.9.1　企业再制造业务简介 162
　　　13.9.2　技术水平和经济、社会效益 162

第14章　再制造示范基地经验交流 **167**
　14.1　湖南浏阳制造产业基地 167
　　　14.1.1　基本情况 167
　　　14.1.2　建设运行情况 167
　　　14.1.3　经验总结 168
　14.2　河间国家再制造产业示范基地 170
　　　14.2.1　基本情况 170
　　　14.2.2　建设运行情况 170
　　　14.2.3　经验总结 172
　14.3　上海临港再制造产业示范基地概况 173
　　　14.3.1　基本情况 173
　　　14.3.2　建设运行情况 173

附录 **176**
　附录A　中国再制造产业相关标准 176
　附录B　再制造产品目录 178
　附录C　机电产品再制造技术与装备目录 237
　附录D　国家发展和改革委员会、工业和信息化部公布的再制造
　　　　　试点企业名单 252
　附录E　国内外再制造研究机构 260

参考文献 **263**

第1篇

产业篇

第1章

国际再制造产业发展概况

1.1 再制造产业的意义与作用

再制造（Remanufacture）是以旧的机器设备为毛坯（Core），采用专门的工艺和技术，对毛坯进行专业化修复或升级改造，使其质量特性不低于原型新品水平的过程（GB/T 28619—2012）。

再制造是维修发展的高级阶段，是对传统维修概念的一种提升。再制造是实现循环经济"减量化、再利用、资源化"的重要途径，是废旧机电产品再生利用、延长使用寿命的高级形式，可以创造显著的工业经济效益和环境效益。

再制造能够回收制造阶段添加到产品中的附加值（材料、费用、技术及劳动力等），可以最大化地利用产品资源。如汽车旧发动机的再制造仅需要新品制造阶段16%的能量和12%的材料，旧起动器的再制造需要的能量和材料分别占新品制造阶段的13%和11%。维修与再制造可以节约大量原生资源的开采，为子孙后代保留宝贵的资源，实现可持续发展战略。据工业专家统计，每用于再制造的1kg新材料，可以节省5~9kg原材料；再制造产品生产所需能源是新产品所需的1/5~1/4。复印机再制造中每利用1t铜，可以节约200t铜矿石、1t用于采矿的炸药、0.5t用于浮选的化学制剂、1t用于熔化的焦炭或油。每年全世界仅再制造业节省的材料就达到1400万t，可以装满23万个火车车厢，排列起来长约2655km；节省的能量达到4.22×10^{11}MJ，相当于8个平均规模核电厂的年发电量，或者1600万桶原油，能够维持600万辆客车运行1年。

再制造可提升装备制造水平与能力，可获得巨大的经济效益。再制造可保证设备经常处于良好的工作状态，其不只是排除故障与恢复性能，而是保证公司生存和发展，取得公司经济效益的一种长期连续的投资。

再制造环保作用突出，可有效地延长设备的使用寿命，减少废物填埋和污染排放。据统计，每回收利用 1t 的废旧物资，可以减少 4t 垃圾，从而减缓了废旧物资对环境的污染。如再制造 200 万个硒鼓，将减少 2721.6t 的填埋量。产品经过再制造后，性能得到了恢复与提升，产品重复利用，减少了原产品的生产，从而可以避免生产过程所造成的环境污染。施乐公司实行的 5100 型复印机再制造相对新品制造过程减少废液量为 18%、固体废物为 38%、CO_2 等废气为 23%；对于面向再制造设计的施乐 DC265 型复印机再制造减少的排放废液量为 37%、固体废物为 47%、CO_2 等废气为 65%。再制造产品比新制造产品要节省 85% 的能源，相比较这些能源必须用燃料转化而言，其排放到空气中的二氧化碳会更少。因此再制造工程提供了减缓全球变暖的可能。与节约的能量相比，再制造工程还可以避免造成温室效应的 CO_2 气体的大量排放。通常，每消耗 1000MJ 的能量平均会释放出 60kg CO_2，再制造工程每年可避免产生 2800 万 t CO_2。2018 年 10 月，联合国环境署国际资源小组发布的《重新定义价值——制造业革命循环经济中的再制造、翻新和直接利用》的报告，指出再制造可省 70%～80% 的新材料，有助于温室气体排放量减少 79%～99%，具有极大的潜力实现温室气体排放的消减。

1.2 国际再制造产业发展现状

国外称再制造是朝阳产业，全球再制造产业产值已超过 2000 亿美元，美国再制造产业规模最大，估计超过 1000 亿美元，其中军用装备、航空、汽车和工程机械等领域占 2/3 以上。就企业数量而言，全球约 50% 的再制造企业在美国，另外 30% 在欧洲；美国和欧洲的再制造产品数量约为 5 亿件，约占世界总量的 80%。据美国 OPI 研究，美国再制造产品的年销售额约为 GDP 的 0.4%，而新制造产品的年销售额为 GDP 的 10%，再制造产业规模为制造业的 4%。之所以能够形成如此庞大的产业规模，主要是其具有产品—技术—标准—法规—政策等一系列较为完善的服务体系和平台。

欧美国家再制造产业基本遵循"技术产业化、产业积聚化、积聚规模化、规模园区化"这一模式发展。这一发展路径对我国再制造产业发展也具有很好的借鉴作用。正因为如此，在全球经济增长乏力的情况下，再制造产业仍有较好的发展势头。例如：国际再制造巨头卡特彼勒拥有 160 多条再制造产品专业生产线，涉及北美、欧洲、亚太等地区的国家，再制造销售的年增长率达到 15%。

1. 再制造产品种类

根据美国标准工业分类目录显示，再制造产品涉及的领域种类达 114 个。表 1-1 列出主要再制造产品范围。再制造产业布局主要围绕船舶、军工、电子、航空工业、机床、铁路设备、工程机械等。美国再制造的航天产品，工程机械设备及汽车零件总共占美国再制造产品总额的63%。中小型企业占美国再制造产品25%。发达国家普遍采用再制造产品作为汽车备件，再制造可提升维修水平、规范备件市场。

表 1-1 主要再制造产品范围

序号	大 类	特 性 描 述
1	国防装备	轻型武器弹药，军火装备及配件，坦克及坦克配件，导弹，飞机
2	交通运输机械	工业用货车，拖拉机，拖车及码垛机，汽车及客车车体，货车及公交车车体，汽车零部件，货运拖挂车，舰船建造及修理，铁路设备，海上交通，导航系统及航空，航海设备，摩托车，自行车及其配件，电动机和发电机
3	工程机械	建筑机械及设备，矿山机械及设备，燃油及燃气机械和设备，运输机及输送设备，高架吊车，起重机及铁轨系统
4	内燃机	蒸汽、燃气及水压涡轮机和涡轮机发动机，内置燃气发动机
5	机床	金属切削型机床，金属模压型机床，切削工具，机床配件及精密仪器
6	工业机械设备	辊轧设备及工具，电焊、气焊和锡焊设备，金属加工机械，纺织机械，木材加工机械，包装工业机械，印刷机械及设备，食品加工机械，抽水机及水泵设备
7	机械传动	变速器，工业用高速驱动器及齿轮，液压动力油缸及制动器
8	工模具	手动动力工具，特殊模具及工具，成套冲模，装夹工具，模塑，模压及车床机械
9	金属制品	金属船运桶，鼓形圆桶，小桶及提桶，金属餐具
10	轴泵阀类	工业阀门，滚球轴承及滚柱轴承，空气及气体压缩机，计量泵及量油泵，汽化器，活塞阀，活塞环及阀门，液压动力泵及马达
11	家用电器	洗衣机，干洗机及压力机，空调及热风供暖设备，冰箱及冰柜，真空吸尘器，家用音频和食品设备，电话和电报设备
12	电子产品	电子计算机，计算机外围设备，继电器及工业控制器，电子工业仪表，无线电，电视广播及交流设备，电子管，半导体和相应设备，电子线圈，变压器及其他电感元件，内燃机用电子设备，磁及光记录介质，蓄电池
13	控制仪表	电力变压器，配电变压器及专用变压器，开关及交换机装置，测量、显示及过程控制用工业测量仪表，累计流体计量器及计数装置，电力电子测量及试验工具，家庭或商场中的自动控制设备
14	分析检测	实验室设备及用具，实验室分析设备，光学设备及透镜
15	航空航天	航行器，航空发动机及发动机零件，航行器零件及辅助装置，航天器及其辅助装置

(续)

序号	大类	特性描述
16	医疗器械	整形外科，假肢及手术用设备及给料，牙科设备及给料，X射线及相关的放射设备和显像管，电疗设备
17	娱乐运动	照相器材及配件，手表、钟表、时钟结构的运转部件及配件，乐器、运动器材
18	办公用品	办公家具（木制品除外），复写纸及墨带，印刷油墨，办公机械，自动售货机

2. 再制造企业类型

再制造企业众多，配套的再制造产业链条相关企业数量庞大、体系完整。从事再制造的企业主要有三种类型：一类是原始设备制造商（OEM）进行再制造，而且一般只进行自己产品的回收再制造，例如：世界著名的汽车制造企业大众、奔驰、通用等公司都有自己的再制造公司。通用再制造公司每年销售大约250万件再制造零部件。第二类是独立再制造商，专职从事再制造业务的公司，这类公司具备开展各种产品再制造的能力，如卡特彼勒公司的再制造服务是其一个全球业务分支，全球有专业的再制造公司14家，为不同产品提供再制造服务，形成了独特的旧件回收系统，具有核心修复技术，年处理再制造产品220万件。卡特彼勒公司在英国的威廉斯发动机再制造工厂还承担着英军挑战者坦克和勇士装甲车用发动机、传动箱的再制造任务。最后一类是从提供服务和维修开始，逐渐过渡到开展再制造业务。这类主要是电子产品再制造公司，如富士施乐公司在全国建立了50个废弃旧复印机回收点，对回收后的零件进行再制造后再次投入使用。

在美国，OEM再制造商大约占再制造企业总数的5%以下，大部分是独立的再制造商。而欧洲的OEM再制造商在市场上占主导地位。在美国大约有6000家企业从事发动机再制造生产，其中76家规模大一些的企业生产45%的再制造发动机。中小型企业数量多，规模小，预计占美国再制造就业的36%。表1-2为各类型的企业运作特点比较。

表1-2 再制造企业运作特点对比

比较项目	OEM再制造	独立再制造	承包再制造
运作模式	集中型	离散型	分布型
原料来源	售后形式	拆解厂	售后网络
销售形式	销售网络	配件市场	销售网络
物流半径	大	小	较大
产品价格	高	低	较高
资源利用	低	高	较高

3. 再制造企业布局

再制造产业通常是在工业密集区形成了产业集群。以美国为例：在西部太平洋沿岸的加利福尼亚等州，一些与军事有关的工业部门，如造船、飞机、导弹、电子、汽车装配等集聚发展，相应的再制造产业也需求较大、发展迅速。石油和天然气的生产主要集中在墨西哥湾沿岸的西部油田，相应石化设备再制造在这一地区发展较为成熟。美国的航空工业分布在太平洋沿岸，相关零部件再制造企业也主要分布在这一区域。美国的钢铁机械工业主要集中分布于以芝加哥、底特律、克利夫兰、布法罗等为中心的大湖带南部。这些地区的机床、铁路设备、工程机械等再制造业务十分发达。

1.3 主要国家和地区再制造产业概况

1. 美国

美国再制造行业主要包括航空航天、工程机械（HDOR）设备、电动机、汽车零部件、工业装备、电子信息（IT）产品、医疗设备、消费产品、电气设备、机车、办公家具及餐厅设备等。其中再制造领域中比较活跃的行业（产值和数量综合考虑）包括工业装备、IT产品、汽车零部件、航空航天。此外，再制造产业链上下游相关的销售、交易、储藏、分发等公司也占了较大比例，这也是美国再制造产品使用和交易中比较重要的一部分。再制造领域中比较活跃的批发商包括机车、零部件、IT产品、航空航天以及消费产品。

美国再制造产值约1000亿美元，约占世界再制造产值的50%。美国约36%的中小型企业支撑再制造商品使用，25%的企业从事再制造商品的生产，17%的企业从事再制造产品出口贸易。同时美国是再制造商品进出口的国家，出口量约占美国市场的1/4。这也得益于美国对再制造产品制定的便利进出口贸易政策。美国旧件和再制造产品进出口关税税则中规定，在每一类机电产品税目最后都有一个相应的旧件税号，进口旧件时按相应的税号归类。美国除对旧车进口按市场价征税外，其他旧零件进口不征税。而再制造产品使用相应的新品税号，没有专门的税号。加拿大、欧盟（EU）和墨西哥是美国出口再制造商品的最大市场。

美国再制造已形成以"换件和尺寸修理法"为特征的较为完善的技术体系。美国在再制造方面的研究投入主要集中在军用装备、航空航天、工业装备、工程机械及汽车零部件等行业。其中，美军是再制造的最大受益者，开展了大量装备健康管理和通过再制造的装备现代化升级技术研究，每年军用装备再制造升级改造经费投入占装备研发费用的35%。

美国法规将再制造视为新产品管理，联邦法规要求再制造产品要有标识，标明该产品是再制造产品。其次，美国法规对一些涉及安全的产品，规定其再制造要达到特定的技术规范。此外，在如何让消费者接受再制造产品方面，政府通过政策制度让消费者了解再制造产品能够达到新产品的质量要求。

美国的再制造企业可不经新件生产企业的授权，再制造的产品上也不用去掉原厂商标，只要标上该产品由某某厂"再制造"即可。美国法律也没有规定不允许再制造的零件，一切取决于市场。法律上只规定再制造企业有告知消费者其产品属于再制造产品的义务。美国制定了关于再制造产品责任和知识产权相关规定，以法院判例确定的一个原则：一旦再制造企业在产品上打了自己的商标，那么产品责任将由原制造商转移到再制造企业。即对第三方再制造的产品，由打再制造商标的再制造企业负责产品质量，原制造商没有责任。美国环保局在其发布的《修复性材料建议书》中要求联邦政府采购项目中优先选择再制造汽车零部件。北美的工程机械的市场准入制度是制造商负责对售出使用 5 年或运行 1 万 h 的工程机械进行全部回收和再制造，并在回收的同时返还消费者产品价格 40% 的费用。商务部在其国际贸易咨询委员会中拥有再制造商，以帮助评估和审查再制造的贸易壁垒。州政府甚至更进一步，将再制造商品立法纳入采购和处置要求，惩罚限制再制造的原始设备制造商，并制定税收抵免以使再制造商受益。

2. 欧洲

在欧洲，航空航天、汽车配件、重型越野装备以及机械装置都是比较有代表性的再制造产业，其次是医疗设备和家具。再制造遍及整个欧洲，代表性国家有英国、德国。欧洲委员会（EC）已经发布了一些强制性的法律指令促进再制造产业在欧洲的发展。

航空航天是欧洲再制造的优势领先领域，该领域的再制造活动只有通过公司批准或欧洲航空安全局（EASA）的认证才可以执行开展。欧盟的大多数飞机发动机都是由原始设备制造商（劳斯莱斯、SNECMA 公司和它的子公司 Turbomeca）对飞机实施再制造，仅有少部分航空公司有自己的内部维护和修理检修发动机和主要组件系统。这些包括 Lufthansa Technik（德国）和法国航空公司或 KLM Engineering（法国/荷兰）。

欧洲有上百种汽车配件再制造商，核心供应商位于英国、德国、法国、意大利、荷兰、匈牙利、西班牙以及瑞典。

大型 IT 产品的再制造产业主要在英国。依照欧洲碳粉和喷墨再制造商协会（ETIRA）统计，欧洲有 1400 家再制造喷墨和调色打印机公司，包括一些小公司和大的跨国公司。再制造打印机在欧洲的市场价值约 12 亿英镑，有 27% 共享英国市场。仅在硒鼓和喷墨再制造方面，ETIRA 估计欧洲有 2000～3000 家公司在运营，市场价值超过 8 亿英镑。

欧洲也通过了支持再制造的相关法律法规。欧盟于2002年立法规定，一辆报废汽车的废弃物不能超过15%，而到2015年这一比例将降至5%，有效地推进了再制造产业的发展。德国拜罗伊特大学欧洲再制造研究中心主要开展了产品的再制造性、再利用率以及再制造全域的信息化物流与仓储管理研究。在德国的西部地区，几乎所有的废旧发动机曲轴都集中在几家专业再制造厂加以修复。国外一般均规定再制造件或总成的使用寿命不低于甚至略高于新件或总成，从而使用户利益得到充分保障。

从产业模式上看，欧洲（特别是德国）的再制造企业绝大多数为大型企业，回收则由企业自身承担，这与美国模式明显不同。大企业控制的再制造体系整体效率和质量保证更加完善，有利于产业结构的优化组合。

欧洲国家中，德国工业以重工业为主，汽车、机械制造、化工、电气等占全部工业产值的40%以上。食品、纺织与服装、钢铁加工、采矿、精密仪器、光学以及航空与航天工业也很发达。中小企业多，工业机构布局均衡。鲁尔区是德国工业的核心地区，硬煤产量占全国总产量的60%，生铁和钢产量也分别占全国总产量的70%和65%。杜伊斯堡是全区最大的钢铁和重型机械制造基地，该地区钢铁加工与机械制造业发达，配套的再制造产业发展完善。

宝马、奥迪、保时捷、博世和戴姆勒克莱斯勒造就了慕尼黑和斯图加特经济与汽车的密切联系，在卡塞尔的大众公司工厂为当地吸引了众多供应商，黑森州吕塞尔斯海姆市的欧宝公司、科隆市福特公司都使这两个地区深深地打上了汽车的烙印。福特、博世等国际企业均在萨尔州设厂，汽车及配件制造业已经成为该州经济发展的最重要支柱。大众公司每年再制造发动机为20万~30万余台，再制造工艺技术水平、机械化程度非常高。大众公司在某种型号的发动机停止批量生产一定时间后，就不再供应新的配件发动机，用户只能更换再制造发动机。这样，一方面促进再制造产业的发展，另一方面主机厂就不必再为老产品的售后服务保留需求量有限的配件生产，从而形成新产品与再制造产品之间的相互依存、取长补短、共同发展的良性循环。

电气制造是继汽车业之后销售额第二大行业。电气行业内居支配地位的是包括西门子、阿尔斯通、博世、飞利浦和ABB等国际大公司，它们主要集中在德国南部，该地区大部分电气制造企业均有再制造业务。

德国机器及装备制造企业集中分布在斯图加特周边地区，这个区域集中了德国三分之一的机器制造企业，大量再制造企业也在该地区分布。

微软、IBM、惠普、苹果和富士通以及德国本土的西门子、SAP、Softwa AG等公司分布在斯图加特、慕尼黑、莱茵内卡、卡尔斯鲁厄、达姆斯达特/施塔肯伯格、科隆/伯恩、汉诺威及柏林和汉堡。德国再制造产业布局基本上依托各大制造业基地展开，大部分以企业园区的模式出现，这与德国大型跨国企业的区域影响力有直接关系。

3. 其他国家

巴西、印度在航空航天、汽车零件、HDOR 设备、医疗设备和 IT 领域都有相关的再制造部门和企业，但有时这些再制造工作通常会与维修服务相混淆，同时也受到一些贸易限制的影响。韩国将再制造确定为可以促进可持续发展的工业活动，认为再制造可以为韩国的经济增长、创造就业和稳定价格提供强有力的支持。2011 年，新加坡启动了先进再制造技术国家中心，该中心将大学和波音、劳斯莱斯、西门子以及中小企业再制造商联合起来，共同开发航空航天、电机产品、汽车零部件、船舶和 HDOR 等领域再制造技术。日本的复印机和一次性相机再制造业相对过去 10～20 年间销售稳步增长，被称为隐藏的巨人，具有很大的市场潜力。从产业模式上看，日本再制造企业集中，产业集聚现象十分明显。既有大企业控制的再制造模式，也有市场化运作的再制造企业。从区域分布上看，日本再制造企业采用的是典型的集中发展配套协作模式。日本再制造产业基本上是园区化发展，依托大型企业的产业园区形成具有很强集聚效应的再制造产业带。整个日本工业分布十分集中，企业协作密切，再制造产业与原有产业基本上是在同一园区由同一类企业主导。

墨西哥与美国边境地区的加工贸易发达，对进口旧件有较大需求。墨西哥政府为了进一步发展对外贸易，对进口用于再制造后又出口的旧件设立了一个专用的税号，即不管具体的旧件细分类别，进口报关时都用这一个税号。进口时不同种类的旧件可以混在一起按重量申报，并可以免征关税和增值税。从事出口加工的再制造企业进口旧件时享受免关税和增值税待遇，但再制造后的产品必须出口，如果再制造后要在墨西哥销售，需要把具体产品归在原新产品的税号下向墨西哥政府交税，才能进入墨西哥市场。

第 2 章 中国再制造产业概况

2.1 发展历程

再制造产业属于朝阳产业,能够创造美好的未来。对推动制造业升级转型,提升绿色制造水平,带动全球可持续发展意义重大。

作为循环经济"再利用"的高级形式,再制造产业的发展打通了"资源—产品—报废—再制造产品"的循环型产业链条,构筑了节能、环保、可持续的工业绿色化发展模式,为工业绿色化发展奠定了基础。发展再制造产业,一方面可缓解大量报废产品带来的环境负荷加重的难题,促进废旧机电产品的反复循环利用,减少重复制造。另一方面,再制造与制造新品相比,可节能60%、节材70%、节约成本50%以上,几乎不产生固体废物,大气污染物排放量降低80%以上。

我国再制造起步于20世纪90年代后期。2008年由国家发展和改革委员会(以下简称"发改委")牵头组织再制造企业试点工作。十年来,在政策支持与市场发展的双重推动下,我国再制造产业获得了快速发展,再制造关键技术研发取得重要突破,逐步形成了以寿命评估技术、复合表面工程技术、纳米表面技术和自动化表面技术为核心的再制造关键技术群,自动化纳米复合电刷镀等再制造技术达到了国际先进水平。中国再制造企业近千家,其中国家再制造试点企业153家,再制造产业示范基地8个,涉及军用装备、汽车零部件、工程机械、矿采机械、机床、船舶、电子信息、办公设备及再制造产业集聚区不同领域,试点工作取得显著成效;再制造产品认定实施日趋完善,获得工业和信息化部(以下简称"工信部")认定的再制造产品有10余类100多种,近万个型号。中国再制造产业产品种类、企业数量及规模如图2-1所示。随着国家对再制造产业支持力度的加大,以及再制造产品"以旧换再"和"再制造产品走进汽配城"、再制造"北京—西藏行"等活动的开展,再制造产品虽然未成为消费的主流趋势,但公众对再制造认识水平不断提升。再制造产业集聚化发展趋势明显,产品种类持续丰富,产业规模迅速壮大,产值约 1000 亿人民币。

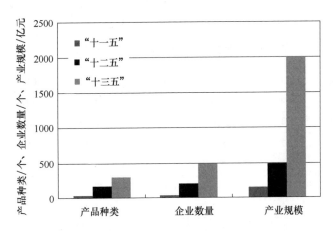

图 2-1　中国再制造产业产品种类、企业数量及规模
注:数量和规模为国家试点企业和产业集聚区内的企业统计结果

2.2　现状

2.2.1　结构现状

中国再制造工程实践起源于机电产品维修的产业实践探索。自 20 世纪 90 年代初开始,国内相继出现了一些企业开始探索再制造产业模式,如中国重汽集团济南复强动力有限公司、上海大众汽车有限公司的动力再制造分厂、柏科(常熟)电机有限公司、广州市花都全球自动变速箱有限公司等汽车零部件再制造企业,分别在汽车发动机、变速器、电机等领域开展再制造业务探索。因此国家再制造试点也从汽车零部件入手,发改委先后批复两批汽车零部件再制造试点企业 42 家和再制造基地 4 个。工信部也先后批复了两批机电产品再制造试点企业 112 家和再制造基地 5 个。再制造产业逐步形成和发展,产品涉及的行业门类逐步增多,主要涉及军用装备、汽车零部件、机床、工程机械(包括矿采机械、盾构机)、铁路机车装备、冶金动力装备、高效电机、航空航天、石油化工、办公及电子信息设备十大类。对所有再制造试点申报企业统计分析显示,汽车零部件、冶金动力装备和工程机械是迄今为止最活跃的再制造行业,相应企业数量分别占我国再制造产业的 34.3%、21.6%、15.6%,其他较为活跃的行业包括高效电机、铁路机车装备、机床和办公及电子信息设备,见表 2-1。

表 2-1 中国再制造产业结构

行业类别	再制造企业数量	占比（%）	再制造销售收入（百万）	占比（%）	从业人数	占比（%）
工程机械（含矿采、盾构）	32	15.6	118414.5	5.3	2359	7.7
铁路机车装备	13	6.4	456994.1	20.5	10547	34.5
机床	9	4.4	92010	4.1	4095	13.4
冶金动力装备	44	21.6	315296.6	14.1	6823	22.3
高效电机	17	8.3	33674.5	1.5	2498	8.2
航空航天	5	2.5	12680.67	0.6	345	1.1
汽车零部件	70	34.3	1056728.5	47.2	1867	6.1
石油化工	5	2.5	30847.5	1.4	663	2.2
办公及电子信息设备	9	4.4	117873.16	5.3	1371	4.5

注：以上数据是对所有再制造试点申报企业的统计分析。

而从中国再制造产品销售额分析来看，主要支撑我国再制造产业的产品是汽车零部件、铁路机车装备和冶金动力装备，销售额分别占到全产业的47.3%、20.5%、14.1%，其他对再制造产业贡献较大的还包括办公及电子信息产品、机床和工程机械。从表2-1也可以看出我国再制造产业中附加值高的高端装备（航空、工程机械、工业装备）再制造占有比例较低，这与我国开展再制造试点起步晚、技术水平低、产业硬件投入不足有关，随着我国制造业的升级转型，制造水平和能力的提升，将带动再制造产业在高端装备再制造领域的快速发展。

2.2.2 技术创新现状

国外再制造已形成以"换件和尺寸修理法"为特征的较为完善的技术体系。目前，国外再制造研究内容主要集中在以下方面。

1）全寿命周期内，产品部件老化或物理、力学性能变化分析。

2）通过有限元分析、失效分析、几何尺寸恢复、结构和材料分析判断和评估产品老化机制。

3）研究和开发经济性好、环境可靠的再制造表面清洗技术、废物最小化技术。

4）研究定量测量评估部件、配件健康程度的工具和装备，预测产品的剩余寿命。

5）再制造可持续设计研究。

中国自2010年以来再制造技术研究论文和专利数量逐年快速增长，论文年均增长率达14.0%，专利年均增长率达14.6%。快速增长得益于国家对再制造产业较大的支持，"十二五"期间，科技部、自然科学基金委针对再制造关键技术研发投入经费7000余万元。2012年，工信部联合科技部发布《机电产品再制造技术及装备目录》，引导再制造企业使用先进的再制造技术与装备，2016年起，工信部利用绿色制造专项资金，结合高端智能再制造产业发展的技术瓶颈问题，支持16家再制造企业开展系统集成攻关，有力推动了我国再制造产业的技术进步。我国的再制造基础理论和关键技术研发规模取得了重要突破，已形成"尺寸修复、性能提升"的中国再制造技术特色，已制定了一批再制造技术规范和标准，开发的自动化纳米复合电刷镀工艺技术达到国际先进水平。

图2-2为再制造技术体系示意图。其中，再制造关键技术研究，可依据各种技术的作用或功能归纳为：无损拆解与绿色清洗、无损检测与寿命评估和修复成形与加工三大类。

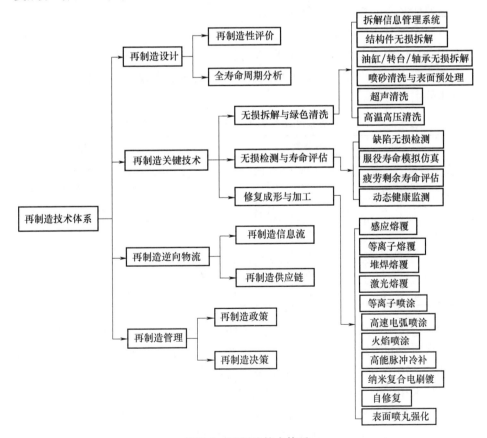

图2-2 再制造技术体系

结合工信部和科技部联合发布的《机电产品再制造技术及装备目录》，参照国内外的技术分类方法，对 11 项重要再制造技术进行对比分析，包括：激光熔覆、等离子熔覆、堆焊熔覆、感应熔覆、高速电弧喷涂、等离子喷涂、火焰喷涂、纳米复合电刷镀、表面喷丸强化、超声清洗、无损检测等技术，分析再制造领域主要国家 SCI 发文涉及技术的数量（表 2-2）可以看出，我国在再制造毛坯损伤修复成形技术方面已处于领先地位，也充分体现出"尺寸修复、性能提升"的技术特色。特别是以等离子喷涂、电弧喷涂为代表的热喷涂修复成形技术已在部分再制造试点企业成功应用，显著提升了我国旧件的再制造率，取得了良好的经济和社会效益。当前我国热喷涂技术研究成果也受到了国外发达国家规模再制造企业的高度关注，例如国际知名的再制造公司——卡特彼勒公司也已经开始试验应用热喷涂技术进行关键再制造零部件的修复。同时也可以看出我国各类再制造技术研发比例不均衡，再制造毛坯损伤修复成形技术研究占比达 90% 以上，再制造清洗、强化、无损检测与评估方面的技术研究相对薄弱。而美国、德国的技术研究重点是表面处理与绿色清洗、无损检测与寿命评估和废旧零部件修复成形加工三方面内容，这三方面研究比例协调。我国虽然在部分研究点上技术领先，但在促进再制造产业发展方面还未有效发挥作用。从国内试点企业生产线建设过程中，大部分专用清洗、检测和加工技术设备依赖进口的现象也可看出我国技术成果转化水平较低，还未形成推动产业进步的主要力量。

表 2-2 再制造领域主要国家 SCI 发文涉及技术的数量

再制造技术	损伤修复成形技术								检测技术	强化技术	清洗技术
	激光熔覆	等离子熔覆	堆焊	电弧喷涂	等离子喷涂	火焰喷涂	电刷镀	感应熔覆	无损检测	喷丸强化	超声清洗
中国	688	40	43	87	724	83	37	32	125	174	10
美国	94	0	7	8	170	72	4	2	105	51	4
日本	25	0	10	3	82	33	5	0	18	42	4
德国	53	2	12	36	104	63	2	0	33	24	3
英国	36	0	8	1	36	32	3	1	14	41	4

再制造技术领域主要国家发明专利的情况（图 2-3）进一步显示出我国再制造技术研究起步较晚，在 2010 年前，专利数量还是以美国、欧洲、德国占主导地位。2010 年后，我国再制造被列为国家"十二五"战略性新兴产业，再制造技术相关的专利数量成倍增加，2012 年之后，中国再制造相关的专利数已经远远超出世界各国专利的总数量，每年保持在 600 项以上，年均增长率达 14.6%，体现了我国再制造产业的创新活跃度和未来发展的潜力。

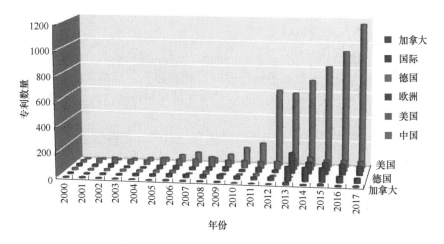

图 2-3 再制造领域主要国家发明专利数

注：图中柱条由内向外分别表示中国、美国、欧洲、德国、国际、加拿大的数据。

2.2.3 存在的问题与挑战

1. 存在的问题

尽管近年来自发改委、工信部等有关部门积极开展了再制造试点示范工作，发布了再制造关键技术目录，推进再制造产品质量认定等，再制造产业发展取得了一些积极进展，然而总体上看，我国再制造产业还处于发展阶段，发展水平还落后于发达国家。再制造产业链条尚未完全建立、企业尚未形成规模，旧件逆向物流回收体系建设相对滞后，关键生产装备还依赖进口，总体竞争力不强。产业发展尽管潜力很大，但同时面临市场认可、技术、政策等一系列障碍和挑战，再制造的发展任重道远，主要体现在以下方面。

（1）再制造产品的市场认知度不高　公众和社会对再制造产品的认识不清，存在偏见，对"翻新"、再制造之间的界限分辨不清。其根源在于中国市场上翻新产品鱼龙混杂，缺乏明确的产品、生产工艺标准。事实上，再制造必须采用先进技术恢复原机的性能，并兼有对原机的技术升级改造，再制造后的产品性能要达到或超过新品。不管是整机还是零部件，不论是换件还是修复，再制造企业、行业必须坚持的一条基本原则"再制造产品的质量和性能不低于原型新品"。

（2）逆向物流面临巨大障碍　"旧件"是再制造企业的原料，目前，中国尚未建立起有效的废旧零部件回收体系，再制造企业旧件回收十分困难。一方面，旧件回收相关政策亟待修订，很多再制造旧件被等同于洋垃圾禁止进口；海关进出口监管缺乏明确的对"旧件"的相关管理规则。另一方面，长期以来旧件回收主体不明确，逆向物流作为全新的模式尚处在探索阶段，尚未形成与再制造能力匹配的旧件回收规模。

（3）再制造关键技术开发滞后　当前，我国高端智能装备制造水平落后，再制造的核心技术尚未掌握，重要产品的再制造尚未开展或受限于国外企业，这些严重制约了再制造产业的发展，特别是在推动制造业升级转型中，向高端智能再制造产业的发展。

（4）政策法规支撑不足　中国已经颁布一系列支持再制造产业发展的法规文件，但具体政策普遍缺乏落地的实施细则，现有政策法规可操作依据不明确。中国对再制造产品流通缺乏相应的市场管理制度。再制造企业旧件采购无法取得增值税发票和成本抵扣，大幅度压缩了企业的利润空间。

（5）对发展再制造缺乏足够认识　再制造作为一个新的理念还没有取得广泛共识，对再制造的重大意义没有引起足够的重视；制造企业对发展再制造产业积极性不高，认为再制造产品会影响其新产品的市场；消费者认知度低，对再制造产品持有疑虑，再制造产业发展的社会环境尚未形成。

2. 存在的机遇

经济新常态下，我国经济从高速增长转为中高速增长，经济结构不断优化升级，经济增长动力从要素驱动、投资驱动转向创新驱动，新常态将是当前和今后一个时期我国经济发展的大趋势。经济新常态给我国再制造产业发展带来了机遇，同时也使再制造产业面临新的挑战，从整体上看，再制造面临的机遇却远远大于挑战，我国再制造发展在新常态下将进入提质增效期。

（1）要素效率的提高为再制造提供了空间　随着经济发展，我国已进入中等收入国家，我国城镇居民受人口老龄化以及生育率下降的影响，劳动力供给增长速度不断放缓，而劳动力成本则加速上升，仅2006—2016年间平均工资上涨近4倍，同时土地价格持续攀高。随着要素效率的提高，维修与再制造的比价关系在发生变化。同时资源利用效率提高，对土地、能源、设备等的利用效率也在提高，要素效率的提高为再制造发展提供了空间。国家从政策、财政、税收等方面加大了对再制造产业的支持，消费者对再制造产品的认识逐渐提高，再制造在国外的优势将逐渐转入国内，将逐步被大众所认可。

（2）企业内生盈利动力不足迫使企业挖掘后市场和服务空间　新常态的一个主要特点是经济增长从高速增长转为中高速增长。加快经济发展方式转变，加大经济结构调整力度，增强内生动力是确保我国经济平稳发展的重要途径。经济增长内生动力一般来源于扩大内需拉动为主导的发展模式，要加快发展绿色经济、循环经济和节能环保产业，推广应用低碳技术，积极应对气候变化，实现产业升级和结构优化，从制造业转向服务业，从投资转向消费，从出口转向内需。再制造是绿色循环经济科学发展的必然要求,在新常态下,企业内生盈利不足迫使企业挖掘后市场和服务空间,再制造需探索运行新模式,从传统的制造业向制造服务业转变,一方面通过再制造可降低更换维修成本,另一方面再制造可延伸到后市场扩大盈利的空间。

(3) 生态文明建设和环保要求的提高倒逼绿色产品应用　当前,经济社会高速发展带来的资源、环境和气候变化问题十分突出。如果仍然坚持"大量生产、大量消费、大量废弃"的传统生产和消费模式,经济社会发展将难以持续。再制造作为绿色制造的重要组成部分,符合我国产业发展方向,生态、环保的"倒逼机制"扩宽了我国再制造产业的发展空间。再制造与制造新品相比,可节能60%,节材70%,大气污染物排放量降低80%以上。再制造迎合了传统生产和消费模式的巨大变革需求,是实现废旧机电产品循环利用的重要途径,是资源再生的高级形式,也是发展循环经济、建设资源节约型、环境友好型社会的重要举措,更是推进绿色发展、低碳发展,促进生态文明建设的重要载体。

(4) 服务新观念拓展了再制造市场空间　从购买所有权到购买使用权,租赁制将催生再制造新的空间。《中共中央关于制定国民经济和社会发展第十三个五年规划的建议》中提出,拓展网络经济空间,实施"互联网+"行动计划,发展物联网技术和应用,发展分享经济,促进互联网和经济社会融合发展。如今消费者正在放弃传统的、效率低下的企业,转而投入分享型企业获取需要的产品和服务,即从购买所有权到购买使用权。我国再制造产业若在运行机制中推陈出新,拓展新空间,采用分享经济,探索租赁制经营模式,则将成为制造业和产品转型的最大受益者,将迎来巨大的盈利模式和发展空间。同时再制造为共享经济模式提供了又一条实现路径。

(5) 新经济、新模式促使再制造焕发活力　"互联网+"利用信息通信技术以及互联网平台,让互联网与传统行业进行深度融合,创造新的发展生态,减少了信息不对称,降低了交易成本,提高资源总体利用效率。"互联网+"行动计划将促进我国再制造产业升级,加速提升产业发展水平,增强创新能力。同时将保险引入再制造的信用管理,为我国再制造产业的发展提供可靠的保障。

(6) 新技术为再制造的发展提供支撑　中国特色的再制造主要基于尺寸恢复和性能提升,并以先进的寿命评估技术、纳米表面技术和自动化表面技术等增材制造技术为支撑,对再制造毛坯进行专业化修复或升级改造,使其质量特性不低于原型新品。纳米电刷镀、激光熔覆、电弧喷涂等先进的再制造技术可用于核电、航空航天、石油化工等制造领域,实现再制造技术对我国制造业的反哺。

3. 经济新常态对再制造发展的挑战

（1）经济增速下降，内生动力不足，产品型再制造面临困难　目前我国经济面临外部需求疲软、人口红利减少、落后产能淘汰等因素造成的下行压力，经济增长的内生动力不足，经济结构调整任务艰巨，一些企业往往期待刺激性政策带来市场，但对政策的依赖决定了这种增长只能是阶段性的，随着政策效果的稀释，利润增幅必然出现下滑。例如，近年来我国商用车产销在外需低迷、投资大幅度下滑的作用下，总需求收缩十分明显，部分再制造企业开工不足甚至停产，产品型再制造面临困难。

（2）大宗商品价格下降，再制造比价关系下降。受全球经济下滑影响，铁矿石、煤炭等国际大宗商品价格下降，制造业成本降低，新品制造成本随之下降。由于再制造旧件回收价格的刚性，再制造产品价格下降空间有限，再制造比价关系下降，再制造企业盈利空间进一步压缩。

（3）财政增收难使得再制造税收优惠政策难以出台。再制造企业增值税中的销项税额难以抵扣，造成再制造产品的成本增加，企业负担较重。在税收和补贴政策上，再制造生产企业需要更为实在的扶持和帮助，但是新常态下财政增收难使得再制造税收优惠政策难以出台，我国再制造产业的发展将面临新的挑战。

（4）再制造旧件来源问题尚未解决　当前，再制造的难点在于旧件回收，一方面，原有的《报废汽车回收管理办法》（国务院第307号令）规定废旧汽车五大总成件必须报废，不仅造成资源的大量浪费，而且严重制约了再制造产业原材料的来源，限制了产业扩大生产规模；虽然新的《报废汽车回收管理办法》（国务院第715号令）于2019年6月颁布实施，允许"五大总成"进行再制造，但具体实施细则尚未落实，目前再制造企业还未能从报废机动车中获取"五大总成"的再制造毛坯。另一方面，我国目前在进口环节对再制造用旧件还有一些政策限制，尤其是大量的旧汽车零部件列入了禁止进口目录，阻断了国内再制造企业从境外获得旧件原料的渠道。旧件的供需矛盾直接影响我国再制造企业的良好发展和整个再制造市场的产业链秩序，如何通过政策和市场因素的互动和配合实现旧件供需结构的调整是亟须解决的问题。

第 3 章

中国再制造产业政策与产品质量标准

我国的再制造发展经历了产业萌生、科学论证和政府推进三个阶段，我国再制造产业的持续稳定发展，离不开国家政策的支撑与法律法规的有效规范。我国再制造产业政策环境不断优化，形成了相对完善的、具有中国特色的再制造政策法规体系，国家已出台了 50 余项相关政策法规，再制造专项政策法规近 30 项，构建再制造标准体系框架并颁布国家标准 30 多个。

3.1 再制造产业相关政策

3.1.1 再制造产业政策

我国再制造产业持续稳定发展，离不开政策环境支撑和法律法规的规范。我国再制造政策、法规经历了一个从无到有、不断完善的过程。在先后颁布的《循环经济促进法》《战略性新兴产业重点产品和服务指导目录》《关于加快推进生态文明建设的意见》《中共中央关于制定国民经济和社会发展第十三个五年规划的建议》等法律、法规文件中，都在相关章节明确提出要支持再制造产业发展。随着再制造产业的发展，国家加大了对再制造产业的支持力度，再制造政策法规逐步细化、具体化。不断优化我国再制造产业的持续稳定发展，离不开国家政策的支撑与法律法规的有效规范。表 3-1 梳理了 2005—2018 年关于再制造产业的主要政策法规。

表 3-1 2005—2018 年关于再制造产业的主要政策法规

年份	国务院出台的政策、法规	国家部委出台的文件
2005 年	《国务院关于做好建设节约型社会近期重点工作的通知》 《国务院关于加快发展循环经济的若干意见》	《关于组织开展循环经济试点（第一批）工作的通知》（发改委）

（续）

年份	国务院出台的政策、法规	国家部委出台的文件
2006 年	《国家中长期科学和技术发展规划纲要（2006—2020）》	—
2007 年	—	《关于组织开展循环经济试点（第二批）工作的通知》（发改委）
2008 年	《中华人民共和国循环经济促进法》	《汽车零部件再制造试点管理办法》（发改委）
2009 年	《装备制造业调整和振兴规划》	《关于组织开展机电产品再制造试点工作的通知》（发改委）
2010 年	《国务院关于加快培育和发展战略性新兴产业的决定》	《关于推进再制造产业发展的意见》（发改委） 《再制造产品认定管理暂行办法》（工信部） 《再制造产品认定实施指南》（工信部）
2011 年	《中华人民共和国国民经济和社会发展第十二个五年规划纲要》	《关于深化再制造试点工作的通知》（发改委）
2013 年	《循环经济发展战略及近期行动计划》 《加快发展节能环保产业的意见》	《关于确定第二批再制造试点的通知》（发改委） 《再制造产品"以旧换再"试点实施方案》（发改委）
2014 年	—	《工业和信息化部办公厅关于进一步做好机电产品再制造试点示范工作的通知》（工信部）
2015 年	《中国制造 2025》	—
2016 年	—	《工业绿色发展规划（2016—2020 年）》（工信部） 《绿色制造工程实施指（2016—2020）》（工信部） 《关于展开绿色制造体系建设的通知》（工信部） 《财政部、工业和信息化部关于组织开展绿色制造系统集成工作的通知》（工信部） 《2016—2018 绿色制造系统集成项目》（工信部）
2017 年	—	《高端智能再制造行动计划（2018—2020 年）》（工信部）
2018 年	—	《战略性新兴产业重点产品和服务指导目录》（发改委）

改革开放以来,我国在推动资源节约和综合利用,推行清洁生产方面,取得了积极成效。但是传统的高消耗、高排放、低效率的粗放型增长方式仍未根本转变,资源利用率低,环境污染严重。在此背景下,2005年国务院颁发的《国务院关于做好建设节约型社会近期重点工作的通知》(国发〔2005〕21号),明确提出了发展循环经济的重点工作和重点环节,并指出再生资源产生环节要大力回收和循环利用各种废旧资源,支持废旧机电产品再制造。对废旧机械装备实施再制造可最大限度地节约资源、降低能耗、保护环境,符合我国循环经济的发展模式。

2005年,国家发改委、环境保护总局、科技部、财政部、商务部和统计局联合发布了《国务院关于加快发展循环经济的若干意见》(发改环资〔2005〕2199号),在重点行业、重点领域、产业园区和省市组织开展循环经济试点工作。并发布《循环经济试点工作方案》和《国家循环经济试点单位(第一批)》,文件中指出把再制造等领域列为循环经济试点工作的范围的重要行业。图3-1是《国家循环经济试点单位(第一批)》试点单位重点行业的企业数。图3-2是《国家循环经济试点单位(第一批)》试点工作范围的重点领域分布。《国家循环经济试点单位(第一批)》明确指出了再制造产业为试点工作范围的重点领域。

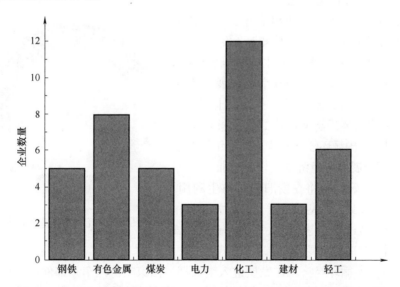

图3-1 《国家循环经济试点单位(第一批)》试点单位重点行业的企业数

2006年,国务院颁布了《国家中长期科学和技术发展规划纲要(2006—2020)》,将"机械装备的自修复与再制造"列为关键技术之一。对制造业的要求指出:积极发展绿色制造。加快相关技术在材料与产品开发设计、加工制

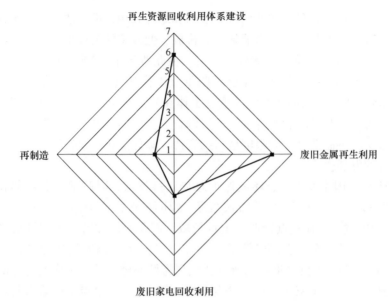

图3-2 《国家循环经济试点单位(第一批)》试点工作范围的重点领域分布

造、销售服务及回收利用等产品全生命周期中的应用,形成高效、节能、环保和可循环的新型制造工艺,如图3-3所示。

自2005年发布《关于组织开展循环经济试点(第一批)工作的通知》(发改环资[2005]2199号)以来,在国家循环经济试点工作引导下,全国大部分省市也开展了不同层面的循环经济试点工作,探索不同类型、不同层次的循环经济实践形式,从整体上带动和推进了全国循环经济发展。2007年发布了《关于组织开展循环经济试点(第二批)工作的通知》,明确提出将在废旧金属再生利用、装备再制造等具有典型示范意义的相关企业和地方政府开展试点,得到相关部门的支持。试点工作对再制造的发展提供了政策支持。

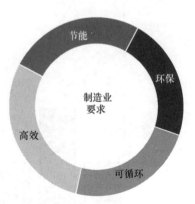

图3-3 规划对制造业要求

此时国家循环经济工作发展进入增长期,国家支持汽车零部件再制造的发展。国家发改委于2008年正式发布了《汽车零部件再制造试点管理办法》,确定了首批14家汽车零部件再制造试点企业,同时将开展再制造试点的汽车零部件产品范围暂定为发动机、变速器、发电机、启动机、转向器五类产品。

办法中提出汽车零部件再制造是指把旧汽车零部件通过拆解、清洗、检测分类、再制造加工或升级改造、装配、再检测等工序后恢复到像原产品一样的技术性能和产品质量的批量化制造过程。指出国家和地方鼓励消费者和公共机构优先使用再制造产品,加强宣传,逐步提高消费者对再制造产品的认识,加快制定再制造产业发展的优惠的财政政策。消费者对再制造产品的认识也不断增强,并在各地推荐的基础上,发改委选择确定了第一批整车(机)生产企业和汽车零部件再制造企业开展汽车零部件再制造试点。第一批整车(机)生产企业和汽车零部件分布全国11个省,见表3-2。

表3-2 第一批整车(机)生产企业和汽车零部件再制造企业分布范围

省份	吉林	安徽	上海	山东	湖北	广东	广西	江苏	陕西	浙江	贵州
试点企业数量	1	2	1	2	2	1	1	1	1	1	1

2008年8月,第十一届全国人民代表大会常务委员会第四次会议通过《中华人民共和国循环经济促进法》,该法在第2条、第40条及第56条中共六次阐述再制造术语,指出国家支持企业开展机动车零部件、工程机械、机床等产品的再制造和轮胎翻新,销售的再制造产品和翻新产品的质量必须符合国家规定的标准,并在显著位置标识为再制造产品或者翻新产品。2009年1月《循环经济促进法》实施,将再制造产业纳入法制化轨道,有利于再制造产业规范化发展。

为发展工业循环经济,促进工业转型升级,工信部于2009年发布《关于组织开展机电产品再制造试点工作的通知》,推进机电产品再制造试点示范工作,使机电产品再制造产业规模化、规范化、专业化发展,充分发挥试点示范引领作用。并确定了第一批机电产品再制造试点企业和产业集聚区,再制造第一批试点单位涉及的行业分类如图3-4所示。

2010年10月,发改委、科技部、工信部、公安部、商务部、财政部、环境保护部、海关总署、税务总局、工商总局、质检总局11部委联合发布了《关于推进再制造产业发展的意见》,指导全国加快再制造产业发展,并将再制造产业作为国家新的经济增长点予以培育。《关于推进再制造产业发展的意见》的出台对再制造的积极推动作用主要体现在政策、法规、技术、标准、组织五大方面。意见的具体内容对再制造发展所关心的问题都有明确的回答,同时也对再制造提出了更高的要求。

同年10月国务院印发了《国务院关于加快培育和发展战略性新兴产业的决定》(国发〔2010〕32号),《决定》指出发展节能环保产业,重点开发推广高效节能技术装备及产品,实现重点领域关键技术突破,带动能效整体水平的提高,加快资源循环利用关键共性技术研发和产业化示范,提高资源综合利用水平和再制造产业化水平。此文件有利于推动我国再制造先进技术的研发,提高再制造旧件利用率,更好地实现循环经济的发展。

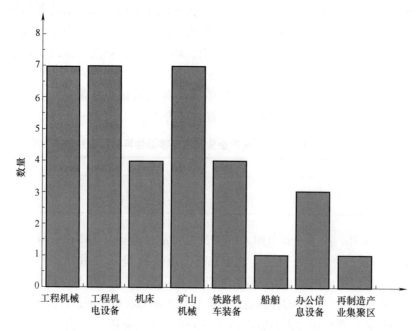

图 3-4 机电产品再制造第一批试点单位涉及的行业分类

2010年工信部先后发布了"关于印发《再制造产品认定管理暂行办法》的通知"（工信部节［2010］303号）和"关于印发《再制造产品认定实施指南》的通知"（工信厅节［2010］192号），正式启动了再制造产品认定工作。自2011年起，工信部于2011年、2013年、2014年、2015年、2016年和2017年共发布七批经认定的《再制造产品目录》，共涉及61家企业，11大类产品，40个产品类型，147种产品，9528个型号。

2011年3月，国务院发布的《中华人民共和国国民经济和社会发展第十二个五年规划纲要》中明确提出"强化政策和技术支撑，开发应用源头减量、循环利用、再制造、零排放和产业链接技术，推广循环经济典型模式。大力发展循环经济，健全资源循环利用回收体系，加快完善再制造旧件回收体系，推进再制造产业发展；开发应用再制造等关键技术，推广循环经济典型模式；""建设若干国家级再制造产业集聚区，培育一批汽车零部件、工程机械、矿山机械、机床、办公用品等再制造示范企业，实现再制造的规模化、产业化发展。完善再制造产品标准体系。"

同年，全国人大审议通过的"十二五"规划纲要明确把"再制造产业化"作为循环经济的重点工程之一。为落实"十二五"规划纲要精神及《意见》提出的各项工作要求和任务，发改委决定深化再制造试点工作，发布《关于深化再制造试点工作的通知》决定扩大再制造试点范围，继续探索再制造产业发展的政策、管理制度和监管体系，为建立再制造相关技术标准、市场准入条件、流通监管体系等提供经验，促进了再制造产业市场经济的发展。

2012年，根据《汽车零部件再制造试点管理办法》和《关于深化再制造试点工作的通知》的要求，发改委开展了汽车零部件再制造试点单位的验收工作，并将通过验收的试点单位和产品名单予以公布。通过验收的再制造试点单位分别是济南复强动力有限公司、潍柴动力（潍坊）再制造有限公司、无锡大豪动力有限公司（一汽集团）、上海幸福瑞贝德动力总成有限公司（上汽集团）、陕西法士特汽车传动集团有限责任公司、浙江万里扬变速器股份有限公司、广州市花都全球自动变速箱有限公司、柏科（常熟）电机有限公司等8家单位。

2013年1月，国务院发布了《循环经济发展战略及近期行动计划》（国发〔2013〕5号），这是我国首部循环经济发展战略规划。《计划》提出发展再制造，建立旧件逆向回收体系，抓好重点产品再制造，推动再制造产业化发展，支持建设再制造产业示范基地，促进产业集聚发展。建立再制造产品质量保障体系和销售体系，促进再制造产品生产与销售服务一体化。从政策上支持再制造产业示范基地，促进产业集聚发展。

2013年8月，国务院发布了《国务院关于加快发展节能环保产业的意见》（国发〔2013〕30号），《意见》提出要发展资源循环利用技术装备，提升再制造技术装备水平，重点支持建立10~15个国家级再制造产业集聚区和一批重大示范项目，大幅度提高基于表面工程技术的装备应用率。开展再制造"以旧换再"工作，对交回旧件并购买"以旧换再"再制造推广试点产品的消费者，给予一定比例补贴。同时，提升了消费者对再制造产品的认知和接受度。

2014年12月，工信部为继续推进机电产品再制造产业规模化、规范化、专业化发展，充分发挥试点示范引领作用，结合再制造产业发展形势，就进一步做好机电产品再制造试点示范工作，发布《工业和信息化部办公厅关于进一步做好机电产品再制造试点示范工作的通知》（工信厅节函〔2014〕825号）。

2015年5月，《中国制造2025》提出坚持"创新驱动、质量为先、绿色发展、结构优化、人才为本"的基本方针。并提出"大力发展再制造产业，实施高端再制造、智能再制造、在役再制造，推进产品认定，促进再制造产业持续健康发展。"

2016年6月，工信部《工业绿色发展规划（2016—2020年）》文件，明确"绿色体系创建工程"，提出绿色产品、绿色工厂、绿色园区、绿色供应链的创建和示范要求。明确加快推动再生资源高效利用及产业规范发展，加强资源综合利用，持续推动循环发展。

2016 年 8 月，工信部《绿色制造工程实施指南（2016—2020 年）》文件，要求完成传统制造业绿色化改造示范推广、资源循环利用绿色发展示范应用、绿色制造技术创新及产业化示范应用、绿色制造体系构建试点等重点任务。

2016 年 9 月，《关于展开绿色制造体系建设的通知》（工信部节函〔2016〕586 号）提出"利用工业转型升级资金、专项建设基金、绿色信贷等相关政策扶持绿色制造体系建设工作，推动政府优先采购。"

2016 年 11 月，《财政部工业和信息化部关于组织开展绿色制造系统集成工作的通知》（财建〔2016〕797 号）提出促进制造业绿色升级，培育制造业竞争新优势。

2016 年 12 月，《2016—2018 年绿色制造系统集成项目》公布了由工信部和财政部联合开展的有资金支持的项目，主要目的是深入实施绿色制造工程，促进制造业绿色升级，培育制造业竞争新优势。

2017 年 1 月，工信部、商务部、科技部联合发布《关于加快推进再生资源产业发展的指导意见》，提出"推动报废汽车拆解资源化利用装备制造，积极推进发动机及主要零部件再制造，实施再制造产品认定，发布再制造产品技术目录，制定汽车零部件循环使用标准规范，实现报废机动车零部件高值化利用。"此外，落实资源综合利用税收优惠政策，加快再生产品、再制造等绿色产品的推广应用。

2017 年 5 月，国家发改委、科技部、工信部、财政部、商务部等 14 个部委联合下发关于印发《循环发展引领行动》的通知，支持再制造产业化规范化规模化发展，推进"军促民"再制造技术转化，提升产业的技术水平与规模。

2017 年 11 月，《高端智能再制造行动计划（2018—2020 年）》（工信部节〔2017〕265 号）提出加快发展高端智能再制造产业，进一步提升机电产品再制造技术管理水平和产业发展质量，推动形成绿色发展方式，实现绿色增长。《行动计划》聚焦盾构机、航空发动机与燃气轮机、医疗影像设备、重型机床及油气田等高端智能装备，通过创新增材制造、特种材料、智能加工、无损检测等高端智能共性技术的产业化应用，实施高端智能再制造示范工程，培育高端智能再制造产业协同体系。《行动计划》提出了八项任务，包括加强高端智能再制造关键技术创新与产业化应用，推动智能化再制造装备研发与产业化应用，实施高端智能再制造示范工程，完善高端智能再制造产业协同体系，加快高端智能再制造标准研制，探索高端智能再制造产品推广应用新机制，建设高端智能再制造产业网络信息平台，构建高端智能再制造金融服务新模式等。标准研制方面，《行动计划》提出，加强高端智能再制造标准化工作，鼓励行业协会、试点单位、科研院所等联合研制高端智能再制造基础通用、技术、管理、检测、评价等共性标准，鼓励机电产品再制造试点企业制定行业标准及团体标准。支持再制造产业集聚区结合自身实际制定管理与评价体系，探索形成地域特征与产品特色鲜明的再制造产业集聚发展模式，建设绿色园区。工信部下一步将组织有关地方、行业协会、企业、科研院所等，围绕加快高端智能再制造共性技术创新及产业化应用、建立高端智能再制造示范工程、探索建立更好更快推动高端智能再制造产业发展的模式等目标，突出重点、分工协作，加快创新、联合攻关，分类指导、示范引领，促进再制造产业规范发展，不断壮大。到 2020 年，突破一批制约我国高端智能再制造发展的拆解、检测、成形加工等关键共性技术，智能检测、成形加工技术达到国际先进水平。

2018 年 9 月 21 日，国家发改委新版《战略性新兴产业重点产品和服务指导目录》多处指出发展再制造，其中资源循环利用产业提到汽车零部件和机电产品再制造，航空维修及技术服务中提到航空再制造。提到旧件无损检测与寿命评估技术、高效环保拆解清洗设备，纳米颗粒复合电刷镀、高速电弧喷涂、等离子熔覆等关键技术和装备，汽车零部件、工程机械、机床和基础制造装备、办公设备等产品再制造和轮胎翻新。微纳米表面工程、高密度能源的先进材料制备与成形一体化装备等再制造产业。新的再制造技术的应用，助力中国再制造产业的发展，实现产业的良好循环。

3.1.2 再制造财税政策

为有效解决发展循环经济投入不足的问题，引导社会资金投向循环经济，2010 年 4 月，国家发改委、人民银行、银监会、证监会联合发布了《关于支持循环经济发展的投融资政策措施意见的通知》（发改环资〔2010〕801 号），《通知》提出要充分发挥政府规划、投资、产业和价格政策对社会资金投向循环经济领域的引导作用，明确了信贷支持的重点循环经济项目，废旧汽车零部件、工程机械、机床等产品的再制造和轮胎翻新等再利用项目，银行业金融机构要重点给予信贷支持。

为支持再制造产品的推广使用，促进再制造旧件回收，扩大再制造产品市场份额，2013 年 7 月，国家发改委、财政部、工信部、商务部、质检总局联合发布《关于印发再制造产业"以旧换再"试点实施方案的通知》（发改环资〔2013〕1303 号），正式启动再制造产品"以旧换再"试点工作。《通知》要求对符合"以旧换再"推广条件的再制造产品，中央财政按照其推广置换价格（再制造产品价格扣除旧件回收价格）的一定比例，通过试点企业对"以旧换再"再制造产品购买者给予一次性补贴，并设补贴上限。为实施好再制造"以旧换再"试点工作，2014 年 9 月，国家发改委等部门组织制定了《再制造产品"以旧换再"推广试点企业评审、管理、核查工作办法》和《再制造"以旧换再"产品编码规则》(发改办环资〔2014〕2202号),确定了再制造"以旧换再"推广试点企业的评审、管理、检查等环节,同时确定了再制造"以旧换再"推广产品编码规则。推广试点企业应该在产品外表面明显部位印刷或打刻编码,需要可识别且不可消除涂改。若产品外表面无法印刷,应当在产品外包装上印刷,编码可以同再制造产品标志或再制造"以旧换再"标志印刷在同一介质上。"以旧换再"再制造推广试点产品,有利于鼓励企业和消费者生产和消费再制造产品,提升了消费者对再制造产品的认知和接受度。

3.2 再制造产品质量控制标准与实施

为规范再制造产品生产,保障再制造产品质量,根据工信部《再制造产品认定管理暂行办法》和发改委《再制造单位质量技术控制规范(试行)》要求,相关部门制定了再制造相关标准,用来规范产品的质量性能。通过检索,到目前为止我国共发布实施再制造相关的国家、行业、企业标准共79项,如图3-5所示,国家标准38项,行业标准26项,地方标准15项,国家标准以基础通用为主,行业标准以内燃机和通用机械为主,具体涉及机械、机床、激光、轮胎、机电产品、内燃机、打印机等,标准要求涵盖拆解到出厂验收的再制造各个生产过程。

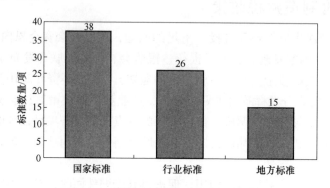

图3-5 我国已发布实施的再制造标准

工信部《再制造产品认定实施指南》(工信厅节〔2010〕192号)所涵盖的再制造产品认定范围包括通用机械设备、专用机械设备、办公设备、交通运输设备及其零部件等。再制造产品认定过程包括"申报、初审与推荐、认定评价、专家评审、结果发布"五个阶段。通过认定的再制造产品应在产品明显位置或包装上使用再制造产品标志,再制造产品标志样式及尺寸如图3-6所示。

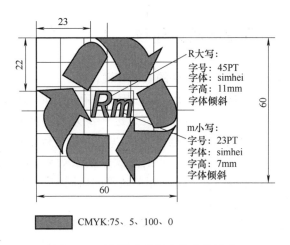

图 3-6 再制造产品标志样式及尺寸

注：CMYK 为色彩模式。

已发布的《机械产品再制造 通用技术要求》、《再制造企业技术规范》等标准作为我国再制造试点企业验收评审标准——《再制造试点企业试点验收标准指标说明及评判依据》的依据，对规范再制造企业生产、保证再制造产品质量、推动再制造产业发展起到重要作用。图 3-7 为汽车零部件再制造产品标志，国家发改委批准的汽车零部件再制造试点企业按照要求在产品铭牌中使用相应的标志。

图 3-7 汽车零部件再制造产品标识及使用

当前我国再制造标准从数量、覆盖范围方面都还需进一步完善。再制造产业的高质量发展不仅需要政府部门为再制造产品制定更加完善的法律政策体系，积极引导再制造产业良性发展，也需要与再制造相对应的标准化技术委员会积极拓展再制造领域相关标准，为再制造产品的质量保障提供技术基础。

3.3 再制造产业发展政策建议

1. 营造有利于再制造产业发展的政策环境

根据我国再制造产业发展状况，全面梳理现有的政策措施，继续推进再制造相关的贸易、监管、财税等政策研究，进一步完善不同效力层级的行政法规、部门规章以及规范性文件，逐步形成以"法律—行政法规—部门规章—规范性文件—相关标准及技术规定"的形式，由宏观到具体的相互联系、协调一致的再制造政策法规体系，推动相关政策向协同统一的方向逐步完善，进一步优化再制造产业发展环境。

2. 积极运用"互联网+"，创新再制造发展体系

积极利用"互联网+"，充分依靠市场力量，加快构建网络化、规范化、低成本、高效率的逆向物流体系。同时以再制造产品为纽带，积极与传统的关联领域融合，利用"互联网+"打通再制造产品型的"维修—保险—再制造—二手—废弃"信息互联共享，建立再制造产品推广服务平台，加强与保险、维修、售后等的融合发展，拓展新的产品空间，构建新的再制造产业发展体系。

3. 顺应"一带一路"倡议，拓展再制造发展空间

随着"一带一路"倡议的不断推进，我国铁路设备、工程机械、核电设备、油气装备等高端装备"走出去"将成为新经济体系下的常态，这为我国再制造产业的发展提供了机遇。我国再制造要契合不同地区，尤其是"一带一路"沿线国家的需求，利用国外较成熟的再制造市场，通过建立海关监管区、保税区，按照来料加工等方式，使再制造产品"走出去"。同时我国较成熟的再制造技术装备可为"一带一路"工程中"出海"装备提供设备维护和保障，实现再制造技术输出。还可灵活运用国外经贸园区、工程总承包、第三方合作等方式，充分利用我国成熟的再制造技术体系和国外稳定的旧件保障能力，在国外建设再制造工厂开展再制造，在扩大再制造产品和技术进出口的基础上叠加产业出口，推动我国再制造产业发展。

4. 健全再制造标准和认证体系，严格对再制造企业及产品的监管

加快制定再制造产品的国家标准和资质认证机制，规范再制造产品市场。建立再制造企业征信体系，对再制造实行强制性产品认证、强制标示、产品信息备案等制度，对不公开或不如实公开企业信息、不适用再制造产品标志、违规生产销售再制造产品，特别是假冒伪劣产品等进行查处和严厉打击。同时，积极利用"互联网+"开发移动APP，实现旧件和再制造产品的跟踪和监督，保证再制造产品质量。

5. 积极研究再制造产品的生产者责任延伸制度和强制回收制度

完善再制造产业发展的法律责任制度，引入生产者责任延伸制度，促使生产者的责任向前延伸到产品设计阶段考虑产品的再制造性，向后延伸到产品废旧零件回收和再制造的体系建设，打通制造与再制造间的关系，推进再制造产业链的形成。

6. 加强技术攻关和推广，推动关键设备产业化

加大再制造关键技术攻关，完善再制造产业技术链条。加强从事再制造研究的高校、科研院所和企业的合作，充分发挥装备再制造技术国防科技重点实验室和机械产品再制造国家工程研究中心的作用，通过开展关键共性技术、成套工艺和装备的开发与工程化，建立再制造检测评价体系，构建再制造产学研用技术创新体系，加强成熟再制造技术和关键技术设备的产业化推广，加快我国机械产品再制造科技成果向现实生产力转化，实现我国再制造关键设备的批量化生产。

7. 加大宣传力度，提升公众对再制造产品的认知度

以绿色消费为核心，加大对再制造产业的宣传，普及再制造知识。引导消费者了解和接受再制造，主动积极消费再制造产品，使再制造观念深入人心，形成选择再制造产品进行消费的先进理念，在社会中形成支持再制造产业促进绿色消费的共识。引导消费需求向购买使用权转变，催生新的增长空间，同时开展政府采购，发挥示范带动作用，鼓励各级政府在采购过程中选用再制造产品，以政府效用带动消费者选购再制造产品。

第 2 篇

行业篇

第 4 章

军用装备再制造

4.1 行业发展概况

军用装备再制造最早起源于美国，武器装备再制造也是美国再制造产业目前占比例最大的应用领域。基于此，美军是世界上最大的再制造受益者，它的车辆和武器通常使用再制造部件，不但节约了军用装备的制造费用，减少了备件库存，而且提高了装备的寿命和可维修能力，为装备的使用提供了有力的技术保障。美国《2010 年及以后的国防制造工业执行提要》中已明确将新的再制造技术列入其优先发展的国防制造工业的新重点。

我国装备再制造概念是于 1999 年由长期从事军用装备维修实践的中国工程院院士徐滨士教授提出，并且在军用装备和各个行业推动发展实践。因此军用装备再制造在技术发展、实践应用等方面均处于国内领先地位。2003 年，在徐滨士院士的推动和领导下，我国成立了第一家从事再制造工程研究的国家重点实验室——装备再制造技术国防科技重点实验室。再制造作为制造领域的优先发展主题和关键技术被列入《国家中长期科学和技术发展规划纲要（2006—2020 年）》。2012 年，由徐滨士院士所在院校牵头联合地方企业建立了机械产品再制造国家工程研究中心，进一步确立了军用装备再制造技术在我国的领先地位。军队联合地方，发挥军民融合作用，相继开展了重载车辆、舰船、飞机关键部件等方面的再制造试点工作，取得了非常显著的军事效益。

4.2 行业运行情况

4.2.1 外军装备再制造情况

外军装备再制造模式主要有以下三种。

1) 利用新技术，再制造改造升级现役武器装备，提升性能，拓展功能，延长使用寿命。这是国外武器装备最为普遍和常见的再制造形式。如美国对F-16战斗机、"布雷德利"步兵战车、"艾布拉姆斯"主战坦克进行了机动能力和防护能力再制造升级；俄罗斯的T-72、T-80，以色列的"梅卡瓦"，英国的"挑战者-2"、德国的"豹-2"等主战装备也都进行过再制造升级改造。

2）退役装备再制造后进入军火市场，获取效益。美国早期对退役装备很大一部分选择回收的方式进行处置，回收的退役装备拆卸后作为废旧钢铁进行出售。然而，随着国际社会环境保护法制的健全和循环经济意识的增强，退役装备回收拆卸处理方式逐渐退出主流。而将退役装备经过再制造，然后以出售、租赁或转让的方式，提供给所支持的其他国家继续服役的方式越来越多。一般对这类装备进行简单再制造，即主要采用换件和尺寸修理的方法，同时对武器和电子系统进行简单改造，从而获得高额利润。

3）拆解处理后回收再制造利用。即将拆卸后的部分零部件经再制造处理后作为备件使用。退役报废装备虽然整体性能下降，但一些零部件仍可以继续使用或通过再制造使用，这样可以给现役装备提供大量的零备件。如M48主战坦克退役后，除部分销往国外以外，大部分被拆解后进行再制造处理。

目前美国陆军有5个、空军有3个、海军有3个航空和4个舰船维修与再制造基地，重点开展在役装备、报废装备的维修与再制造，这些基地的建设是与私营合同商共同开展，大量的维修与再制造工作交由私营合同商在基地完成，主要承担装备及零部件大修、再制造和零部件制造等。例如安尼斯顿陆军基地是拥有国防资源种类最多的基地，享有"世界坦克再制造中心"的美誉。是美国陆军唯一能对重型和轻型履带式战车及其部件进行维修、再制造升级等复杂工作的基地。基地拥有的设施价值64.1亿美元，建筑结构2100处，整个基地界限长140km，公路长428km，铁路长74km。基地除装备大修外，通过再制造（Remanufacture）和改造（Conversion）来实现装备现代化升级是其一项重要工作任务。此方法与直接采购新系统相比，可降低运行成本和环境费用，实现了现代化改造和升级成本最小化。

例如美军HMMWV系列车辆的延寿工作主要由美军多家兵工厂承担，地方汽车生产厂家负责提供技术支持。

英军在保障装备发展战略中提到，要"不断推进保障装备现代化，通过采办改进的能力、再投资和淘汰老旧装备，满足当前和未来的能力需求"，其中："再投资"指通过对现有装备进行翻新和有选择地升级，使其满足战备要求并达到零时间、零里程的新装备标准。此外，英军还提出要开展保障装备升级改造过程中的成本效益分析，为装备的升级改造提供决策支撑。例如，对即将开展的新型地面保障车辆研制项目，英军明确要求该车必须为未来的升级改进预留充分的余地。另外，很多新近装备部队的车辆保障装备也都被纳入升级改造的计划之列。这反映出英军的升级改造已不仅仅是针对现役老旧装备而言，而是已经延伸和扩展到所有的新老装备，升级改造已成为未来英军推动保障装备发展的重要手段。

4.2.2 我军装备再制造情况

我军经过多年发展建设，已构建了较为完备的装备综合维修保障体系，当前主要是以定时预防维修为主体的三级维修保障体系。随着高技术尤其是信息技术的迅速发展和军事装备的更新换代，技术与战争的高度融合，军事装备更新换代、升级改造更为频繁，老旧装备数量巨大。如何处置老旧装备，如何应用技术手段有效延长装备的寿命，实现装备战斗力再生是我军当前亟待解决的问题。当前，我军仅有部分修理大队和大修厂开展了一些关键部件的再制造，应用先进的技术建立了典型部件的再制造生产线，这些再制造零部件有效降低了装备维修保障费用，缓解了装备配件不足，提高了装备的寿命和战斗力。例如，我国开展的装甲装备扭力轴再制造，再制造的扭力轴使用寿命由 3000km 提高到 12000km；装甲装备报废损伤的薄壁零件再制造后，耐磨性比新品件提高了 1.4~8.3 倍，而成本只是新品件价格的 1/8，在装甲装备 50 项 240 种关键零件上得到了应用。军用装备结构类基础件再制造后的耐磨性是新品种的 4.3 倍，成本只有新品的 1/10；舰船再制造防腐处理后，使用寿命由原来的 5 年提高到 15 年以上，减少了军舰的在修率，提高了在航率。装备再制造技术国防科技重点实验室与部队联合建立了"装备再制造工程试验基地"，积极开展装备再制造新型人才培养模式试点工作。在军内尝试了装甲装备维修保障改革的探索工作，发展了基于再制造的"整装换件修理、部件集中项修、零件规模修复、高新技术系统巡修"的装甲装备维修保障新模式，建成了我军第一条军用汽车发动机再制造生产线，具备年均单班再制造 8000 台发动机的能力。空军建立了再制造基地，开展了发动机关键部件再制造工作，突破了维修技术受制于人、维修成本高昂的难题。海军筹建了"装备再制造中心"，以加强舰艇的维修保障能力。

4.3 行业技术水平分析

4.3.1 外军装备再制造技术水平

美国专门成立了国家再制造研究中心（NC3R），针对再制造与升级改造重点进行再制造设计，再制造性评估，升级费用评价以及先进技术嵌入的工具、设备与程序，涉及多学科专业领域，包括材料失效分析、机构完整性和性能分析、产品状态监测和剩余寿命预测分析以及系统零部件恢复提升技术等。例如 NC3R 与海军陆战队合作开展轻型装甲车辆再制造,使现役装备延长寿命 20～25 年。美军设立了专门的装备再制造升级改造的研发费用,这部分费用占到美国国防部研发预算的 30%,具体投入如图 4-1 所示。

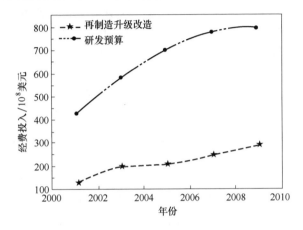

图 4-1　美军历年装备研发预算和再制造升级改造经费投入

外军再制造重点围绕检测技术、增材制造技术和升级改造技术展开。技术水平状况如下:

1. 先进检测技术研究

现役装备的信息化水平高,故障复杂程度大幅增加。传统测试系统通常测试功能单一、自动化水平低,导致故障检测、定位时间长,故障诊断能力有限。先进检测技术研究是在传统的状态监控和故障诊断技术的基础上,综合了多种先进技术,如嵌入式传感器技术、人工智能技术、计算机技术、通信技术、网络技术等,快速准确判断装备部件的实际状态,并据此决定对其进行更换、修理或再制造的过程。近年来,外军各军种都把追求测试设备的通用化、综合化、自动化作为测试技术发展的目标。目前,美国国防部已启动了通用自动测试系统示范工程——NxTest 计划,规定了未来三军通用的自动测试系统体系结构标准,用于促进三军一体化装备测试系统的研发。美军正在研制的 F-35 联合攻击战斗机"预测与状态管理"系统是其最先进的检测预测系统,它采用了多传感器数据融合、基于模型的故障征兆检测与分析、剩余寿命预测、装备状态实时监测等多种先进技术。据估计,采用该系统后,装备的维修人力将减少 20%～40%,保障规模缩小 50%,出动架次率提高 25%,使用与保障费用减少 50% 以上。此外,洛马公司的综合状态评估系统监控海军 100 多艘舰船机械与电子系统运行参数,可实现维修人员快速定位故障。霍尼韦尔公司的振动分析系统,可提前数小时发现不可见破损,该系统可以检测出直升机关键部件的失衡状态，可提前 20～50 小时对变速器中出现的严重金属磨屑发出预警；柯蒂斯怀特公司的应力波诊断系统能够不受振动影响，检测到装备结构发出的声音，能够更早地发现装备潜在故障隐患。

2. 基于损伤备件快速成形或再制造的增材制造技术研究

增材制造（常称"3D 打印"）技术是近年来发展极为迅速的先进快速制造技术，其可以快速机动地实现在战场或靠近作战区域零部件成形或再制造，将为提高武器装备的战备完好性，保证装备形成战斗力或战斗力再生发挥重要作用。

美国陆军研究研制与工程司令部、美国国防制造加工中心等机构正在开展增材制造研究与应用。陆军研制的增材制造系统由两个 8ft×8ft×20ft（1ft = 0.3048m）的车载方舱组成，方舱一是金属增材制造技术设备，方舱二是多功能数控加工系统，目标是在几个小时内完成备件的快速制造或再制造。"陆军增材制造技术研究计划"将增材制造的实际应用规划为三个阶段：2015—2019 年增材制造零部件的选择，主要研究在战场环境下需要增材制造的零部件；2020—2024 年增材制造工艺的研究，主要开展不同增材制造工艺过程研究；2025—2029 年产品方案的确定，全面开展面向增材制造的产品设计，开发适用增材制造的新材料。三个阶段复杂性从低到高，从零部件到系统，从早期采用采纳到采办阶次推进。此外，还开展了增材制造对回收废旧零件进行再制造的研究，该研究的推进将能显著减少维修费用，实现现场（野外）关键零件再制造修复，延长零件使用寿命。图 4-2 为阿布拉姆 M-1 坦克悬臂损伤后采用增材制造技术修复的示意图。

a) 损伤修复准备　　　　b) 增材制造修复过程　　　　c) 修复后状况

图 4-2　阿布拉姆 M-1 坦克悬臂增材制造技术修复示意图

美国海军造船所、海军航空系统司令部、海军海上系统司令部以及其他许多海军单位也开展了增材制造技术的研究和应用。计划将增材制造技术应用于以下领域。

（1）非计划备件　对于一些结构形状复杂（如战斗机武器挂架零件），且无备件，损伤或失效后，按现有传统技术进行生产、制造周期长，材料替代还需重新鉴定的零件。采用增材制造实现现场制造，并缩短制造时间、减少费用。

（2）部组件修理或再制造　有些部组件没有修复设计，过去只能整体报废，采用增材制造技术，可以再制造质量优良的零件，实现部组件修复，并降低系统维持费用。

（3）实现特定结构和几何形状部件的制造　有些部件（如导管、油嘴、换热器和涡轮叶片等）受结构和形状限制，必须分解制造而后组装，如图4-3所示。采用增材制造技术，可实现单件直接制作成形，大大缩短制造时间，且性能更优，成本更低。例如：美国海军水下作战中心将增材制造应用于金属零件修复。海军 AV-8B 飞机在航空母舰上着陆进场时，发生意外，导致局部结构损伤。为了尽快修复，采用 3D 立体 CAD 建模和增材制造技术进行结构补片制作，大约1星期的时间完成了修复，如图4-4所示。研究分析显示，增材制造技术可有效减少装备全周期费用；减少使用与维修零部件费用约 45%～55%；减少生产零部件的基础设施，节省时间和劳动力（时间减少89%）；节省物资超过 86%。

图 4-3　典型零部件增材制造技术

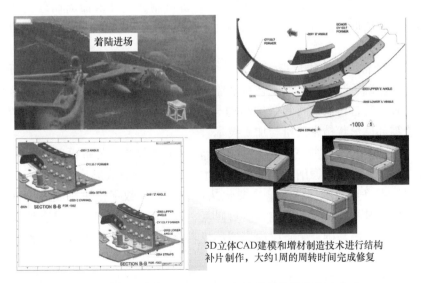

图 4-4　美国海军 AV-8B 飞机局部结构损伤增材制造技术

3. 基于基地级维修能力提升的装备再制造技术研究

与原来的三级维修保障作业体制相比，两极维修体制大大减少了战场维修保障负担、维修保障所需设备以及备用零件的数量，使得原来由中继级修理机构完成的维修任务交由基地级维修机构完成。二级维修作业体制对基地级维修技术和能力提出了更高的要求。目前美军有 15 个装备维修与再制造基地。自 1993 年起，美国就没有生产过全新的 M1 坦克，均是将使用的 M1 坦克进行再制造和升级改造。2004—2010 年间，美国陆军司令部对 150 万件装备进行了再制造或升级改造，包括 6100 辆轮式车辆、42000 辆"悍马"、3100 架飞机及 67000 枚导弹。

4.3.2 我军装备再制造技术水平

随着我军武器装备的不断改善，对装备维修的需求程度越来越高，维修任务重、技术要求高，与维修力量不足的矛盾将十分突出，而装备承制单位（包括其他民营企业）拥有很强的技术和设备能力，只要组织得当、费用合理，利用民间力量承担部分武器装备特别是大型复杂装备维修任务不仅是必要的，也是可行的。对军队现役装备的再制造或延寿应由军方提出战术技术要求及关键技术，原装备生产厂家与再制造或维修厂家共同进行技术方案设计、工程设计和样车试制，样车由军方进行考核。

我国军用装备再制造技术研究内容主要集中在以下 4 个方面。

（1）装备再制造工程设计基础　主要包括：装备再制造毛坯（典型零部件）剩余寿命评估、预测方法和理论、装备再制造循环寿命周期理论、装备再制造性、废旧产品部件或总成的应力和疲劳分析、剩余寿命评估和模拟仿真研究。

（2）装备再制造质量控制技术　主要包括：装备再制造毛坯质量预先检测技术及基础、装备再制造工艺自动监控技术及基础、装备再制造虚拟检测技术及基础、装备再制造材料微纳结构与性能分析检测、再制造过程虚拟实现、再制造零部件形状精密测量与加工技术。

（3）再制造关键技术与应用基础研究　主要包括：装备再制造材料设计与开发、装备再制造微纳米表面工程技术、装备再制造成形技术。

（4）装备应急维修技术　主要包括：装备备件数字化快速成形再制造移动平台技术及基础、装备原位智能自修复、自愈合技术及基础、装备原位抢修技术与材料应用基础、装备腐蚀模拟环境实验研究、装备损伤虚拟维修与仿真技术。

我国重载装备发动机再制造攻克了拆解清洗、再制造费效评估和寿命评估、再制造修复成形加工等多项关键技术，掌握了发动机、轴齿类零件的绿色清洗和再制造关键技术,建成废旧发动机、起动机、发电机、增压器、喷油泵和空压机等关键零部件再制造技术示范生产线,达到了年产 2.5 万台再制造发动机的能力,形成了一套可推广的发动机再制造工艺规范,实现废旧零部件无损拆解率达 93%、旧件再制造率达 85%。实现了每再制造 1 万台发动机,回收附加值 3.23 亿元,利税 0.29 亿元,提供就业 100 人,共节省金属 0.765 万 t,节电 1450 万度,减少 CO_2 排放 600t。

但是总体来讲,我军装备再制造集中在核心零部件再制造修复技术,距离美外军各型整装装备再制造、延寿,不同的利用和处置方式,还有巨大差距。针对我军大量报废的装甲装备、海军舰船、空军飞机等高附加值装备,如何使这些报废装备起死回生,如何充分利用这些废旧装备中蕴含的附加值,是当前亟待加强技术研究解决的重要问题。

4.4 行业发展问题与建议

我国经过多年发展建设,已构建了较为完备的装备综合维修保障体系,主要是以定时预防维修为主体的三级维修保障体系。当前,为适应信息化战略转型的要求,装备维修保障正在由预防维修向视情维修、原件修理向换件修理、基于型号向基于能力、资源型向集约型、传统手段向信息化手段、自主保障向军民融合保障转变。然而,与美军外军装备再制造取得的进展相比,我军装备再制造建设还存在问题和不足,主要表现在以下方面。

1)装备研制、使用、管理及保障相互"脱节",全寿命管理的体系不完善,尚未建立开展装备再制造的管理运行体制。

2)构建与装备再制造需求相适应的精确保障能力,为再制造管理体制的运行提供技术保障和基础。

3)再制造技术手段欠缺,整装再制造技术能力明显不足等方面。

结合外军装备再制造的技术成果和经验,依据坚持走中国特色军民融合式发展路子的指导思想,将军队报废装备通过指定渠道,给原装备制造厂家或有特定资质的企业,由这些企业开展装备再制造及资源综合利用,之后再制造的装备主要以如下几种方式使用。

1)利用新技术,再制造、改造升级报废武器装备,提升性能,拓展功能,延长使用寿命。将升级改造的装备重新交付部队使用。这种情况应由部队提出技战指标,并与企业共同开展设计与升级改造,确保装备达到新的要求。

2)报废装备再制造后进入军品市场,提供给其他所支持的国家,获取效益。

3)报废装备拆解处理后回收再利用,对核心零部件再制造作为备件使用，这样可以给现役装备提供大量的零备件。

与此同时，我军再制造技术研究应该着重加强以下几方面：

1）提升信息化水平。以提升装备信息化、网络化维修保障能力为目标，针对现代战争联合保障体系的需求，重点加强顶层维修保障资源和系统的设计，装备维修保障数据采集/融合与辅助决策技术，远程维修支援信息技术，现场环境虚拟维修训练技术，交互式信息支持技术，构建融合、高效、安全的信息化维修保障体系。

2）构建精确保障能力。以构建科学合理、高效顺畅的现代化维修保障系统为目标，重点加强装备维修保障体系规划和流程优化技术，资源优化与仿真技术，装备器材先进传感、射频识别、跟踪定位等全资可视化技术，装备全寿命维修保障费用分析技术与控制技术，为推动维修保障体制改革提供技术方法。

3）提高装备再制造及升级改造能力。以实现装备战斗力恢复和升级为主要目标，借鉴美军的做法，重点加强基地级装备再制造与升级改造技术、面向维修的增材制造技术、各类装备损伤修复技术、复合材料结构损伤修复技术、功能涂层损伤修复技术、电子信息装备性能重构修复技术，为实现装备性能恢复和提升提供有力的技术支撑。

第 5 章

汽车零部件再制造

5.1 行业发展概况

汽车零部件再制造是指把废旧汽车零部件通过拆解、清洗、检测、再制造加工、装配、再检测等工序后恢复到不低于原型新品的批量化制造过程，再制造后的产品在技术性能和安全质量等方面性能要达到与同类新品相同的标准要求。

在美国、欧盟等发达国家，汽车零部件再制造的范围涵盖了发动机、传动装置、离合器、转向器、起动机、水泵、空调压缩机等部件，并已在技术、加工、销售等方面形成一套完整体系，汽车零部件的回收再利用基本上达到 80% 以上。

虽然我国汽车零部件再制造起步较晚，社会认知不广，市场占有率不高，但与欧美等国换件修理法和尺寸修理法的再制造技术相比，我国的再制造主要是基于表面工程、纳米表面工程和自动化表面工程等先进技术，在吸收融合国外技术经验的基础上发展起来的，形成了中国特色的绿色再制造工艺，再制造技术总体上达到了国际先进水平。

我国政府非常重视再制造产业的发展，2005 年 11 月，我国汽车发动机再制造企业济南复强动力有限公司被列为再制造重点领域中的试点单位。2006 年，时任国务院副总理的曾培炎同志就发展我国汽车零件再制造产业做出指示："同意以汽车零部件为再制造产业试点，探索经验，研发技术。同时要考虑定时修订有关法律法规"。温总理亲自批示"再制造产业非常重要"。国家先后制定和出台了一系列支持再制造产业发展的法规政策，为我国汽车零部件再制造产业的快速发展创造了较好的政策环境。2008 年 3 月，有 14 家汽车整车和零部件企业成为首批汽车零部件再制造试点企业，标志着我国再制造产业化工作正式启动。2012 年国家发改委完成了对第一批 13 家再制造试点企业的验收，并公布了第二批 33 家再制造试点企业名单及实施方案。

2010年2月20日，国家发改委和国家工商管理总局确定启用汽车零部件再制造产品标志，目的在于更好地加强对再制造产品的监管力度，进一步推进汽车零部件再制造产业的健康发展。

2019年1月30日国务院常务会议通过《报废机动车回收管理办法（修订草案）》，汽车报废的整个链条被激活，"五大总成"再制造解禁，该办法在引导机动车回收行业健康发展的同时，也将推动再制造产业链的构建。

我国汽车零部件再制造行业在不断探索中快速发展。目前已进入以国家政策推动和市场机制拉动行业发展为中心内容的新阶段，呈现出前所未有的良好发展态势。截至2018年年底，再制造发动机、变速器生产能力超过15万台，发电机、起动机等部件生产能力超过160万台。

从产值上看，汽车零部件再制造企业正在形成规模，据中国汽车工业协会汽车零部件再制造分会统计，2017年我国汽车零部件再制造试点企业和示范基地相关企业的产值已超过40亿元，再制造产值过亿元的企业由初期的2家增加到8家。其中发动机再制造产值超过14亿元，产值过亿元的企业从1家增加到3家。呈现"百花齐放"的趋势。

从种类上看，发动机再制造已不局限于柴油载货汽车和汽油乘用车，在非道路用车、船舶、航天、机械工程、发电机组、气体机等领域均有了一定发展。此外，一些激光或表面修复技术的发动机再制造专业技术服务公司和机构，也在拓展为钢铁、冶金、化工、能源等领域的再制造专业服务，增速较快。

经过近十年的发展，汽车零部件再制造已逐渐由过去的单纯生产线建设转向全体系建设。在自身体系建设方面，加强旧件回收、推动再制造零部件销售是企业近几年着力发展的关键。一些再制造企业主动与主机厂对接，将产品纳入其售后体系，积极拓展旧件渠道，发挥售后体系的旧件回收和推广作用。

而在汽车零部件再制造行业体系建设方面，随着规模扩大，服务需求多样，为再制造提供技术装备、整体设计、旧件回收的专业化公司已经出现，针对我国国内企业量身定做的产品选型和产业配套日趋完善，市场机制在资源配置中的决定性作用正在逐渐发挥。

5.2 行业运行情况

自20世纪末，徐滨士院士在国内率先倡导再制造工程并系统研究再制造工程理论与技术以来，中国的汽车零部件再制造产业已走过了20年的路程，再制造企业也将逐步摆脱最初面临的技术、政策、管理、观念认识、规模发展等多种问题的困境，迎来了如今的国家倡导和大力支持、多行业竞争发展再制造的大好形势。

5.2.1 汽车零部件再制造产品标志管理与保护

为加强对汽车零部件再制造产品的保护，国家发改委、国家工商管理总局于2010年2月20日联合发出《关于启用并加强汽车零部件再制造产品标志管理与保护的通知》，对汽车零部件再制造标志使用对象、范围进行规范。通知要求，再制造标志首先在国家发改委确定的汽车零部件再制造试点企业率先使用。汽车零部件再制造试点结束后，将在全国推广使用。汽车零部件再制造产品应在产品外观明显标注标志，对由于尺寸等原因无法标注的产品，应在产品包装和产品说明书中标注。标注在再制造产品上的标志应能永久保持。标志发布之前已销售的再制造产品可不再标注。标志仅表明该产品为再制造产品，可以单独在企业的特约维修点、广告宣传及互联网等场所或媒介等比例放大或缩小使用，也可与再制造企业名称、产品名称及型号等信息组合使用。

5.2.2 汽车零部件再制造产业集聚

产业集聚可以在产业间形成产业链条，共享基础设施和配套设施，降低运行成本，发挥协同效应，是汽车零部件再制造发展的必然趋势。在建设再制造产业示范基地方面，目前我国已有3个地区的再制造基地是以汽车零部件再制造为主要业务范围和特色。

1. 河间国家再制造产业示范基地

河间国家再制造产业示范基地建设2017年正式启动，广州欧瑞德汽车发动机再制造项目、上海利曼汽车零部件有限公司、手拉手汽配城再制造旧件交易平台等6个再制造项目正式入驻。该示范基地是一家位于中国北部内陆地区的国家再制造产业示范基地。河间市依托基地，加快推进当地汽车零部件再制造企业向规模化和规范化方向转型升级，提升研发检测水平，建立质量控制体系和产品认证制度，将集中打造国家级再制造产业发展中心、世界级再制造技术研发中心、全球旧件交易中心和国家再制造产品检测检验中心，进一步开拓国内外市场，努力把示范基地建成我国北方规模大、具有示范作用的再制造产业集聚区，促进京津冀协同发展。

2. 江苏张家港再制造基地

江苏张家港再制造基地围绕汽车零部件再制造等重点领域项目，建设集回收、拆解、检测、制造、研发等五大平台一体的国家级再制造基地。目前，基地引进技术团队，建设了清华大学苏州汽车研究院、张家港清研再制造汽车零部件产品质量监督检验中心，带动基地的发展。

3. 上海临港再制造产业示范基地

上海临港再制造产业示范基地主要进行汽车零部件再制造等业务，引进国内外领先的再制造企业,实现再制造产业的集聚化、规模化发展。目前,示范基地已引进卡特彼勒再制造(工业)上海有限公司、戴姆勒奔驰公司。

5.2.3 重点产品再制造情况分析

汽车零部件再制造主要以发动机、变速器、发电机、起动机和转向器等产品的再制造为主体。

1. 发动机再制造情况

汽车发动机再制造产品的成本仅为新品的1/4,节能达到60%以上,节材超过70%,最大限度地挖掘制造业产品的潜在价值,可让资源接近零浪费。发动机再制造产品价格仅是新品价格的75%。而如果用旧发动机去换再制造产品,还可以抵消25%的价格。这种"以旧换再"的方式,能节省一半的成本。这样不仅方便了客户,而且给报废品提供了一个良好的回收渠道,有利于资源的节约和综合利用。当前,我国再制造发动机5万台/年。

2. 变速器再制造情况

我国自动变速器设计生产实力较为薄弱,近年来虽有所发展,但主要还是依赖进口,国内生产的主流产品也几乎全部为外资独资或控股。因其技术的复杂性,乘用车自动变速器的再制造研究远远早于手动变速器。随着再制造技术的引进,加上自主的再制造基础理论研究的发展,自2008年以来,自动变速器再制造得到了空前的发展。据初步估算,2018年中国再制造自动变速器数量约为8万台,产值在4亿元人民币左右,为国家可再生资源的利用做出贡献。

3. 汽车起动机发电机再制造情况

通过不断努力,目前再制造发电机和起动机企业达到几十家,产销量从10万台增加到300万台,在第一批骨干企业的带动下,中国再制造汽车起动机发电机行业得到快速发展,再制造产品除了销售国内,出口业务所占比例也逐年提升。

5.2.4 行业贸易分析

1. 再制造产品销售市场开发

美国汽车零部件再制造在零部件市场占有率为85%,随着再制造产业在中国的发展,再制造产品必将成为汽车维修行业的主流产品,中国以传统新件构建的汽配模式和参与者将会出现巨大的变化。

近几年,中国汽车每年销售量2000多万台,已经超过美国,中国汽车保有量和报废量很快也会超过美国。由于中国缺少核心技术,无论合资还是国产品牌汽车,很多零部件生产都来自国外的技术,这使中国汽车的大多数配件也适用于国外的汽车,特别是在东南亚、非洲、中东等欠发达国家,再加上中国劳动力远比美国便宜,未来中国将会超过美国,成为全球最大的再制造产品出口国。

2. 再制造产品进入保险市场

保险公司的进入,将成为中国再制造行业进入高速发展阶段的标志。任何汽车配件,没有进入保险公司使用体系,将无法成为主流产品。保险公司推出质优便宜的再制造件保险产品,一方面可以确保维修时配件的质量,还可以提升用户对再制造的认可度。同时再制造行业将和拆车行业协同发展,推动再制造行业链条的整体发展,是再制造行业的利益,也是汽车拆解行业共同的利益,因为只有再制造行业起来了,拆解行业才能真正提高零部件的价格和利用率。新修订的《报废汽车回收管理办法》给再制造市场增加了新的活力。

5.3 行业技术水平分析

我国汽车再制造产品的质量有的甚至超过新品,这和我国再制造所采用的技术有关。国外再制造技术较为简单,主要采取尺寸修理法,即在制造汽车零部件新品的时候就考虑到了再制造,所以一般零部件会在标准尺寸上加厚一些,磨损后的旧件通过重新打磨均衡后让其尺寸恢复到正常,就形成了再制造产品。而我国汽车再制造技术完全不同于国外,由于从一开始生产时就没有考虑到再制造,磨损后的零部件不能通过重新打磨成正常尺寸,因此只能通过表面修复来完成再制造过程。比如汽车曲轴磨损以后,采用"纳米喷涂"技术把磨损的地方修复好,纳米材料能够更好地渗透到磨损的零部件中,起到保护零部件的作用。

再制造工程所需要的技术种类非常广泛,其中各种表面技术及其复合技术主要用来修复和强化废旧零件的失效表面,是实施再制造的主要技术。由于废旧零部件磨损和腐蚀等失效主要发生在表面,因此各种各样的表面涂敷和改性技术应用得最多;纳米涂层及纳米减摩自修复技术是以纳米材料为基础,通过特定涂层工艺对表面进行高性能强化,或应用摩擦化学等理论在摩擦损伤表面原位形成自修复膜层的技术,也可以归入表面技术之中;修复热处理是通过恢复金属内部组织结构来恢复零件的整体性能的特定工艺;再制造毛坯快速成形技术是根据要求的零件几何信息,采用积分堆积原理和激光同轴扫描等方法进行金属的熔融堆积、快速成形的技术;过时产品的性能升级技术不仅包括通过再制造使产品强化、延寿的各种方法,而且包括产品使用后的改装设计,特别是引进高新技术使产品性能升级的各种方法。另外通用的各种机械加工和特种加工技术也经常使用。

再制造技术与工艺源于制造和维修技术与工艺,是某些制造和维修过程的延伸与扩展。但是废旧产品再制造技术与工艺在应用目的、应用环境、应用方式等方面又不同于制造和维修技术与工艺，有着自身的特征。

5.3.1　再制造典型工艺流程

以发动机再制造工艺流程为例，成批量的废旧发动机经拆解、清洗和鉴定后所有零件被分为性能与尺寸完好的可直接再利用零件、可再制造加工的再制造坯料、当前技术条件无法再制造或可再制造而经济性不佳须列入报废处理的零件等三类。对可再制造加工的坯料经加工和检验合格后送入装配生产线。根据用户需求，如果需要对发动机改装或技术升级，可以在再制造工序中进行相关模块更换或嵌入新模块。装配后发动机经整机测试合格后包装出厂。

1. 拆解

拆解作为再制造的首要步骤，直接影响再制造效率和旧件再利用率。发动机可拆卸性设计已得到较好的应用。例如，缸体、曲轴、连杆、凸轮轴、齿轮等零部件在材料选择、结构设计、强度设计、装配设计等方面均很好地执行了可拆卸性设计原则。以某型四缸发动机为例，除了发动机缸体等部位的固定采用了螺杆/螺栓连接，发动机内部绝大部分的连接也采用了容易拆解的非螺杆连接件；靠压入或铆接法进行连接的连接件不到2%，需要进行破坏性拆解；类似将活塞推出缸套、轴瓦分离轴颈、曲轴分离轴承座圈等零部件均可实现快速无损拆解。与其他零部件相比，发动机的拆解和再制造的工程实践与产业化应用也是废旧机电产品资源化中最活跃的领域。

2 清洗

拆解后的零件，根据零件的用途、材料、清洗的位置、目的的复杂程度等，所使用的清洗技术和方法也不同，常常需要连续或同时应用多种清洗方法。为了完成各道清洗工序，可构建一整套由各种专用的清洗设备组成的清洗工段，对设备的选用需要根据再制造的标准、要求、环保、费用及再制造场所来确定。

3. 分类检测

检测鉴定是决定能否再制造的前提，保证零部件性能的基础，现有的检测技术包括外观目测、形状与尺寸测量、力学性能测试、应力集中与裂纹检测等。经清洗和鉴定后将所有零件分为三类，一是性能与尺寸完好可直接再利用的，包括进气管、排气管、油底壳、飞轮壳等零件；二是经再制造加工后可以继续使用的，包括曲轴、连杆轴、凸轮轴、缸体、缸盖等金属零件；三是无法再制造或可再制造但经济性不佳而需列入再循环处理的零件，包括活塞环、轴瓦、密封垫等零件。

4. 再制造加工

对失效零件的再制造加工可以采用多种方法和技术，如利用先进表面技术对因磨损、腐蚀、划伤而失效的零件进行表面尺寸恢复，使表面性能优于原来零件，或者采用机加工技术重新加工到装配要求的尺寸，使再制造发动机达到标准的配合公差范围。

5. 装配

将全部检验合格的零部件与加入的新零件，严格按照新发动机技术标准装配成再制造发动机。

6. 测试

对再制造发动机按照新机的标准进行整机性能指标测试。

7. 包装

发动机外表的喷漆和包装入库，根据需要发送至用户。

5.3.2　未来新技术、新工艺的发展趋势

1. 高效的表面工程技术应用提高废旧产品再制造率

产品零件的磨损与腐蚀失效是导致产品性能下降的重要因素，而采用高效的表面工程技术，将可以实现失效件的表面尺寸及性能的恢复或提升，从而改变当前以尺寸修复法和换件法为主的再制造生产模式，提高了废旧产品零部件的利用率，提升了再制造业的资源效益。

2. 自动化再制造技术适应再制造的批量生产要求

再制造相对维修的重要特点是生产对象的批量化和规模化，因此再制造生产线需要对批量的产品进行生产操作，这需要进一步发展自动化再制造技术，促进再制造生产效益。例如，通过开发发动机连杆自动化纳米电刷镀技术及设备，可以有效提高连杆生产效率和效益。通过利用机器人和自动控制技术，可以实现自动化等离子喷涂技术在再制造中的应用。

3. 再制造技术的柔性化提高对再制造产品种类变化的适应性

当前产品发展日益呈现出小批量、个性化的特点，传统的大批量产品的再制造生产方案将逐渐被小批量、多品种、个性化的产品再制造生产方案所代替，而且由于市场需求的迅速变化，将产生大量因技术原因而退役的产品，使得传统的以性能恢复为主的再制造生产方式也逐渐过渡到以产品性能升级与恢复并重的再制造模式。因此在再制造生产线上，大量采用柔性化设备及生产工艺，能够迅速使再制造生产适应产品毛坯及生产目标的变化，实现快速的柔性化生产。

4. 再制造技术的绿色化进一步减少再制造生产的污染排放

再制造工程对节能、节材、环境保护有重大效能，但是对具体的再制造技术，如再制造过程中的产品清洗、涂装、表面刷镀等均有"三废"的排放问题，仍会造成一定程度的污染。因此需要进一步发展物理清洗技术，减少使用化学清洗方法，采用无氰电镀技术，研制开发一些有利于环保的镀液。当前，在再制造工程领域，需要进一步重视环境保护，采用清洁生产模式，大量采用

绿色化再制造技术，实现"三废"综合利用的目标。例如在再制造清洗中不断减少使用化学清洗液，更多地采用物理方法进行清洗，以减少对环境的污染。

5.4 行业发展问题与建议

5.4.1 存在的主要问题

再制造已经在工业发达国家得到了广泛的研究和应用，我国对废旧物资的再生利用也是极为重视，并在国民经济发展的各个时期都制定了相应的规划。然而由于再制造产业在我国发展时间较短，相关的技术、法律法规不够健全，使得产业发展遭遇了不少现实尴尬。

公众认知度是摆在汽车零部件再制造面前的最大困难。再制造对消费者而言仍是一个陌生的名词，再制造的产品更是被普遍认为是二手货、翻新货。另外，我国汽配和维修市场还有大量的副厂件，对用户消费环节造成较大困扰，导致汽车零部件再制造产品的认可度不高。

甚至很多人会将其等同于现在的汽车大修，看不到再制造未来发展的巨大潜力。汽车零部件再制造在技术、资金、设备等方面还没有得到及时跟进，不能满足发展需求。

对于再制造企业税赋减免的请求，也是多次向相关部门提出，但在财政部、国家税务总局2008年12月9日发布的《关于资源综合利用及其他产品增值税政策的通知》（财税［2008］156号）中，没有明确再制造产品应享受到的减免政策，而与再制造同被列为第一批循环经济试点项目的"轮胎翻新"则名列其中，享受免征增值税的政策。

汽车零部件再制造与轮胎翻新同为再制造企业，并同时被国家列为循环经济试点企业。对于再制造行业的节能减排效果国家相关部委给予了充分肯定，并对再制造行业享受税赋减免优惠政策给予明确答复。但地方税务部门在执行中并没有相关的税赋减免政策，在国家税赋减免目录中也没有汽车零部件再制造产品。

5.4.2 发展建议

再制造推动汽车行业可持续发展。随着汽车零部件再制造行业的迅速开展，已形成了汽车零部件新品→整车→废旧零部件→回收再制造→整车这样一个有效的零部件产品循环利用模式，对原材料、成本、资源、能源的降低消耗，环保以及循环经济等多个方面都具有显著的推动作用，可以说，再制造工程已成为推动汽车行业可持续发展的关键组成部分。

作为战略性新兴产业发展的汽车零部件再制造产业，必将成为促进经济发展的重要支撑，必将成为推动国民经济可持续发展的重要途径之一。集生产、流通、修复服务与制造于一体的新兴再制造，它广泛存在于国外的维修市场。如果我国报废汽车零部件再制造比例能达到50%，年产值将达到120亿元左右，发展潜力巨大。

1. 制定汽车零部件再制造标准

应尽早建立系统完善的再制造工艺技术标准、质量检测标准等体现再制造走向规范化的标准体系。国内再制造因起步较晚，再制造企业的技术积累少，再制造的标准缺乏，因而一定程度上阻碍了再制造的广泛应用。2008年，国家标准化管理委员会批准成立了"全国绿色制造标准化技术委员会再制造分技术委员会"，该委员会正陆续制订并有望近期出台"再制造概念、术语"和"再制造率的概念及评估方法"等共性基础标准。同时，国内相关高等院校和再制造企业正在联合制定"再制造技术工艺标准、再制造质量检测标准、再制造产品认证标准"等多类标准草案，包括：再制造发动机工艺流程标准、发动机再制造产品性能评价与质量检测标准、废旧发动机零件剩余寿命评估标准、再制造的关键零件（曲轴、缸体、凸轮轴、连杆轴等）质量检测标准、再制造发动机试车考核标准等。下一步应深化标准内涵，制定出具有良好通用性和可操作性的标准方案。

2. 扩展再制造产业市场，提高国民认知度

要加快让更多企业和民众了解再制造，正确理解再制造的科学内涵及意义，使企业更加积极地参与到再制造产品的开发之中，使民众乐于使用汽车零部件再制造产品。对此，政府有责任、有义务在消费环节树立再制造产品的正面形象，打消消费者的顾虑。"通过对再制造产品的宣传和普及，让消费者明白，在生产环节，再制造的产品质量是必须符合要求、恢复到原有新品水平的；在使用环节，再制造的产品也和新品同样有保修期。"

3. 建立相关法律法规，完善配套政策体系

要探索建立具有中国特色的再制造产品的法律法规和政策体系。通过出台汽车零部件再制造相关法规，确立"制造商责任制"、建立资源化企业和产品认证体系、制定相应的奖惩制度。建议国家明确再制造试点企业同等的税赋减免政策，与轮胎翻新以更好地促进整个再制造产业的发展。

4. 建立规范合理的产业化体系

建立管理科学、运转协调的逆向物流体系；以公共财政专项资金带动企业和民间资金投资该领域推动其产业化发展；建立汽车零部件制造、使用、回收、再制造、再使用的闭环物流链，形成集社会、经济、环保效益为一体的新型资源化产业群。

第6章

航空装备再制造

6.1 行业发展概况

6.1.1 再制造是航空装备可持续发展的支撑和保障

航空发动机是航空装备的心脏，是国家综合实力、工业基础和科技水平的集中体现。航空发动机结构复杂、技术含量高、研制难度大、研制周期长，其工作寿命及可靠性取决于设计、制造、使用、维修之间的有机配合和互相适应。维修是航空发动机全寿命周期的重要阶段之一，三分之二以上的使用寿命靠维修保障。

航空装备再制造是对报废零部件进行再生、对设计制造缺陷进行修正，且质量和性能不能低于新品的先进技术，是一系列"前处理技术＋增材制造技术＋性能及形变恢复技术＋原始缺陷判别及修正技术＋寿命预测评价及考核验证技术"的技术集群，是航空装备维修发展的高级阶段，在航空装备全寿命周期中的作用日益凸显。德国 MTU 公司提出了"修理而不是换件"（repair rather than replace）、"修理胜于换件"（repair beats replacement）、"修旧超新"（repaired better than new）等再制造理念，强调通过修理及再制造使零件获得新的使用寿命，同时降低成本、节约资源和保护环境。

航空装备行业具有高技术，高投入、高风险、高壁垒的特性。虽然再制造处于航空装备产业链末端，但欧美发达国家均将其作为战略制高点竞相发展和垄断，主要原因在于高技术含量的再制造技术不仅关系到国家战略安全的可持续性，也是获得高额垄断利润的核心竞争力，还可为航空装备可持续发展提供支撑和保障。

6.1.2 国外航空装备再制造发展概况

从20世纪60年代开始，全球航空装备制造主要集中在欧美发达国家，美国的波音和法国的空中客车是全球最大的两家飞机巨头，美国的通用和普惠、法国的斯奈马克和英国的罗尔·罗伊斯是全球最大的四家航空发动机巨头。早在20世纪70年代，欧盟就制定了系列框架计划，在航空装备再制造技术研究中投入巨额资金，开展叶片等关键构件维修应用基础研究，取得了一批核心修复技术，并在军用和民用航空发动机上普遍应用，创造了巨大的经济、军事和社会效益，为西方国家的生态文明建设提供了强大的科技动力。欧美发达国家航空装备原制造商在设计制造的同时开展维修及再制造技术并行研究，不断稳定巩固其在航空装备领域的全球核心垄断地位。欧美航空装备再制造公司主要包括原制造商（OEM）及其控股的合资公司、专业维修公司以及航空公司的第三方维修公司。

6.1.3 国内航空装备再制造发展概况

1. 国内民用航空装备再制造关键技术能力缺失

长期以来，国内航空发动机研制主要针对军用领域，民用发动机研制才刚刚起步，基本处于空白。民航发动机几乎全部进口，严重受制于人。20世纪90年代，国内民航业采取以"市场换技术"策略，希望能够以牺牲市场利益为代价，换取西方国家民航维修的先进技术和管理经验。现在回头审视，国内只掌握了技术含量低、附加值低的劳动密集型业务，而高技术含量、高附加值的高端附件、发动机核心部件的再制造技术依旧掌握在西方发达国家手中。

目前国内民航发动机的整机翻修工作三分之二以上送国外完成（即使在国内执行翻修工作，其核心部件仍然大量送到国外翻修），七成以上（按件号数统计）的部件国内维修单位不具备修理能力，凸显了国内再制造核心技术的严重缺失。造成这一现状的主要原因是国外原始制造商实行技术封锁，国内民航主管部门对企业自主开发的再制造核心技术缺乏适航审定能力，没有建立相应的技术评估标准和体系。整个民航维修行业在西方检修、维修和大修（Maintenance, Repair & Overhaul, MRO）面前没有任何话语权，行业发展面临巨大瓶颈，与民航大国的地位极不相称。

2. 军用航空装备再制造处于稳步发展阶段

国内军用航空装备主要采取基于时间的维修（Time Based Maintenance, TBM）和基于故障的维修（Failure Based Maintenance, FBM）的策略。在传统维修保障模式下，军用航空装备以换件为主，存在引进装备"高价买、天价修"、国产装备"造得了、修不好"的问题，导致引进装备备件供应受制于人、部分国产装备备件供应不足等现实困难。经过20余年的发展，国内相关科研院所、制造企业和空军专业修理工厂开展了军用航空装备零部件再制造技术研究，突破了系列再制造关键技术并实现了批量应用，现役引进和国产军用航空装备关键零部件大多数已实现自主维修保障。

未来先进高性能航空装备将大量采用新材料、新结构和新工艺（比如单晶叶片、整体叶盘、复合材料等），维修保障技术难度更大，这对维修及再制造技术研发提出了新的、更高的要求。现已开发应用的再制造技术离军用航空装备现实和未来的维修保障需求还存在较大的差距。

6.2 行业运行情况

6.2.1 国内民航装备维修及再制造运行情况

在民航发动机整机维修再制造方面，目前国内56家具有发动机维修能力的维修单位基本能够从事国内主要型号CFM56系列、V2500系列和RB211系列发动机的修理和翻修业务，其他型号发动机的修理和翻修工作基本送国外维修单位完成。发动机维修行业受OEM技术性垄断，进入门槛值相对较高，行业维修企业数量少，深度维修能力相对有限，国内主要从事发动机维修的单位有上海普惠、珠海摩天宇（MTU）、四川国际航空发动机维修有限公司（SSAMC）、Ameco北京基地和厦门新科宇航（STATCO）等。

在民航发动机部件维修再制造方面，2016年国内从事部件项目维修的单位有220家。拥有航空公司背景的维修企业具备更稳定的工作量来源，以及更容易借助股东获得OEM的技术支持，占据了大部分市场份额，这类企业包括Ameco、GAMECO和东航技术等。而一些国内非航空公司背景的民营维修企业具有市场敏锐度高、机制灵活等特点，发展迅速，成为我国附件维修领域中最为活跃的市场参与者，并且已初具规模和影响力，如广州航新、武汉航达、四川海特和安达维尔等。此外，作为部附件制造厂商，OEM也在通过不断延伸产业链向维修领域渗透，成为国内部附件维修的主要参与者。例如，霍尼韦尔、泰雷兹、罗克韦尔柯林斯、古德里奇等。

6.2.2 国内军航装备维修及再制造运行情况

国内军用航空装备维修及再制造主要由中航工业集团、中国航发集团和空军航空维修系统承担。面向引进和国产现役航空装备自主维修保障需求，针对损伤报废严重的关键、重要零部件研发了再制造技术，摆脱了备件供应受制于人、维修周期无法保证的被动局面，实现了起落架损伤修复、涡轮转子叶片损伤修复、涡轮静子叶片损伤修复、高温保护涂层去除与恢复，基本可满足现役航空装备的维修使用要求。国内在再制造关键材料、精准再制造、再制造考核验证等方面与国外相比还存在较大差距。

6.2.3 行业规模分析

未来全球航空器市场将呈现持续增长的发展态势，必将带动航空维修市场的发展。今后几年，全球航空维修市场规模将保持4%~6%的增速。包括中国在内的新兴市场发展迅猛，未来几年新兴市场是全球航空维修行业主要增长点，预计到2023年亚太地区航空维修市场占全球航空整体市场的34.4%，见表6-1。

表6-1 2023年全球航空维修市场区域分布预测

区域	亚太	北美	欧洲	中东	拉美	俄罗斯及独联体	非洲
维修市场占比（%）	34.4	25.6	18.5	6.24	7.15	5.10	3.01

预计到2027年，全球航空MRO市场将达到9000亿美元，航空发动机售后市场将大幅增长。这主要是由于新一代发动机进入市场，且在役发动机也将迎来更大规模的维修活动。虽然机体维修、航线维修和部件修理市场都在强劲增长，但2018年发动机售后市场仍然占据总维修支出的最大份额，这一格局不会发生变化，2018年发动机维修支出占总维修支出的29%。而且预计全球商用航空售后服务市场还将持续增长，增幅超过30%。在此期间，发动机维修市场预计将增长达50%，总金额达371亿美元。而整个商用航空售后服务市场预计到2027年将增长到1000亿美元。

目前，中国已经成为全球第二大并且最具成长前景的民航运输市场。预计到2030年，中国民用客机拥有量将接近4000架，其中大型喷气客机近3000架，中国的民用货机机队规模将达到600架。未来20年内中国民航需要补充各型民用客机约3500架，其中大型喷气客机超过2500架。

据测算，未来10年我国军用飞机用航空发动机的市场规模平均每年在300亿元以上；未来20年我国新增民航飞机对应的航空发动机市场规模为平均每年近600亿元。军用和民用航空发动机市场需求合计每年约900亿，航空发动机维修产业发展空间极为广阔。

6.2.4 行业贸易分析

据统计，近年来我国航空装备维修及再制造服务贸易规模虽然逐年扩大，但一直处于逆差状态，而且短期内仍将继续。从维修及再制造服务需求方即国内民航公司收集的数据可知，目前国内航空装备维修及再制造市场具有以下特点。

（1）从航空公司送修选择现状来看 目前国内的民航发动机和附件境外

维修比重较大，分别占各自的总送修数量的88%和52%。按照航空公司的总送修费用来统计，国外送修占全部送修量的70%，国内送修占全部送修量的30%；按照航空公司的总送修数量来统计，国外送修占全部送修量的30%，国内送修占全部送修量的70%，这凸显了国内对高价值、包含核心技术的高价附件和航空发动机等维修及再制造技术的缺失，国内航空维修企业目前修理能力相对较弱。

（2）从航空维修业务市场分布来看　由于国外航空发动机OEM专利技术的垄断关系，维修更换的航材绝大多数从国外OEM或其分销商采购而来，利润大部分流向了国外。同时航材采购带来报关和国际运输的成本，降低了国内民航装备维修及再制造企业的竞争力。

（3）从航空维修业务国际开拓来看　国内大型合资民航维修企业都有能力积极开拓海外市场，客户关系也正在走向稳固。虽然国内民航维修企业的海外业务量不大，但已经开始了民航维修及再制造服务贸易的出口。

就目前国内航空维修及再制造业综合能力和实力看，整个维修及再制造业每年的市场份额中，有大于70%的利润离岸。国内航空维修及再制造业的产业格局处于投入多、产出少、成本高、效益低的粗放经营模式，市场格局有待改善。否则，将直接导致国内民航维修业务对外依存度高，进口量远高于出口量的现状。这也证实了国内民航维修及再制造服务业在国际竞争中处于劣势的现实状态。我国航空装备维修及再制造应尽快拥有具有自主知识产权的维修及再制造核心技术，走规模化经营道路，进一步提高利用外资的质量和水平，加大人力资源投入，培育后发优势。

6.3　行业技术水平分析

6.3.1　国内民航装备再制造技术水平分析

在航空发动机研制过程中，设计是龙头，材料是基础，制造是保障，试验是关键。国内民航装备在设计、材料、制造和试验方面整体比较落后，缺乏足够的积累。这种落后局面直接影响民航装备维修及再制造技术水平，导致再制造核心技术能力缺失而受制于人。

国内民航MRO企业经过二十几年的发展，在技术层面上已经取得了巨大进步。尽管国内具有充足的单元体换件和检修能力，但是国内MRO企业普遍存在的问题是关键、重要零部件再制造核心技术能力不足。目前国内具备的CFM56系列、PW4000系列、RB211系列和V2500系列发动机修理能力，只限于分解、检查、清洗、组装和试车能力，其他型号发动机和高技术含量、高附加值的核心部件基本送国外进行再制造。主要原因在于：

1）发动机维修技术要求较高。在进行零部件尺寸及性能的恢复时，由于没有 OEM 技术指导，再加上航空发动机零部件本身属于高度精密的部件，很难定性及定量评估修复工艺，也就很难把控及定义修理工艺中的关键参数，为了能达到 OEM 所提出的适航要求，不得不通过大量试验数据去证明，而这也导致成本的提高，也从另一方面限制了技术的提高。

2）国内民航 MRO 企业大多数为航空公司与国外 OEM 合资的维修企业。以 SNECMA 为例，利润较高的维修业务全部外委到国外的维修企业，国内仅进行发动机拆装、清洗、检查等工作，开发新的深度修理及再制造技术时，受到外资严格限制。

3）民航发动机制造商 OEM 为在航空公司订购新飞机的发动机选型竞争中胜出，纷纷放弃发动机销售利润，而将攫取利润的重点放到飞机投入运营后的发动机维修服务过程。其采取的策略是控制和垄断发动机零部件的修理，将关键零部件的再制造项目设定为 OEM 的专利修理，阻止或控制发动机维修 MRO 开展此类修理项目，以期通过发动机零部件修理业务获取高额利润；从严控制发动机零部件的损伤可修范围和新的零件修理项目的开发，通过报废件补充的新件销售和年度定期涨价，获取高额利润。

6.3.2 国内军航装备再制造技术水平分析

首先，国内军用航空装备与欧美发达国家相比在发展水平上存在较大差距，如图 6-1 所示。20 世纪 80 年代，美国 F-15 战斗机已经开始安装推重比达到 8 的 F-110 发动机，而同一时期国内还在努力攻关涡喷发动机；如今，即便国内在四代战机发动机研制上取得了巨大成就，但是仍然与美国差距至少 30 年。中国涡扇-10"太行"涡扇发动机及其改进型的性能指标与美国普惠 F100 和通用电气 F110 相当，这两款发动机是目前美军 F-15 和 F-16 战机的动力装置。

美国政府从未放松过对航空发动机技术的控制，不仅对我国保持封锁，甚至在某些核心技术上对其欧洲盟友也实行"禁运"。与此同时，发达国家还在人力资源方面实行看不见的封锁，不仅限制其他国家人员进入航空发动机核心研制领域，而且限制本国相关人才向国外转移，以此来保持产业实力。

据统计分析，目前我军装备的航空发动机数量为万余台，年大修量为千余台，热端部件是维修保障的主要对象。如按平均每年 1000 台发动机应用维修保障及再制造技术，平均每台发动机再制造热端部件价值 20 万元计算，则不但可以每年节约备件采购经费 2 亿元，更重要的是，热端部件维修保障及再生使用对改善备件供应受制于人、缩短发动机修理周期、保持部队装备完好率以及提高我军航空装备维修技术水平等方面具有重大的军事和经济意义。

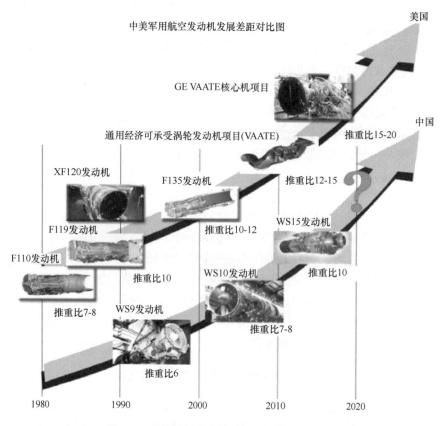

图6-1　中美军用航空发动机发展差距对比图

如果说维修保障及再制造技术的应用对于二代战机发动机维修是"锦上添花",那么对于三代战机发动机的维修则是突破封锁制约的主要利器,对于未来四代战机发动机来说,维修保障及再制造技术更是不可或缺,否则将导致修理换件成本直追造价,发动机无修理价值可言。

1）引进军用航空发动机对维修保障及再制造技术仍存在较强需求。如涡轮工作叶片叶尖磨损、内腔异物超标和涡轮导向叶片排气边裂纹等故障导致的较大报废率等问题,均需应用研发新的再制造技术来解决。

2）随着我国自行研制的三代战机发动机——太行发动机批量装备部队,其热端部件对再制造技术的需求强烈,主要表现在高压涡轮转子叶片叶尖磨损、叶尖裂纹、组织性能衰退、再结晶与高压涡轮导向叶片热疲劳裂纹等。如果不研发、应用再制造技术,使这些报废的关键、重要零部件得以再生使用,该型发动机在批量维修时将举步维艰。

3）我国自行研制的四代战机发动机——推重比为10的发动机,设计制造时大量采用新材料、新结构和新工艺（比如单晶叶片、整体叶盘、复合材料等），维修保障技术难度更大，这对维修保障及再制造技术研发提出了新的、更高的要求。以单晶叶片为例，如果不开发针对叶片损伤的再制造技术，那么大量叶片将无法使用而严重影响装备完好率，显著增加发动机修理成本，需提前进行再制造技术预研。

6.4 行业发展问题与建议

6.4.1 存在的主要问题

国内航空发动机研制较世界先进水平主要存在五大差距：
1) 基础研究薄弱，技术储备不足，试验设施不健全。
2) 国家经济相对落后，研制经费严重不足。
3) 对发动机的技术复杂性和研制规律认识不足。
4) 基本建设战线过长、摊子过大、力量过散、低水平重复。
5) 管理模式相对落后，缺乏科学民主的决策机制和稳定、权威的中长期发展规划。

目前国内航空装备再制造技术应用和发展存在的主要问题表现在以下几个方面。

1. 再制造应用基础研究薄弱

再制造技术虽然具有很强的工程性和实用性，但其关键核心技术和自主创新离不开基础应用研究。由于国内航空装备大多数是从国外引进的，既缺少设计制造技术资料，又没有制造加工经验，还缺少关键合金材料，在关键合金材料服役行为、零部件损伤容限、复杂损伤机理分析、状态评估及可修复性评价、全寿命周期内修复极限设计、可修复次数评价和剩余寿命评估等方面的应用基础研究较少，缺乏指导零部件再制造的基础理论，高端智能绿色再制造任重道远。

2. 再制造设计理念不够深入

维修和制造一样，也需要设计，维修相当于再设计、再制造。国外对航空发动机关键零部件维修前都要进行修理设计分析，包括零件温度场分布、应力应变分布等有限元计算分析、修理区域/修理位置/修理极限设计、材料/工艺试样/修复样件考核验证方法设计、前处理/修复/后处理工艺设计等。真正的再制造专家对结构和材料理解深刻，知识体系全面，最高水平是"会再制造就会设计"。再制造要面对不同零件的不同损伤和故障开"处方"、研究故障，并且"药到病除"，不能将风险带到装配工作中，因此德国MTU提出从事航空发动机修理及再制造的人人都是科学家和工程师。

3. 维修关键核心技术匮乏

随着科学技术的迅猛发展，越来越多的新材料、新结构、新工艺在航空发动机和燃气轮机中广泛应用，同时也对维修保障技术提出了新的、更高的要求。由于国内民航发动机和燃气轮机全部依赖进口且热端部件基本送外修理，维修关键核心技术匮乏，主要包括：缺少热端部件复杂损伤机理分析和状态评估技术，不能满足可修复性评估和维修设计需要；缺少定向凝固及单晶铸造高温合金关键修复技术，不能满足涡轮转子叶片和导向叶片修复需要；缺少先进高温保护涂层及热障涂层设计制备技术，不能满足热端部件涂层更换升级需要；缺少热端部件剩余工作寿命评估技术，不能满足科学定寿延寿和安全可靠服役需要。

4. 维修考核验证技术缺失

修理考核验证方法主要包括计算分析和考核验证方法两个方面。在计算分析方面，国内缺少热端部件复杂工作状态的计算机模拟手段以及配套的相关材料在不同工作条件下的微观组织、力学性能和零件外形尺寸数据库；在考核验证方法方面，主要包括"材料及工艺试样级+零件级+整机级"三级，目前国内修理考核验证方法及标准主要采取专家评审方法产生，尚未建立起诸如美国 FAA-33 部 AC-9 这样专门针对修理的考核验证符合体系，包括零件关键特性分析与计算、零件物理结构与关联性对比验证、零件材料特性对比验证、修理工艺对比验证、功能特性对比验证等环节。另外，国内还匮乏开展热端部件考核试验的专用装置，主要包括考核航空发动机静子部件在高速气流下抗热疲劳及化学热腐蚀能力的专用设备和考核航空发动机转子部件及动态部件相关联部件的寿命（受多维工作应力影响）的旋转实验装置。

6.4.2 行业发展前景分析

1. 航空装备维修发展前景

当前和未来中国民航运输市场的高速发展，大量新一代欧美民航飞机和发动机的引进，形成了对包括发动机维修及再制造核心业务在内的民航维修业务的巨大市场需求，这对中国民航发动机维修及再制造今后业务发展提供了巨大的市场机遇。

现代大型民用飞机的涡轮风扇发动机技术复杂，价格昂贵，对维护工作质量要求高。发动机维修费用占整个飞机维修费用的 40% 以上，是飞机维修中利润最高的项目，目前国内民航的发动机维修能力仅限于部件拆卸、清洗、检测、装配等低级别工作，国外送修率达 60% 以上，特别是涉及航空发动机核心部件的深度维修项目基本全部送到国外。国外送修率过高造成国内发动机维修停场时间比国外平均长 15 天，严重削弱了国内民航维修单位的竞争力。而且因补偿客户发动机或飞机停场损失（平均每台发动机高达 10 万美元以上）而被迫降价带来巨大的直接经济损失。由此可见，由于不掌握航空发动机维修核心技术，中国民航所面临的安全和经济压力是巨大的。

目前，中国的民航发动机 MRO 已经具备了发动机维修手册中大部分非 OEM 专利技术认证的零部件修理能力，并获得个别专项技术认证修理项目的 OEM 授权。今后进一步开发发动机零部件修理能力，将主要涉及这些 OEM 控制的专利技术认证或专利性修理项目。但是近几年来，中国本土的发动机维修 MRO 提交的多项零部件修理专项认证申请，OEM 受理的很少。

未来大中型民航发动机维修服务已经成为民航发动机制造商（OEM）企图重点控制和垄断的业务领域。其采取的策略是控制和垄断发动机零部件的修理，将关键零部件的深度修理项目设定为制造厂家的专利修理，阻止或控制发动机维修 MRO 开展此类修理项目，以期通过发动机零部件修理业务获取高额利润；从严控制发动机零部件的损伤可修范围和新的零件修理项目的开发，通过报废件补充的新件销售和年度定期涨价获取高额利润。

中国民航发动机维修市场，已经是高度开放的国际化市场，中国民航发动机 MRO 的业务面临着欧美发动机制造厂家（OEM）、国际著名航空公司发动机维修中心以及国际独立发动机维修 MRO 的强劲市场竞争。立足于本国的技术基础，开发本土化的发动机零部件修理能力，是影响当前和今后中国民航 MRO 发动机维修周期和修理成本，决定发动机维修技术实力的关键。如果中国民航发动机维修 MRO 能够抓住中国民航乃至世界民航运输市场未来的发展机遇，进一步加强发动机维修技术方面的研发与投资力度，同时在大规模引进的民航飞机发动机选型过程中，促使欧美发动机制造厂家（OEM）开放发动机零部件深度修理技术，将能够迅速提高民航发动机维修行业的技术实力，在中国民航发动机维修市场竞争中处于有利地位，并为进一步参与国际民航发动机维修市场竞争，奠定坚实的基础。

2. 航空装备维修及再制造技术发展前景

航空发动机和燃气轮机热端部件维修保障技术的发展规律和态势主要包括以下四个方面：

（1）维修保障策略向基于状态的维修发展　基于状态的维修（Condition Based Maintenance，CBM）是在传统状态监控和故障诊断技术的基础上，综合了传感器技术、人工智能技术、信息技术等先进技术，从而准确地判断部件的实际状态，并据此决定维修深度、频度、方式的维修策略。CBM 的本质是一种以可靠性为中心的预测性维修，其基本特征是能够实时监控装备的使用状态，准确判定部件的实际状态，预测故障和剩余寿命，从而根据需要科学地进行维修，避免基于时间的维修（Time Based Maintenance，TBM）和基于故障的维修（Failure Based Maintenance，FBM）可能存在的维修不足或维修过度问题。同时，由于采用了预测和健康状态管理（Prognostics and Health Management，PHM）系统，使得维修策略的转变具备了物质基础，因此可以预见，随着航空发动机和燃气轮机信息化程度的不断提高，以及 PHM 系统的广泛采用，维修策略由基于时间、故障的维修向基于状态的维修发展将成为航空发动机维修保障模式的发展趋势之一。

（2）维修技术向专业精深发展　以军用航空发动机为例，第一、二、三代发动机维修技术主要包括分解/装配技术、无损检测技术、焊接技术、涂层修复技术、精密机械加工技术、特种加工技术、附件测试技术和试车技术等。这些技术在第四代军用航空发动机维修中仍不可或缺，且更加先进。同时，由于第四代军用航空发动机技术特征的变化，维修技术正在向更加精细化、更加专业化的方向发展。

1）零部件无损检测技术：零部件无损检测技术是实现热端部件 CBM 的重要技术基础，对于准确判定零部件技术状态具有决定性作用。现有的零部件无损检测技术主要包括电磁检测、超声检测、涡流检测、工业 CT 检测等。未来先进高性能航空发动机采用的新结构、新材料，要求零部件无损检测技术向信息化与自动化程度更高、速度更快、准确性更高、成本更低，以及能够有效满足外场战伤抢修需要的方向发展，重点是综合运用多种检测手段的自动化无损检测技术。

2）特种工艺技术：特种焊接技术是热端部件连接技术的重要组成，直接关系质量、寿命和可靠性，也是不可或缺的重要维修技术。目前，钨极惰性气体保护弧焊（GTAW）、电子束焊（EBW）、真空钎焊（VB）、激光熔覆（LC）、真空热处理（VHT）、大气等离子喷涂（APS）、超声速火焰喷涂（HVOF）等特种工艺技术已在热端部件维修中得到较多应用。针对未来航空发动机的技术特征，线性摩擦焊、高能束焊接、增材制造等技术已成为维修技术的研发重点之一。

3）复合材料修复技术：复合材料具有强度高、质量轻、耐高温、耐腐蚀的特点，主要包括树脂基复合材料（PMC）、金属基复合材料（MMC）、金属间化合物基复合材料（IMC）、陶瓷基复合材料（CMC）、碳/碳复合材料（C/C）等。其中，PMC 已在新型航空发动机上得到较为广泛的应用，CMC 是最有潜力替代高温合金在军用航空发动机高温部件上应用的材料。复合材料修复技术主要包括设计与强度分析技术、制备技术、应用考核验证技术、涂层修复技术等。

4）热障涂层修复技术：热障涂层技术在热端部件上已有较多应用，在关键零部件的耐磨、高温防护、隔热、封严等方面发挥了重要作用，未来的应用将更加广泛，地位将更加重要。热障涂层修复技术主要包括原涂层剥离技术、表面清洗技术、缺陷排除技术、涂层恢复技术等，相比于制造中的热障涂层技术，工程化应用过程更加复杂、难度更大、要求更高。

5）性能测试技术：先进高性能航空发动机的技术性能不论是整机还是零部件较现有航空发动机都有较大的提升，而且在信息化程度上有了质的跨越，对维修后的性能测试技术提出了新的要求。应当建立维修考核验证标准体系，实施"试样级＋部件级＋整机级"三级考核验证，重点研发以仿真验证技术为代表的新的性能测试技术。

(3) 维修技术向绿色智能高效发展　航空发动机和燃气轮机热端部件维修保障技术的发展趋势可以归结为绿色、智能、高效和优质四个方面。

1）绿色：航空发动机和燃气轮机热端部件维修保障属于高端装备先进制造的重要组成部分，是节约资源、节省能源、减少排放的关键技术途径之一，应遵循"绿色化、减量化、再循环、再利用"的原则，研发应用绿色技术，在支撑国家循环经济发展、实现节能减排和应对全球气候变化发挥积极作用。

2）智能：在航空发动机和燃气轮机热端部件维修保障中应研究应用智能技术，有效缩短零部件维修周期，提高生产率，提升产品质量和降低资源、能源消耗。

3）高效：在物联网、云计算、大数据环境下，维修保障技术可提供快速高效的产品解决方案，降低客户的时间成本，提高产品的维修率，实现产品效益最大化。

4）优质：将报废损伤的热端部件通过专业化修复或升级改造，使其质量特性不低于原有新品水平，优质是对维修保障技术的内在要求。

(4) 维修技术向系统化、体系化发展　航空发动机和燃气轮机热端部件维修保障涉及多学科、多领域的高新再制造技术，按照专业化分工，专业之间有关联作用。为了实现热端部件维修保障的科学、可持续发展，必须从系统角度和科学角度建立热端部件再制造技术体系。

热端部件再制造技术体系的简洁流程为：再制造核心技术研发—再制造工艺技术文件—再制造考核验证方法—再制造技术标准文件。为此，热端部件再制造技术体系主要包括再制造工程技术研发体系、再制造工程工艺文件体系、再制造工程考核验证体系和再制造工程技术标准体系。

图 6-2 给出了热端部件再制造工程技术体系的构成及其各子系统的相互关系。再制造工程技术研发体系是热端部件再制造工程技术体系的中心环节，直接体现再制造工程技术能力；再制造工程工艺文件体系是实现热端部件再制造工程技术应用的工程基础；再制造工程考核验证体系是热端部件再制造工程技术可靠性和成熟性的保证；再制造工程技术标准体系是规范热端部件再制造工程技

术研发和生产的手段。这四个子系统构成一个完整的热端部件再制造工程技术体系，通过体系运行起到提升再制造工程技术水平和提高再制造竞争力的目的。

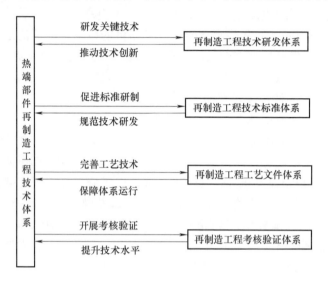

图6-2　再制造工程技术体系各子系统关系图

6.4.3　发展建议

（1）加强维修保障及再制造技术创新　一是加快军用航空发动机热端部件维修保障及再制造技术在民航发动机和燃气轮机领域的推广应用。二是集中国内航空装备领域优势力量，鼓励科研院所和企业开展联合技术攻关和产业化示范。三是加强维修保障及再制造技术研发能力建设。依托国内有基础的技术研发单位和企业，加快建立国家工程研究（技术）中心，做好国外先进技术与国内成熟适用技术的衔接，形成自主维修保障研发应用体系。

（2）加快维修保障及再制造发展的技术支撑体系建设　一是完善零部件服役状态评估技术体系。二是建立维修保障及再制造发展技术标准体系。研究建立零部件维修保障标准体系，制定维修及再制造技术标准和规范。三是推动维修保障服务体系建设。选择若干设计、制造企业、维修企业和使用企业，重点在民航发动机领域开展自主维修保障示范和试点。

（3）完善维修保障及再制造发展的政策保障措施　一是编制航空装备维修保障及再制造发展规划。二是完善促进推动民航发动机维修保障产业发展相关政策法规。三是加大培养专业技术人才的力度，为维修保障及再制造学科提供人才支撑。

第 7 章 机床再制造

7.1 行业发展概况

机床是一种典型的机电一体化装备,是我国《循环经济促进法》及《关于推进再制造产业发展的意见》等政策法规中明确支持的再制造产品之一,回收利用价值高,再制造潜力巨大。机床再制造是一种基于废旧机床资源循环利用的机床制造新模式,是一个充分运用绿色制造技术和其他先进制造技术、信息技术、数控及自动化技术等高新技术对废旧机床进行可再制造度评价、拆卸以及创新性再设计、再制造和再装配的过程;其目标是充分利用现有废旧机床资源,再制造出比原机床功能更强、性能指标更优并且节能节材、绿色环保的新机床,实现资源循环利用和已有机床跨越式提升。机床再制造不仅仅要恢复废旧机床的性能使其正常运转,还要实现机床整机性能的综合提升,重新赋予机床新的生命周期。

机床再制造节能、节材、减排效果明显,符合我国建设资源节约型、环境友好型社会以及发展循环经济、实施节能减排和应对气候变化的战略需要。机床再制造可以重新利用废旧机床及零部件蕴涵着的资源和价值,避免再消耗和减少环境重复污染。据统计,机床再制造可实现废旧零部件资源循环利用率80%以上,机床能效平均提升20%左右,可降低噪声10%以上,减少油雾、油污、粉尘、冷却液等现场污染排放,明显改善车间环境和个人劳动条件,节能减排效果明显。机床再制造投入资金少,周期短,具有显著的经济效益。以作为大多数企业关键装备的大重型机床和中小型专用机床为例,其再制造成本仅为同等性能水平新机床制造成本的30%~50%,可为制造企业节省大量的设备资金投入;另一方面,再制造机床的交货期可缩短为新机床的一半,可以低成本地实现用户企业提前投产。

机床再制造在欧美发达国家已成为再制造产业的重要组成部分,具有一定的规模和市场,如:英国机床再制造主要以大重型机床(价值不低于25000英镑）为主；美国有 300 多家专门从事机床再制造的企业，如 Busch Precision Inc.、The Daniluk Corp.、Machine Tool Research Inc. 等，都可提供机床维修、翻新、大修与再制造等服务，并可为各类机床装备提供在役再制造服务。

我国已成为世界上最大的机床生产国及消费国，机床保有量上千万台，但整体技术水平落后，数控化率低，功能部件性能水平低，智能化水平落后，迫切需要实施机床再制造与升级。目前，国内从事机床再制造的主要力量是机床制造企业、专业化的第三方机床再制造企业以及数控系统制造企业，大大小小超过 2000 多家，但大多以报废、闲置、老旧、退役机床的维修、大修与再制造为主，在技术、人才、市场品牌以及质量规范等方面仍然面临较大的挑战。

我国机床保有量上千万台，若保守估计，按 3% 的年机床报废淘汰率计算，每年将有 20~30 万台机床报废、闲置、技术性或功能性淘汰；此外，20 世纪我国从国外进口的各种重大技术装备、高精尖设备及生产线已进入报废的高峰期，机床再制造的需求旺盛。随着机床再制造技术水平的提高以及机床再制造行业的进一步规范，我国机床再制造产业将得到进一步的壮大与发展，其市场规模将达到数百亿元。

7.2 行业运行情况

7.2.1 国外机床再制造

机床是制造业的基础装备，属典型的附加值较高的机电产品，具有很高的回收利用价值和再制造潜力。机床再制造在欧美发达国家发展多年，已成为再制造产业的重要组成部分，具有一定的规模和市场。

美国的机床再制造经历了维修、翻新、数控化改造、再制造等发展阶段，具有较长的历史。经过多年的发展，也伴随着大量企业的市场淘汰，美国现有 300 多家专门从事机床再制造的企业，且主要以第三方的机床再制造服务提供商为主。部分再制造公司如：Maintenance Service Corp. 已有 60 多年的机床改造与再制造历史（现已被 Busch Precision Inc. 合并），在美国、加拿大及墨西哥等地均有业务，可对各种品牌的车床、钻床、刨床、铣床、镗床、磨床、齿轮加工机床及加工中心等进行改造、翻新和再制造，累计已完成 2 万多个、达 400 万工时的机床再制造项目，该公司联合其他 3 家机床再制造公司，制定了机床再制造标准（National Machine Tool Remanufacturing, Rebuilding, Retrofitting Standards，NMTRRR 标准）；Machine Tool Service Inc. 是最早对数控加工中心进行翻新以及再制造的公司之一，拥有约 2320m^2 的加工车间，并配置了

25t 和 10t 的桥式吊车，可进行大中小型机床翻新或改造，累计完成了 1000 多台机床翻新与再制造；Machine Tool Builders Inc. 从事机床再制造业务 20 多年，主要对齿轮加工机床进行再制造，发展迅速，目前已具备新机床设计、制造能力，完成了多项机床再制造业务；Machine Tool Research Inc. 具有较强的工程设计能力，可针对各品牌的机床实施改造与再制造，并可用最新的 CNC 技术实现机床的数控化升级；The Daniluk Corp. 自 1982 年开始从事精密机床改造，主要业务包括机床改造、翻新、再制造，高压冷却系统改造，导轨修磨以及新机床的设计与制造等服务。美国的这些机床再制造公司可针对多种品牌的机床进行再制造，可提供与新机床同等的售后服务以及质量保证。此外，美国许多机床生产企业也非常重视机床再制造工作，如：美国辛辛那提机床公司（Cincinnati Machine Ltd.）、Moore Tool Company Inc. 等机床企业。Moore Tool Company Inc. 是一家生产工具磨床、钻石切削机床以及高精度专用设备的企业，可以将坐标磨床进行再制造或改造成 CNC 机床且拥有新机床性能，并从事机床硬件维修、控制系统维修与更换、机床和设备的拆解和重装等业务。

欧洲已通过了有利于再制造产业发展的相关法律和法规，再制造产业也很成熟，并在德国建设欧洲再制造技术中心。德国政府对机床再制造非常重视，联邦政府和州政府曾在 20 世纪 90 年代专门拨款支持该领域的研究工作。如联邦教育与研究部（BMBF）曾资助了"面向技术工作的机床数控化改造（FA-MO）——开发技术资源与人力资源的新思路"等项目，目的是为了帮助企业与高校、研究机构等合作开展机床再制造方面的实践与研究，以期促进德国东部的经济发展。目前，德国拥有欧洲最大的二手机床及机床再制造市场。欧洲最大的机床制造企业——德国吉特迈集团股份公司（DMG）也已将机床再制造作为其重点发展的业务之一。德国利波海尔公司，在开发多轴数控插齿机的同时，也不断利用现代技术加大原机械传动式机床的数控化改造，并收获了一个全新的市场。

在日本，制造业针对废旧机床设备打破了传统的维修观念，通过再制造手段使之实现现代化。据统计，日本从事机床再制造并具有一定规模的企业至少有 20 家，如大隈工程公司、冈三机械公司、千代田工机公司、野崎工程公司、滨田工机公司和山本工程公司等。日本的机床制造企业，如马扎克、森精机、大隈、三菱重工等公司，也在积极拓展机床再制造业务。

7.2.2 国内机床再制造

目前，国内从事机床再制造的主要力量是机床制造企业、专业化的第三方机床再制造企业以及数控系统制造企业。其中机床制造企业由于品牌、技术、人才、物流等方面的优势，在机床再制造方面取得了较大成果。如：重庆机床（集团）有限责任公司将机床再制造作为企业的重大战略之一，并逐步将机床再制造打造为企业利润的新增长点，与重庆大学合作建成"重庆市工业装备再造工程产学研合作基地"，为我国机床再制造业发展提供了一种思路；武汉重型机床集团有限公司积极开展重型机床再制造业务，成立了武汉武重装备再制造工程有限公司，依托武汉重型机床集团有限公司在机床研发和制造领域的设备优势、技术优势和人才优势，针对市场份额最大的普通机床、通用设备和超重型普通机床等用户群，经过对机床精度恢复和对原有零件的再设计、再加工及数控化升级实现机床的再制造与综合提升；青海华鼎重型机床有限责任公司是我国机械行业重点骨干企业和特种数控重型机床、专用机床的生产企业之一，积极开拓重型机床再制造业务，已为中国第二重型机械集团、武汉重工集团、西安陕鼓动力股份公司、武汉钢铁公司、上海宝山钢铁公司及全国各铁路路段等数十家单位数百台重型机床装备实施再制造与综合提升；湖南宇环同心数控机床有限公司主要对数控磨削机床展开再制造，并已完成多项机床再制造业务。国内还有许多第三方机床维修与再制造公司，大大小小约有 2000 多家，如武汉华中自控、北京圣蓝拓数控、北京凯奇新技术、上海宝欧工业自动化有限公司等单位开展了各类机床的改造与再制造业务，并取得了较好的经济效益。此外，广州数控和华中数控等数控系统提供商主要为我国制造业企业进行设备的数控化升级与再制造，并参与军工数控"换脑工程"，取得了可观的经济及社会效益。针对目前我国机床再制造行业缺乏相关标准规范的问题，重庆大学、重庆机床（集团）有限责任公司、中国机电装备维修与改造技术协会等单位负责制定了《绿色制造　金属切削机床再制造技术导则》，规定了金属切削机床再制造的一般要求以及机械和电气部分的技术要求。

综上分析，国外发达国家机床再制造与我国的机床再制造有一定的差异。由于国外发达国家的机床新度系数较高等因素，面向客户订单的数控化技术升级或翻新项目较多，而且大多机床再制造企业为第三方的再制造服务公司；再制造企业人数规模不大，但技术专业化程度很高。国外发达国家机床再制造产业的长期发展给我们一个重要启示：机床再制造是机床制造业以及机械制造业的一个重要支撑产业，同时也是实现大量机床设备资源回收再利用以及实现机床设备性能及能效持续升级的一个重要力量和依托。我国机床设备具有量大面广、种类繁多、新度系数较低、老旧机床所占比例较大等特点，因而机床再制造产业的发展需求也更为迫切。通过对废旧机床进行拆卸，重点回收再利用时效好、价值较高的铸件以及关键部件的再制造模式将会成为我国机床再制造发展的重要方向。

7.3 行业技术水平分析

7.3.1 机床再制造关键技术及水平

机床再制造与综合提升技术涉及内容非常广泛，涵盖了机床设计与制造技术、先进制造技术、绿色制造技术、维修及表面工程技术、管理科学与工程等多种学科的技术及研究成果。通过集成各种相关技术，可建立机床再制造与综合提升技术框架，主要包括废旧机床再设计与评价技术、机床零部件绿色修复与再制造技术、机床整机再制造与综合提升技术（包括机床绿色化提升技术、机床数控化改进技术、机床节能性提升技术、机床信息化提升技术等）、质量控制及可靠性提升技术以及其他支撑技术，如图 7-1 所示。

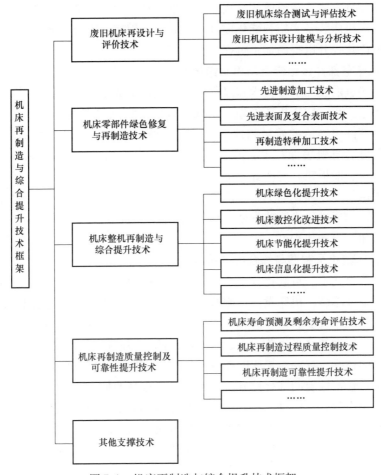

图 7-1　机床再制造与综合提升技术框架

1. 废旧机床再设计与评价技术

实施机床再制造，需要了解废旧机床的性能状态并确定其可再制造性。为此，建立机床零部件性能检测与寿命评估的方法与准则，获取机床零部件的性能状态信息，为机床装备可再制造性评价以及后续的再制造工艺实施提供数据支撑。可再制造性可简单定义为废旧机床及零部件能够满足再制造要求，达到再制造机床整机及合格零部件的可行性，一般应综合考虑技术可行性、经济可行性以及资源环境性等多个方面。

面向产品及零部件加工要求、用户企业转型升级的定制化要求，机床再制造设计过程需要考虑机床装备原有机械结构、电气系统、冷却润滑系统、液压气动系统等对再制造与升级所产生的约束与限制，确定再制造机床功能、整机结构、主要技术参数以及整体设计方案，完成机床装备结构再设计、匹配性再设计以及再制造方案设计与评选。机床再制造方案的设计过程具有定制化特点，比如部分方案为替换或修复故障零部件实现快速再制造以恢复生产，部分方案需要对机床装备实施智能化提升以提高生产效率，部分方案需要对机床装备实施绿色化提升以提高加工过程绿色程度。

2. 机床零部件绿色修复与再制造技术

应用先进的表面工程技术和绿色修复工艺，形成了一系列机床零部件绿色再制造工艺流程，用于机床导轨、主轴、蜗轮蜗杆副等关键零部件的再制造，可提高零部件再制造的质量和效率。采用多种机械加工技术（如刮研、磨削等）以及复合导轨表面技术、静压、表面淬火等高新表面处理技术修复与强化机床导轨、溜板箱和尾座等零部件的磨损表面，并恢复其尺寸、形状和位置精度。采用修复、强化与更新、调整等方法恢复与提高旧机床的运动精度，恢复其功能，如通过更换滚珠丝杠提高传动精度，通过自动换刀装置提高刀具定位精度和加工自动化程度。

3. 机床整机再制造与综合提升技术

随着数控技术、自动化技术、信息技术的高速发展，以及客户对零部件加工的要求越来越高，机床设计、制造技术发展较快，机床的性能水平也越来越高。而废旧机床大多服役时间较长，生产年代久远，技术水平远远落后，即使恢复至原出厂性能水平也落后于现有的新机床。因此机床再制造过程不仅仅要恢复机床的精度，且要对机床的能效、环境友好性、信息化等性能或功能进行提升，实现整机性能的综合提升，以满足客户较高的加工要求。

集成应用现有机床设计与制造工艺技术、机床性能测试与质量检测技术、机床维修与改造技术、数控化技术、变频节能技术、降噪改进技术、少或无切削液加工技术、装备再制造工艺、信息化技术等关键技术，形成机床整机性能综合提升总体技术框架，如图 7-2 所示。

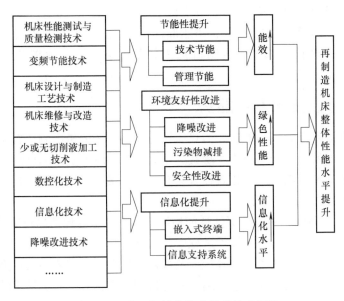

图 7-2 机床整机性能综合提升技术框架

通过变频调速、传动链优化以及各种管理节能措施等，可实现再制造机床能效的显著提升；通过结构再设计、加装污染物处理装置及防护罩等措施，可改善机床的绿色性能，车间环境得到大大改善；应用再制造机床专用嵌入式信息终端装置，实现车间层与管理层之间的信息交互，提高再制造机床的信息化水平。再制造与综合提升后的机床性能可达到同类别新机床的性能水平，且部分性能指标更优。

4. 机床再制造质量控制及可靠性提升技术

再制造可以延长机械装备产品的生命周期，再制造产品的可靠性是其再服役周期需首先考虑的关键因素之一。提高再制造产品的可靠性是其取得客户认可以及再制造产业取得较大发展的首要因素。因此需研究机械装备再制造全过程对可靠性的影响，从全生命周期的角度出发来采取措施提高再制造机械装备产品的性能和可靠性。

要实现再制造机床装备质量及可靠性提升，需要对老旧机床装备的失效状态以及失效过程进行分析，辨别机床装备故障模式与失效机理，并进行再制造机床装备可靠性建模与设计，主要包括机床装备服役行为的还原模拟及仿真分析、机床装备多失效模式耦合分析、机床装备失效机理及损伤模式分析、机床装备失效状态及可靠性评价及再制造机床装备可靠性设计等。针对再制造机床装备服役过程可靠性的特点，需要结合新机床装备可靠性分析方法并采用部分新理论、新方法，对再制造机床装备服役过程可靠性展开研究，主要包括：再制造机床装备故障模式及其影响/危险程度分析（Failure Mode and Effect/Criticality Analysis，FMEA/FMECA）、功能部件参数化建模及可靠性分析、再制造机床装备可靠性仿真模型、再制造机床装备可靠性增长模型及试验仿真分析等。

7.3.2　行业技术发展趋势

机床再制造作为一种基于废旧机床资源循环利用的机床制造新模式，在我国具有广阔的发展前景，对于实现我国量大面广的废旧资源的循环再利用以及废旧机床制造加工能力的跨越式提升具有重要意义。机床再制造技术的发展趋势主要体现在以下几个方面。

1. 实现废旧机床核心零部件性能检测与可再制造性评估的精确量化

废旧机床零部件第一次服役过程中，内部材料、表面性能等均发生了不确定变化，给再制造毛坯各种失效行为及可再制造性评估带来很大难度。要根据零部件的性能状态及失效信息来判定其可再制造性，必须有定量化的模型及数据支撑，不能仅仅通过定性判断。因此随着对机床零部件失效机理研究的深入以及零部件再制造对于失效状态量化模型的迫切需求，需要采用定性与定量分析相结合的方法，建立面向再制造的机械零部件失效分析及性能状态量化模型。

2. 实现废旧机床核心零部件的高精度修复与再加工，提高资源循环利用率

修复与再加工技术是废旧机床再制造的核心，也是机床再制造产业发展的技术支撑，先进的修复与再加工技术是保证再制造机床产品及零部件质量、推动再制造生产活动的基础。近年来，随着表面工程技术的成熟应用，针对废旧机床核心零部件的修复与再加工技术已逐步实现应用，并在机床床身、导轨、传动件等零部件的修复与再加工方面取得突破性进展。随着机床加工精度要求的提高，对于废旧机床核心零部件修复与再加工的精度要求越来越高，实现废旧机床核心零部件高精度、高附加值的修复与再加工，已逐步成为机床再制造技术发展的主要趋势。

3. 实现废旧机床整机再制造的清洁化、绿色化提升，提高环境友好性

随着全球资源、能源短缺和环境污染问题的不断加剧，绿色化已成为机床装备重要的发展趋势及技术创新领域。目前，我国机床保有量达到上千万台，但整体清洁化、绿色化程度不高，存在切削液污染重、噪声大、能耗高等问题。我国制造业要实现绿色转型升级，存量巨大的制造装备的清洁化、绿色化升级是实施重点。因此针对大量服役的废旧机床仍然存在的污染大、能耗高等问题，迫切需要通过再制造的技术手段实现清洁化、绿色化提升，提高其环境友好性。

4. 实现再制造机床整机的质量与可靠性提升，提高客户认可度

质量及可靠性对于再制造机床而言，是其获取用户认可的关键因素。再制造机床的质量及可靠性明显区别于新机床装备的可靠性，具有更为显著的"木桶效应"，而且由于再制造属单件生产，使得可靠性数据缺乏统计规律，可靠性提升更为困难。随着越来越多的再制造机床装备进入服役周期，将促进对其质量及可靠性问题的研究，使得机床装备再制造的质量及可靠性方面的研究走向机电集成化、计算机仿真化、跨学科化以及全生命周期化，形成专门应用于机床再制造的质量及可靠性分析方法，实现质量及可靠性提升。

7.4 行业发展问题与建议

7.4.1 存在的主要问题

机床再制造作为新兴产业，产业化体系还不成熟，在其发展过程中，必将遇到技术、人才、市场品牌以及质量规范等方面的问题及障碍，面临较大的挑战。

1. 我国机床再制造的技术体系还不完善

目前，发达国家的机床再制造已成为机床制造的重要补充，技术及标准体系较为完善。我国机床再制造产业发展起步较晚，对机床再制造涉及的关键技术研究还未深入，部分企业仍然以作坊制维修的方式进行机床再制造，缺乏经济、实用的机床再制造专门技术，尤其是在废旧机床零部件无损检测与失效特征分析、在役机床再设计、再制造机床智能化提升等技术方面，难以支撑我国机床再制造产业的规模化发展。

2. 机床再制造行业急需的复合型人才缺乏

机床再制造行业是技术密集型的新兴产业，要求从业人员不仅要深入了解原有机床的结构、功能及性能，还要能够结合用户需求开展结构再设计，实现废旧机床的改造与升级。技术人员应具有丰富的工程实践经验，在机械、电气及液压等技术方面具有深厚的理论知识及综合技能。目前，机床再制造行业急需的相关人才比较短缺，并且没有相关的人才培训单位，如何培养一批相关的技术人员是再制造业规模发展一个非常重要的问题。

3. 客户对再制造机床认可度不够，缺乏市场品牌

多数用户对再制造机床认识不够，对其质量不认可或认为是二手机床，使得再制造机床卖不起价钱，将可能把机床再制造产业限制在不合理的低效益水平。在重视创新的大环境下，很多人专注于新品的研发和使用，认为再制造产品一定比不上新产品，而且服务和质量无法得到保障。客户一般更倾向于选择新产品而不是再制造的机床产品,这阻碍了再制造产品市场的扩大。因此广大用户对再制造机床的认识和接受是推动再制造业发展的重要因素。这就需要机床再制造企业严格质量标准,提高客户服务质量,打造再制造品牌。

4. 缺乏质量规范,机床再制造质量及可靠性难以保证

机床再制造过程的质量及可靠性涉及再设计、再制造、再装配、调试与试验、再服役及维修等各个环节,受到废旧机床及零部件损伤特征、工艺装备、再制造工艺方法、操作人员以及管理措施等多方面因素的影响。重庆大学等单位已联合制定《绿色制造 金属切削机床再制造技术导则》(自2012年12月1日实施)。但机床类别众多,即使同一型号、规格的机床,其再制造过程也存在非常大的不确定性。针对各类机床,需要制定适用的、细化的、更具针对性的标准及规范,以实现我国机床再制造行业的规范化发展。

7.4.2　行业发展需求

机床是制造业的"工作母机",是制造业的根基。机床装备的先进水平和保有量,是一个国家制造业水平、工业现代化程度和国家综合竞争力的重要指标。改革开放以来,随着我国国民经济尤其是制造业的持续、快速、稳定增长,机床装备行业取得长足的发展与进步。尤其是进入21世纪以来,国家实施了"振兴装备制造业"的重大国策,我国金属切削机床产量从2000年的17.66万台增长到2018年的49万台,已成为世界上第一大机床生产国;同时,我国从国外进口大量高端数控机床装备,累计进口量超过150万台。目前,我国成为世界上机床保有量最大的国家。虽然我国机床装备行业发展迅速,为制造业的发展提供了关键设备与制造能力,但是在役机床装备整体技术水平落后,数控化率低,功能部件性能水平低,智能化水平落后,不足以支撑《中国制造2025》背景下我国制造业转型升级的迫切需求。

1. 机床装备质量及性能提升需求

我国制造业经历了多年的高速发展期,而在役机床装备长期承担繁重的加工任务,尤其是制造企业的大重型机床等关键、主要设备,长期处于超负荷运行状态;同时,部分国产机床由于关键功能部件设计制造水平、质量及可靠性等与国外有差距,很容易发生磨损、点蚀和疲劳破坏等现象。这使得大量机床装备在未达到使用年限之前,加工性能退化现象严重,而且还有部分机床装备处于超期服役状态,已不能满足新产品及零部件的加工精度要求,迫切需要实施机床再制造与性能提升。

2. 机床装备数控化、智能化提升需求

新世纪以来,由于数控技术的成熟以及零部件加工对数控机床的需求迫切,我国机床行业的产量数控化率出现了较大提升,其中金属切削机床产量数控化率从2004年的11%提升至2016年的32%左右，但相比于德国、日本等国家平均65%以上的机床产量数控化率，差距仍然较大。目前，在役的尤其是服役时间超过10年的机床装备，自动化、智能化水平偏低，而且缺乏联网通信等网络化功能，无法满足制造业生产柔性化、制造自动化、信息交互网络化以及建设数字化车间的发展需求，生产效率低，生产成本高，迫切需要实施机床再制造与智能化升级。

3. 机床装备绿色化提升需求

机床装备由于原电动机、传动部件效率低、能源损耗大等原因，其能耗普遍偏高而且能源利用率低；机床在加工产品及零部件的过程中，产生大量的粉尘、噪声、油污（主要来源于切削液）、固体废弃物等污染排放，带来较为严重的车间环境污染并影响员工健康。随着环境意识的增强以及中央环境保护督察力度的加强，机床装备的能耗高、污染重等绿色化问题日益突出，已不能满足我国制造业绿色发展的迫切需求，迫切需要实施机床再制造与绿色化升级。

机床再制造市场需求巨大，有望发展成为重要的战略新兴产业。据统计，役龄10年以上的传统旧机床超过200万台。若按3%的年机床报废淘汰率进行估算，每年将有接近20万~30万台机床面临报废、闲置、技术性或功能性淘汰，而且数量随着时间将不断动态增加，从而形成相当规模的可循环利用的再制造潜在资源。预计在"十三五"期间，机床再制造产业得到进一步的壮大与发展，再制造生产能力、再制造技术水平、再制造企业规模、再制造机床产品质量显著提升，将有超过100万台的机床完成再制造和技术提升，其市场价值将达数百亿元，全行业实现金属资源循环再利用100万t，节能50万t标准煤，新增就业岗位8000多个，为制造企业节省设备购置资金120亿元/年。

7.4.3 发展建议

1. 规范行业市场环境

积极推进机床再制造产品认定，建立健全机床再制造标准及认证体系，规范机床再制造产业，保证再制造机床质量及可靠性，保障消费者权益。

根据《再制造产品认定管理暂行办法》《再制造产品认定实施指南》等文件要求，严格按程序实施生产流程现场审验、再制造产品执行标准审验、再制造产品质量检验报告审核、申报文件审查等，加快推进机床再制造产品认定，将通过认定的再制造机床产品列入《再制造产品目录》，向社会公告，提升认知度，扩大市场需求。严格再制造产品标志要求，优化再制造机床产品市场环境。

建立健全机床再制造标准体系，制定再制造机床产品技术规范、再制造机床企业标准、机床再制造工艺技术规范、再制造用功能部件规范和目录、再制造机床产品标识等标准或规范性文件；组织开展机床再制造产品认证，完善以再制造机床产品认证为核心的评价体系，开展再制造机床产品、功能部件及机床再制造企业认证示范，规范机床再制造产业，提高再制造机床产品鉴别能力，保障再制造机床产品质量和消费者权益。

2. 加强政策支持力度

推动完善机床再制造相关支持政策，创新废旧机床回收模式及产业发展模式，尽快形成机床再制造产业化规模。

目前在国家层面上已制定了 30 余项再制造方面的法律法规，如《中华人民共和国循环经济促进法》《关于推进再制造产业发展的意见》《再制造"以旧换再"试点实施方案》等。积极推进机床再制造相关政策法规的实施与完善；抓紧落实再制造机床产品"以旧换再"试点实施方案，积极推动扩大"以旧换再"政策覆盖面；鼓励机床产品实施在役再制造，并形成示范试点；加强再制造机床产品质量控制与监管，规范旧件回收和再制造机床产品销售，落实相关财税政策，鼓励用户使用再制造机床。

当前机床再制造产业发展缓慢，规模不大，其关键在于废旧机床回收难，回收市场不规范，迫切需要政策引导和推动废旧机床的回收市场规范化发展，构建并完善规模化、专业化、信息化、标准化的废旧机床及零部件回收体系；探索发展"以旧换再""在役再制造"等机床再制造产业模式。"十三五"期间，重点支持附加值高、效益显著的大重型机床以及专用机床回收和在役再制造。

3. 完善再制造产业链

建设机床再制造配套服务体系，完善机床再制造公共信息服务平台支撑，完善机床再制造产业链。

依托产业优势，完善机床再制造产业链建设，形成由"机床回收企业→机床拆解企业→机床再制造企业→再制造机床销售企业→消费者"构成的完整产业链，初步形成产业集聚；加强机床再制造配套体系建设，鼓励再制造机床优先选用国产数控系统、国产功能部件（电主轴、数控转台、数控刀架、伺服系统等）；加强机床再制造企业质量管理体系建设，进一步完善适应再制造的管理体系要求；推进机床再制造企业建立职业健康安全管理体系和环境管理体系。

依托机床再制造产业技术创新战略联盟、中国机电装备维修与改造技术协会及中介组织建立机床再制造公共信息服务平台，主要包括废旧机床旧件回收信息平台、机床再制造业务交易平台、专业人才培训平台、机床再制造企业资质评定及能力评估平台、再制造机床产品认证等公共服务平台以及废旧零部件损伤检测与分析、再制造机床质量检测评估等技术服务平台，推进机床再制造产品旧件来源、回收、生产、服务、技术和交易等信息共享。

4. 进行信息化、智能化提升

加快技术协同创新，大力提升机床再制造技术能力和装备水平，并充分利用人工智能、信息化技术，实现机床再制造全流程管理及监控，提升再制造机床产品用户认可度。

面向机床再制造企业需求，依靠科技创新，以高新技术为支撑，加强企业与国内高校、科研院所的产学研合作，加大科技投入，积极争取国家的科技扶持资金，建设机床再制造国家制造业创新中心，并重点在废旧机床零部件损伤检测与寿命评估、废旧机床无损拆解与环保清洗、再制造零部件绿色修复与再加工、再制造机床装备质量及可靠性保证、在役机床个性化再设计、再制造智能化提升与联网集成技术等机床再制造关键技术方面取得突破，提高再制造技术装备水平以及再制造机床产品质量。

针对部分用户对再制造机床性能、质量及可靠性持保留态度、购买意愿不够强烈的问题，充分利用人工智能、信息化等技术手段，支持建立废旧机床零部件溯源及再制造机床产品追踪系统，逐步实现机床再制造全过程管理及监控，实现对废旧机床零部件及再制造机床产品信息登记，推进机床再制造企业与再制造机床用户之间的信息透明与共享，提升再制造机床产品用户认可度。

5. 实施机床再制造示范重点工程，加快试点示范经验推广

统筹机床再制造产业技术创新战略联盟、中国机电装备维修与改造技术协会、机床再制造企业以及研究机构等多方面资源，继续并加快开展机床再制造试点示范工作，争取有更多的企业参与。截至2018年，工信部批准了5家机床再制造试点单位，已有两家单位通过验收。为进一步推动试点示范经验推广，扩大典型机床再制造试点示范企业数量，开展示范企业、示范项目和创新模式的案例总结和经验推广。重点实施重型机床及关键零部件再制造示范工程、中小型机床批量化再制造示范工程、高端机床在役再制造及智能化服务区域性示范工程、机床再制造关键工艺技术及功能部件提升工程等专项重点工程，形成机床再制造规模化生产能力和配套体系，实现机床再制造产业规模达到100亿元。重点选择上海、北京、广东、重庆、江苏等机床保有量较大的地区，面向我国能源、冶金、机械、轨道交通、航空航天、军工等重点行业服役期内的高端机床装备，实施重点企业在役机床设备联网监测诊断，建设高端机床在役再制造及智能化服务区域性示范工程。

6. 加强人才培养与国际交流

机床再制造行业是技术含量很高的新兴产业，是集精密机械、计算机技术、自动控制技术、测量技术于一体的高新技术，这就要求技术人员不仅要深入了解原有设备的结构性能，而且要在再设计中结合机床实际结构实现客户新的需求。因此机床再制造行业需要一大批既懂机械又懂电器和液压等综合技术并且具有丰富实践经验的复合型人才，但是目前相关的人才比较短缺。针对该问题，加快机床再制造所需要的掌握机、电、液、信息技术的复合型人才的培养、引进和资质认证工作；充分发挥高等职业技术教育方面的资源优势，由企业与高校联合培养，加速职业教育与机床再制造产业的集聚和整合，建设若干机床再制造人才培训基地；支持机床再制造企业与研究机构、高校加强合作，开展有针对性的人才培训；鼓励行业组织、协会、联盟积极搭建国际交流平台，探索通过服务外包、项目合作、人才引进等形式，提升人才的国际视野与专业能力，并积极支持国内企业承接国外机床再制造业务，提升国际化服务能力。

7. 加强宣传，增强公众对机床再制造的认识

机床再制造是一种充分利用现有废旧机床资源的机床制造新模式，是利用高新技术对废旧机床进行修复再制造与提升，规模化地再制造出比原机床功能更强和性能指标更优的新机床的过程。然而当前大多数用户对再制造机床认识不够，将机床再制造与机床翻新混淆，对"再制造机床比原机床功能更强和性能指标更优"这一事实不甚了解，对其质量不认可或认为是二手机床，使得再制造机床卖不起价钱，将可能把机床再制造产业限制在不合理的低效益水平。因此广大用户对再制造机床的再认识和再接受是推动机床装备再制造业发展的重要因素。这就需要政府、企业及有关部门要加强宣传，积极引导，向公众解释机床再制造的内涵和作用，说明再制造机床经历了全面质量控制过程来确保其性能等同于或高于原机床，是高质量的绿色制造新产品。

第 8 章

工程机械再制造

8.1 盾构装备再制造

8.1.1 行业发展概况

盾构机是近十年来我国发展速度较快的高端成套装备，具有研发周期长、技术工艺复杂、产品附加值高、施工风险大等特点，是国家重大地下隧道工程施工的"大国重器"，广泛应用于地铁、铁路、水利、公路、输油管道、市政管廊等工程。目前，我国的隧道工程及盾构机产业规模已跃居全球首位。截至2018年底，国内市场的盾构机（包括全断面隧道掘进机，TBM）保有量已经达到2500台以上，一般地铁盾构机价格在3500万~6000万元之间，大直径盾构机根据实际情况价格一般都在1亿以上。近期下线的直径为15.80m的盾构机造价在6亿元人民币左右。未来3年，我国盾构机保有量年平均增幅将达到30%以上，设备价值约1500亿元；盾构机产品的整机设计寿命一般为10km，而市场上现存的近30%盾构机产品即将进入大修及报废时段，再制造潜力巨大，盾构机再制造产业将逐步成为盾构行业健康、快速、可持续发展的重要组成部分。

8.1.2 行业运行情况

据有关行业协会统计资料显示：目前，我国盾构装备再制造企业主要是以盾构机制造企业、盾构机拥有量较多的施工领军企业及部分原专业维修企业组成，如图 8-1 所示，大致有20多家企业，已开展盾构机或核心部件再制造近300台套，产值约15亿元。

盾构机制造企业承担了大部分再制造业务，例如，中铁装备再制造产品主要包括盾构/TBM整机、刀盘、主驱动等部件。再制造盾构机或核心部件共57台套，再制造年产值约1亿元。铁建重工完成了130多台套盾构机整机、刀盘、主驱动、螺旋输送机、液压系统、管片拼装机等的再制造，投入市场的再制造产品累计已完成掘进里程近100km，共计实现的再制造产值约2.5亿元。

盾构施工企业因为拥有大量的盾构机，在施工过程中培养和锻炼了一批从事装备维修与再制造的专业队伍，也成为盾构机及核心部件再制造的主力军。例如，中铁隧道进行了30台套盾构机及核心部件再制造。北京建工集团公司再制造的盾构机已经顺利完成两个标段的掘进施工，设备状态良好。

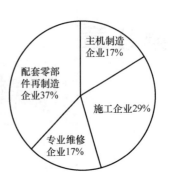

图8-1 盾构机再制造企业类型及比例

第三方的专业维修企业越来越多地加入到再制造队伍之中。这类企业通常拥有较强的技术实力，可以开展不同品牌盾构机及核心部件的再制造。例如，徐工凯宫已经完成了小松、石川岛、三菱、海瑞克、中铁装备等多家品牌40多台盾构机的再制造。天业通联已经完成了18台不同型号的盾构机的再制造。

随着我国经济的快速发展，我国盾构机的保有量逐渐提升，部分盾构机已经进入了老龄化和不适配阶段。盾构机再制造由于其巨大的经济、社会和环境效益，得到盾构生产、施工等企业的重视，例如中铁十一局城轨公司在武汉开发区建立了再制造基地，中铁十四局在安徽芜湖建立了再制造基地，中铁十六局在河北唐山建立了再制造基地，中铁一局在无锡正在筹建再制造基地等。随着我国"一带一路"倡议的实施以及城市轨道交通的快速发展，我国盾构机再制造迎来了良好的发展机遇，同时也面临诸多挑战。

8.1.3 再制造工艺流程

盾构机再制造工艺流程总体包括：性能检测与评估、再制造设计及方案制定、拆解与清理、检测与分类、零部件再制造加工、组装与调试等。

（1）性能检测与评估　主要对废旧盾构机的整机性能进行参数、功能状况等检测与评估，评估一般包括再制造零部件失效分析、寿命评估、环境影响分析、资源利用及成本分析、能效分析等。判断是否符合再制造要求。在考虑技术、经济、环境、资源等因素的基础上，结合新工程的需求进行盾构机的再制造性评估。

（2）再制造设计及方案制定　根据盾构机再制造评估结果及再制造要求，对机械结构、液压系统、电气系统等进行再制造方案设计，形成再制造的总体技术要求和总体设计方案。指导和规范再制造产品生产、检验、管理等需要。

（3）拆解与清理　根据各单元的不同功能、性能状态采用不同的拆解方案。拆解方案是否合理将直接影响再制造效率和旧件再利用率，对于不易拆解的部件通常使用专业机械工具，使用敲击法、拉卸法、顶压法、热胀法、渗液法、切割法等，尽量避免拆解过程中的二次损伤。

拆解后的所有具备再制造性的零部件需要进行清理，根据污垢、零部件的物理及化学性质采用相应的清理方法。清理后的零部件应清洁无污物，无有害残留。

（4）检测与分类　对于不同零部件应当进行专项检测，检测方法通常包括目测、测量、无损检测、泄漏检测、压力检测等。根据检测结果将零部件分为可直接使用件、可再制造件和弃用件。

（5）零部件再制造加工　根据不同零部件的损伤进行相应的再制造修复工作。主轴承、马达柱塞的再制造通常使用尺寸修理法，盾构机内轴类、活塞杆类部件的磨损、腐蚀，通常采用冷焊与电镀相结合的再制造技术，刀盘、盾体、螺旋机叶片、内筒等修复通常使用熔覆增材再制造工艺。管片吊机及行走梁、泡沫系统、带输送系统、同步注浆系统、拼装机、二次通风系统、水过滤等系统通常进行升级改造优化。盾构机再制造是一个系统工程，根据用户需求，如果需要对发动机改装或技术升级，可以在再制造工序中进行相关模块更换或嵌入新模块。通过以上再制造加工工艺确保再制造件的功能和性能要求应不低于原型新品。

（6）组装与调试　再制造产品零部件检验合格后再进行组装。组装完成后，按照调试大纲分别在工厂和施工现场完成再制造盾构机的调试。

8.1.4　行业发展的主要问题与建议

1. 主要问题

（1）对盾构机再制造的认识不统一　各再制造企业对盾构机整机的再制造认识不一致，有的将简单整修的设备归入再制造，有的将仅进行了刀盘或其他部件再制造的视为整机再制造。同时，再制造过程中执行不一样的标准，导致行业内对再制造产品有不同的看法或偏见。

（2）盾构机再制造市场认知度较低　盾构机作为大体量、高附加值、多系统、个性化定制产品，其再制造有独特的特点和规律，多数客户出于保障项目的角度出发，对盾构机状况关注度和要求很高，往往要求施工方使用新机、使用时间不超过一定期限或掘进不超过一定里程的设备。例如江苏省苏州市地铁招标文件规定再制造后盾构机使用不得超过2年，掘进里程不得超过4km，盾构机再制造未获得行业及客户的正确认知。

（3）盾构机再制造关键技术亟待突破　盾构机作为光、机、电、液高度集中的一体化大型自动化非标设备，其具有价值高、非批量生产、再制造周期长的特点，电气部件、核心部件的综合评价与再制造技术、再制造后的整机验收等关键技术亟待突破。

（4）盾构机再制造技术标准体系尚未建立和完善　目前，有关盾构机再制造还没有国家或者行业标准，各企业执行的均为企业标准或者靠经验对设备进行修复和质量评价，缺乏统一的盾构机再制造标准、检测验收标准和规范，对再制造产品难以全面检测其性能以规范再制造企业生产和产品质量管控。

（5）盾构机再制造专业分包企业认证认可存在困难　盾构机本身是属于非标设备，涉及电气、机械、液压、导向、测量、岩土等多学科技术，需不同行业相关企业协同承担和完成，若将相关部件的再制造工作以专业分包的形式分包给相关企业，各分包企业需取得再制造的国家认可，难度较大，导致盾构机的大部分零部件再制造存在困难。

2. 发展建议

（1）加强再制造标准研究制定　目前盾构机再制造缺乏相应的标准和规范，给盾构机再制造的质量控制带来一定难度，迫切需要一个标准和规范来引领该行业健康发展。盾构机再制造技术标准体系应先从各部件、总成的再制造技术标准制定开始，逐步完善到整机再制造标准。

（2）加快出台相关的政策和法规　应尽快出台盾构机再制造方面的政策和法规文件，特别是给予政策性支持，让再制造盾构机在行业内拥有合法的身份、推动盾构机再制造业的快速发展；加强盾构机再制造企业的认证工作，可以按照整机再制造和部件再制造两大类型企业分别认证。

（3）加强盾构机关键核心部件再制造技术研究　研究重点聚焦在部件或总成的再制造技术，包括整机信息化系统、PLC控制系统、液压系统等技术升级换代，应用最新技术整机系统改造。努力提高核心旧总成与部件的利用率。

（4）加强行业协作　充分发挥协会平台作用，形成盾构机制造企业、专业再制造企业、施工企业间的良好合作，共同推动盾构机再制造技术发展，为我国经济可持续、绿色环保、循环发展奠定坚实基础。

8.2　矿山机械再制造

8.2.1　行业发展概况

随着煤炭行业的快速发展，高端综合采煤装备的大规模应用，如何通过提高综合采煤核心装备"三机一架"关键零部件的制造水平，来切实有效地实现综合采煤装备的井下高可靠性、高持久性、高效率性，成为广大企业家和工程技术人员的重要研究课题。同时废旧装备的数量在逐年递增,为矿山机械再制造企业提供了广阔的发展空间。

在矿山机械再制造行业中,以采煤机、液压支架、刮板输送机等煤矿综合采煤成套装备为重点修复对象,以附加值高、易磨损失效、结构复杂、零部件种类繁多的液压支架立柱、刮板输送机链轮轴、行星减速器行星架、乳化液泵曲轴等关键零部件的再制造工艺路线为主体,以再制造的设计方法为理论指导,紧紧围绕煤矿综合采煤成套装备再制造中绿色清洗、无损检测、寿命评估和修复工艺等共性关键技术进行创新性研究,开发煤矿综合采煤成套装备绿色清洗、检测与再制造技术和设备,提供一系列典型煤矿综合采煤成套装备再制造的共性方法工艺,形成一套节约资源、减少环境污染及产品整体再资源化的煤矿综合采煤成套装备再制造技术体系,并建立相应的示范生产线。

8.2.2　行业运行情况

从矿山机械再制造价值来说,符合再制造条件的废旧零部件均可进行再制造。因此从2018年中国煤炭机械工业协会统计的全国承担煤炭机械制造任务的152个重点企业总产量完成情况(见表8-1),可看出全国煤机装备再制造产品的行业总体生产能力。

表8-1　2018年承担煤炭机械制造任务的152个重点企业总产量情况

总产量	采煤机/ (台/t)	液压支架/ (台/t)	刮板输送机/ (台/t)	掘进机/ (台/t)	皮带机/ (台/t)
产量	698/35741	56300/286856	2452/313506	1615/94530	2400/286856

据统计,在2018年全国报废单、双滚筒采煤机2208t,刮板输送机、转载机20586t,液压支架、单体支柱78385t,掘进机23906t。再制造一台矿山设备(或主要功能部件)的费用可比购置新设备(或主要功能部件)节约40%～50%,因此不但可盘活废旧矿山设备资源,同时还将节约大量的矿山设备制造成本,经济效益显著。随着煤炭形势下滑,众多有实力的矿山机械厂家开始将投资方向转向再制造。当前我国有一定规模的矿山设备再制造企业近30家,再制造收入约50亿元。涉及的产品主要集中在液压支架、刮板输送机、掘进机等。

8.2.3　行业技术水平分析

我国矿山机械再制造产业起步较晚,在有关政策及科研项目的支持与推动下,矿山机械再制造技术研发和攻关取得重大进展,为我国矿山机械废旧零部件再制造产业的发展打下了很好的技术基础。

1. 废旧矿山机械设备典型零部件无损拆解与绿色清洗技术

液压支架立柱、刮板输送机链轮轴、行星减速器行星架等作为典型的采煤机械零部件，根据其不同的工作状态和使用状态，以及零部件的材料特性，运用无损拆解和绿色清洗及预处理技术与工艺，可实现再制造零件的高效、清洁、低成本预处理，为液压支架立柱、刮板输送机链轮轴、行星减速器行星架等采煤机械典型零部件的进一步检测和再制造修复处理提供良好基础。

其中，利用三维结构建模、力学分析、产品结构干涉分析等方法，有助于对再制造产品进行无损拆卸；运用超声清洗、高压水/磨料射流清洗、超细磨料喷砂清洗、喷丸处理等工艺有助于去除零件表面油污、水垢、氧化物、固体结垢物等污染物。

2. 废旧矿山机械设备典型零部件检测与剩余寿命评估技术

针对废旧矿山机械典型零部件进行失效分析，可确定其失效形式以及残余应力水平变化规律。结合金属磁记忆无损检测技术可对齿类、曲轴类零件的重点失效部位进行检测，基于有限元分析和动力学仿真的方法可建立齿类、曲轴类剩余疲劳寿命评估方法。如以谐振式弯曲疲劳台架为试验平台，集成金属磁记忆、机器视觉、声发射及模态分析等先进无损检测评估手段，可对乳化液泵曲轴零件再制造寿命进行评估试验，建立废旧乳化液泵曲轴再制造前剩余寿命和再制造后服役寿命评估体系，构建乳化液泵曲轴疲劳损伤程度与多源无损检测信息的映射关系，实现乳化液泵曲轴零件的寿命评估。

3. 废旧矿山机械设备典型零部件修复成形技术

再制造修复技术是完成产品再制造和质量升级的关键。矿山机械典型零部件的失效方式是磨损、腐蚀和疲劳等表面失效，根据废旧零部件不同的失效形式，判断失效的原因，进而采用不同的表面处理工艺恢复其使用性能。针对复杂结构件的磨损失效问题，综合运用复杂零部件表面磨损三维检测、逆向建模与堆焊修复技术、大型轴类零部件表面激光熔覆修复成形技术、小型复杂（轴、齿、孔类）零部件微束等离子熔覆成形技术、小型精密零件纳米电刷镀再制造修复技术与装备、超声速等离子或火焰喷涂再制造技术等多重手段，解决废旧零部件再制造的共性技术问题。

8.2.4　行业发展问题与建议

1. 主要问题

（1）认识误区　公众对再制造的认同和理解将成为再制造工业发展的一个关键因素，但是现阶段再制造作为一个新的理念在国内还没有被人们广泛认识，不管是矿山机械用户还是制造企业参与积极性较低。从用户来说，由于受传统思维的限制，理所当然地认为经维修的矿山机械产品与新品相比质量和性能都较差，担心再制造产品的可靠性，不敢用；从矿山机械制造企业来说，担心再制造产品会分割市场份额，影响其新品销售，参与积极性也不高。事实上，对再制造产品的一个基本要求是质量和性能要不低于新品，因此一方面要加强宣传，改变矿山机械用户对再制造产品的认识误区，另一方面要进一步提高再制造关键技术，使再制造的产品在质量和性能上真正达到或超过新品。此外，国外再制造工业的发展表明，原始设备制造商参与产品再制造，不但不会影响其新品销售，反而由于制造商为降低对产品回收利用的成本，自觉统筹，考虑产品全寿命周期的再制造策略，如在设计阶段开展可拆卸性、可再制造性设计等，优化控制产品的生产、销售和回收等环节，从而使产品全寿命周期实用成本较低，增加产品竞争力，因此反而促进了其新品销售。

（2）再制造技术发展存在的问题　虽然科研工作进步显著、成果突出，但仍存在部分关键技术需要进一步攻关，具体表现在：

1）部分关键技术还需攻关，提升水平。例如，需要进一步研发可以规模化的废旧零部件质量检测和剩余寿命评估技术，确保再制造产品的可靠性和质量。

2）需要加强再制造过程的绿色化工艺和技术的研究工作，加速开发无环境污染的高效物理清洗技术将是迫切需要解决的问题。

3）进一步加大激光淬火、激光合金化、激光表面熔覆等自动化再制造专用技术设备的研发和推广，对提高、企业技术水平，提高再制造效率意义重大，此方面的工作还需进一步加强。

（3）再制造行业发展存在的问题　发展思路尚待清晰，管理还需规范。

1）缺乏市场准入机制和评价机制，市场比较混乱。由于不合格的翻新产品冒充纯正新件进入售后服务市场，不仅影响了正规再制造品的销售，也使真正的再制造企业在回收旧件方面没有竞争优势，回收难度大。

2）再制造标准不健全。由于缺乏国家标准和规范，导致大部分企业在旧件检测、再制造毛坯修复等关键环节没有建立相应的质量控制体系，再制造产品质量缺乏科学保障。

2. 行业发展建议

（1）产品认定　加大再制造产品认定力度，出台相关优惠补偿政策。

根据产品特性，优先开展具有高端附加值、批量大的行业机械产品零部件（如盾构机、燃气轮机、汽车发动机等）的再制造推广，如国家相关部委出台再制造产品推广补贴政策，降低再制造产品价格，加快提高公众对再制造产品的认知力度，逐步建立市场认可的再制造产业口碑；可参考首台（套）重大技术装备保险补偿政策。

（2）标准建设　优选一批再制造关键技术及标准产品，建立强制检测标准体系。

针对市场对再制造产品质量认可度低的问题，应以打消市场顾虑为出发点，优选一批再制造关键技术及标准产品，建立强制检测标准体系，加快推进一部分国家标准的建立，让强制检验检测证明成为常态，保证再制造产业健康发展。

8.3 钢筋混凝土机械再制造

8.3.1 行业发展概况

钢筋混凝土机械设备主要是用于处理砂石及水泥等建筑用料，常在高速、重载、振动、冲击、摩擦和介质腐蚀条件下工作，工况条件复杂多变，加之长时间连续作业，工作环境有大量的粉尘颗粒，润滑条件差，导致部分零部件频繁出故障，简单维修已不能彻底解决问题。因此高效可行的维护与再制造技术则显得尤为重要，使混凝土机械能够往高科技、绿色化、智能化、节能化方向发展，提高工程建设的施工效率。

钢筋混凝土机械作为工程机械行业中最重要的组成部分，在我国飞速发展的高铁、高速公路、城市轨道交通和基础设施建设中，已经取得了长足的发展。中联重科和三一重工合计在全球市场占有率已超过50%，加上行业其他企业，据不完全统计，我国混凝土产量已连续多年超过世界混凝土产量的50%，混凝土工程规模及从业人数均居世界首位。2018年，混凝土机械行业保持良好的发展势头，行业主要企业中联重科、三一重工、徐工施维英的混凝土机械板块都有大幅增长。随着国家环保政策的加强，今后几年将会成为混凝土机械产品更新换代的高峰期。这意味着钢筋混凝土机械相关设备的维修与再制造需求也同步提升。再制造对混凝土机械行业升级转型、技术提升将发挥越来越重要的作用。

钢筋混凝土机械再制造对象主要为混凝土泵车、混凝土喷射机、混凝土搅拌机、混凝土清渣机与混凝土自动配料机。由于混凝土机械设备的工作环境较为恶劣，工作强度较大，臂架、支腿、料斗、发动机的油缸、活塞、液压阀、油泵以及设备的底盘等零部件的损坏、磨损与腐蚀状况较为严重，通常采取传统的热喷涂技术、堆焊技术、冷焊技术、电刷镀技术、粘接技术、激光增材再制造技术等对废旧零部件进行修复，最终实现设备零部件的再制造。

8.3.2 行业运行情况

中国混凝土机械，起源于20世纪80年代，21世纪后进入快速发展期，特别是2005年后市场规模急剧扩大，每年以70%以上速度增长，经过2008年金融危机后，增速有所放缓，发展依然强劲。进入2015年，政府力主进行城镇化建设，同时与混凝土机械发展紧密相关的铁路、公路、水利建设、建筑等行业和相关国家"十三五"重点推进项目计划，都为混凝土机械带来强烈的需求，带动混凝土机械市场规模的进一步扩大。

据统计，2018年我国挖掘机、装载机、压实机械累计销售20.8万台、11.9万台、3.4万台，同比增速分别为45%、21.7%、52.0%，每年的报废量将高达300万台，这会导致严重的污染问题与资源消耗，同时也为工程机械再制造产业提供了充足的再制造资源。

随着再制造技术在钢筋混凝土机械设备上的应用，一大批公司与企业得到了迅速的发展与进步。2009年我国已经开始工程机械零部件再制造试点工作，在武汉千里马工程机械再制造有限公司、三一重工股份有限公司、长沙中联重工科技发展股份有限公司等7家工程机械骨干企业进行试点。截至2018年底，从事工程机械再制造的具有一定规模的企业近20家，再制造销售收入接近10亿元。其中，以中联重科、三一重工、徐工等原始制造商开展的工程机械再制造占行业的主要份额，其他原来从事专业维修的再制造企业也占有较大的比例，如千里马、轩辕春秋等企业。

8.3.3 行业技术水平分析

钢筋混凝土机械再制造技术在国内起步较晚，随着国家"十三五"规划的推进，在各大高校和科研院所开展再制造技术研究的同时，诸多企业也积极参与到再制造技术的研究与应用当中。针对混凝土机械的报废与零部件的维修，目前国内已经拥有了相对成熟的再制造修复技术。再制造的主要零件为结构件（车架、大臂、小臂、铲斗、驾驶室、底盘件）、发动机部分（曲轴、连杆、凸轮轴、配气机构、缸体、喷油泵等零件），液压系统部分（泵、阀、液压缸等零件），部分电器件（空调、起动机、发电机、线束总成等）。

1. 主轴、臂架再制造

混凝土泵车的主轴、臂架等零部件一般不会发生断裂现象，其主要的失效形式为零部件表面的摩擦、磨损等。因此采用电弧喷涂技术使涂层具有良好的耐磨性、较高的硬度和结合强度，并有较高的抗疲劳性能和抗冲击载荷能力。电弧喷涂修复零部件成本为新件的20%~30%，修复后零件不仅可以重新使用，而且性能超越新品，具有明显的经济效益。

2. 平衡阀阀芯、活塞缸再制造

混凝土机械设备平衡阀阀芯的失效通常采用钨极氩弧焊技术进行修复。再制造后的阀芯表面硬度、耐磨性均显著提升。

3. 活塞杆再制造

钢筋混凝土泵车液压缸的活塞杆再制造使用激光熔覆技术。再制造后的油缸承受交变载荷和振动冲击能力更高，耐磨损性能显著提升，使用寿命显著延长。

8.3.4 行业发展问题与建议

1. 主要问题

由于混凝土机械零部件具有种类繁多、材质各异的特点，难以实现再制造材料与损伤零件本体材料的完全同质匹配。再制造技术很难满足市场的需求，工程机械再制造行业规模小，亟须加强工程机械再制造技术研发，开发集约化再制造工艺与装备，提升工程机械整机再制造能力和水平。

二手工程机械在市场的流通需求量大。目前二手工程机械中的核心零部件很少开展再制造工作，导致二手工程机械质量不保证问题尤为突出。

近十多年来是中国混凝土机械发展规模最快的十年。但我国混凝土机械的关键部件依赖进口，受制于人。以泵车为例，底盘、液压泵、马达、液压阀类、传动机构、甚至还有臂架用钢材等都依赖进口，就连混凝土搅拌车用的液压泵、马达、传动减速机、冷却器等也依赖进口。由于没有这些核心部件基础数据和技术积累，导致这些核心部件的再制造亦非常困难。

2. 发展建议

基于当前现状，建议加强工程机械核心零部件再制造技术研发力度，聚焦高技术含量、高可靠性要求、高附加值零部件再制造关键技术、装备和材料研究，特别是清洁高效、少或无废弃物的绿色清洗、增材制造、检测等工艺技术的研发，弥补工程机械核心技术空白，为新品设计制造形成有效反哺，提升工程机械装备关键件再制造能力。

加强工程机械绿色发展循环利用园区建设的支撑力度。通过园区或基地建设解决工程机械核心零部件再制造，为工程机械维修提供再制造配件。同时可不断补充完善产业工程机械为主体的循环产业链条，探索新的商业模式，同步提升二手工程机械质量和价值。

第 9 章

动力装备再制造

9.1 行业发展概况

动力装备是一个国家工业的重要基石，也是衡量一个国家工业技术水平的重要标准之一。动力装备普遍具有造价昂贵及技术要求高的特点。动力装备在发电、石油化工、冶金矿业、工程建设及国防军事等领域占据极其重要的地位。常见的如各种大型燃气轮机、大型发动机、大型发电机以及工业锅炉等。预计到 2022 年我国燃气轮机市场规模将达到 900 亿元左右。2018 年我国工业锅炉产量 413667.5 蒸发量 t/年。随着国民经济的快速增长，电力及各种资源需求增加，作为装备工业的重要核心之一，动力装备也同样得到迅猛发展。

动力装备产量不断提高，产值不断上升，这也为动力装备再制造带来了巨大的发展空间。近年来，随着制造业转型升级和企业"降本增效"需求提升，以及国家可持续发展战略和循环经济发展，动力装备再制造技术需求逐步增大，动力装备再制造产业发展迅速。但目前工业动力装备再制造仍存在较多技术难题，同时相关标准的匮乏也是限制动力装备再制造的重要原因。

9.2 行业运行情况

动力装备属高附加值、高技术含量大型装备。再制造技术要求高，难度大。动力装备的再制造主要涉及船用动力装备、常规动力发电装备、风力发电装备、核电动力装备以及工业锅炉装备等，集中在工业汽轮机转子、叶片、阀杆、叶轮、阀门等关键零部件、船舶柴油机及核岛动力装备等核心部件。我国从事动力装备再制造的企业较多，目前有一定规模的近 50 家，行业再制造总产值约 50 亿元，在我国再制造产业中占有较大的比重。

9.3 行业技术水平分析

1. 汽轮机转子轴颈再制造

船用动力装备中的大型汽轮机的转子轴颈非常容易磨损，由于其体积大、重量重、精度等级高、制作工艺复杂，所以一旦在运行中出现问题会影响巨大。激光熔覆再制造由于激光作用时间短、修复层稀释率低、修复区热影响区小、工件变形小等特点，非常适用于轴颈的修复与再制造。它不仅能使损伤的零部件恢复外形尺寸，还能使其性能达到甚至超过新品的水平。

2. 排气阀再制造

柴油机排气阀的工作条件十分恶劣，一方面排气阀底面与高温燃烧产物直接接触，承受着很高的热负荷；另一方面排气阀在气体爆发压力的作用下承受着很高的机械负荷，排气阀密封面受到高温燃气的冲蚀及腐蚀等。柴油机排气阀主要磨损表面包括阀门密封面、阀杆表面及阀杆端部。对于排气阀的阀杆，为了恢复磨损尺寸或提高其耐磨性、耐蚀性，可在其杆部喷涂铁基合金、镍基合金或镍铬铝复合材料等。对于大型船用柴油机，特别是燃煤重油的大型柴油机排气阀，可采用陶瓷涂层来提高阀杆的防腐耐磨性能。对于排气阀的磨损阀杆端部，目前常采用氧乙炔喷熔镍基合金恢复其尺寸，并提高其耐磨性。

目前通常采用的技术手段有等离子弧喷熔、钨极氩弧焊、氧乙炔焰喷熔、手工电弧堆焊及激光熔覆等，其中等离子弧喷熔是阀门密封面涂层制备使用最广泛的工艺方法。

3. 气缸再制造

热喷涂在气缸再制造中的应用同样广泛。气缸套的内表面失效主要是由于磨损和腐蚀而引起的。柴油机在实际运行过程中，气缸套内表面直接与高温高压燃气接触，承受着很高的燃气爆发压力、瞬变高温及活塞环的往复摩擦作用，会产生磨粒磨损、黏着磨损、腐蚀和氧化磨损。气缸套的外表面失效主要是由于气蚀引起的。因此气缸套内表面要有好的耐蚀性、保油性及低的摩擦因数，同时要求缸套外表面有很好的抗气蚀性能。为了提高气缸套内表面的表面性能，镀铬、激光淬火、离子淬火、离子多元共渗、离子氮化及热喷涂等各种表面技术已被应用于气缸套内表面的强化，但在内表面产生过度磨损与腐蚀的气缸套的再制造中，主要是采用热喷涂技术，它既可以恢复其尺寸，又能达到强化内表面的效果。采用的热喷涂方法主要有：等离子喷涂、电弧喷涂、爆炸喷涂及超声速火焰喷涂。对于大部分合金粉末喷涂材料，目前等离子喷涂方法得到了主要应用。

火力发电汽轮机缸体产生裂纹的原因复杂，涉及设计、制造及运行等多方面因素。归纳起来主要有两种情况：一是存在易产生裂纹的薄弱环节，如疏松、夹渣等铸造缺陷；二是铸造应力、热应力和机械应力等应力较大。缸体出现裂纹后，在裂纹两端存在着很大的应力集中，极易扩展，若裂纹得不到及时处理，或处理方法不当，裂纹将急剧扩张，严重影响机组的运行安全。缸体裂纹形貌如图9-1所示。东方汽轮机有限公司采用堆焊修复再制造技术成功修复了 ZG15Cr1Mo1V 汽轮机高压内缸裂纹。

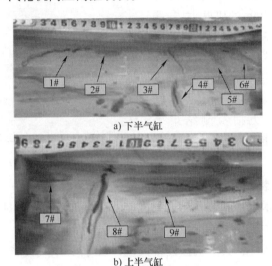

图 9-1　缸体裂纹形貌

4. 叶片再制造

叶片是工业轮机中最重要的关键部件之一，是汽轮机的心脏，也是事故最多的关键部件。一台常规工业轮机的叶片多达 1000 余片，虽然其重量不及整机重量的 5%，但加工工作量却占整机的 25%～35%。叶片运行事故约占汽轮机事故总数的 40%，而在叶片失效的事故中，末级叶片的失效占叶片失效的 70% 以上。叶片的寿命和安全性能对汽轮机的经济效益有重大的影响。

叶片的型线非常复杂，制造成本高昂，如 SK56-3 型动叶片单价为 400 美元左右，整体汽轮机整套叶片的价格在 10 万～50 万美元之间（视具体轮机型号而定），然而目前新发展起来的大容量汽轮机组（300MW 以上），采用亚临界（300MW）、超临界（600MW）和超超临界（600MW 以上）压力，对叶片的制造和性能要求更高，一只 1000MW 机组上的末级叶片价格高达 3 万欧元。据统计，每年用户更换下来的报废部件达十几万件，价值在 5000 万元以上，采用工程再制造技术解决叶片易损问题，可在不增加发电设备的条件下，提高总发电量 1/3～1/2。

叶片的工作环境极其恶劣，且每一级叶片的工作条件均不相同。初始几级动叶片一般发生高温氧化腐蚀、磨蚀和高温蠕变破坏。末级叶片尺寸较大，在离心力，叶片振动以及水冲刷的复杂应力状态下，往往产生应力腐蚀、腐蚀疲劳、疲劳等破坏，实际失效的叶片常常是上述几种破坏方式综合作用下引起的失效。某火力发电厂300MW机组在进行检修过程中，发现机组汽轮机隔板静叶排气边出现了一条深度为4mm，长度为20mm，和叶片根部距离200mm的裂纹，如图9-2所示，需要采用焊接的方法修复叶片，在施工现场进行了预热、裂纹挖除、补焊、焊后热处理、焊后修磨等处理措施。无损检测结果表明，采用此种焊接修复工艺方法是可行的。

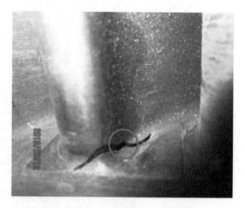

图9-2　叶片裂纹宏观形貌

5. 核电动力装备零件再制造

我国核电技术水平和装备制造集成能力相对落后，缺少具有自主知识产权的核心技术，在主机、大件以及关键件上还需要从国外进口。核电站各系统的设备大概有48000件，其中机械设备大概6000件，电气设备5000多套件，仪器仪表25000多套件。针对核电动力装备系统的生产研制本身就是极具挑战的难题，而针对其中出现的失效问题进行再制造，则更是需要极高的技术支撑。

蒸汽发生器是核电站最为关键的主要设备之一，内部包含U形管和汽水分离设备，如图9-3所示。针对核电用蒸汽发生器的传热管腐蚀及管壁减薄等损伤问题，目前已开展了包括清洗剂、焊接等系统的再制造修复工作。

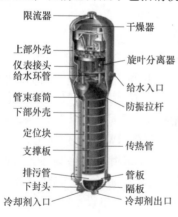 

图9-3　核电蒸汽发生器

核电汽轮机最常见的失效形式为汽轮机叶片出现的腐蚀及开裂问题。针对核电厂320MWe汽轮机静叶片（图9-4）裂纹，一般是进行焊接修复。

图9-4 核电汽轮机叶片

6. 发电机组再制造

风力发电机组主要部件有叶片、变速器、发电机、控制器、变流器、塔筒、偏航系统、轮毂、变桨系统和主轴等几部分组成。风力发电机组中各部分零部件的成本占总装机成本的比例见表9-1，其中叶片、塔筒和变速器的成本占到总成本的58.4%，所以这三种零部件可以作为再制造研究的重点对象。

表9-1 风力发电机组中各部分零部件的成本占总装机成本的比例

部件名称	占总成本比例	部件名称	占总成本比例	部件名称	占总成本比例
叶片	23.3%	塔筒	18.9%	变速器	16.2%
变流器	7.3%	控制器	5.0%	变桨系统	3.9%
变压器	3.59%	发电机	3.4%	轮毂	3.0%
机架	2.8%	主轴	2.2%	偏航系统	2.0%
机舱罩	1.9%	热交换系统	1.3%	轴承	1.22%
螺栓	1.04%	电缆	0.96%	制动系统	0.6%

水力发电机组主要部件由转子、定子、机架、推力轴承、导轴承、冷却器、制动器等主要部件组成，如图9-5所示。其中转子、定子和推力轴承为再制造技术研究的主要对象，这些部件体积大，不易拆卸，拆卸需要停机，所以需要研究在役再制造技术和在役检测技术。

高金吉院士提出了在役再制造工程概念，主要针对运行可靠性差、运行效率低、与生产过程不匹配且自适应调控性差，传

图9-5 水力发电机转子吊装

统维修无法根本改善上述性能的在役机电设备。在役再制造技术适合风力和水力发电装备重要部件的再制造。

7. 锅炉管道再制造

锅炉的炉管是承受高温高压的部件,并由于长期在高温高压工况下运行,容易造成管材老化、损伤积累和突发性事故,如破裂和爆管,如图9-6所示。利用热喷涂再制造技术可以修复因磨损、腐蚀减薄的管材,同时提高管壁表面的耐腐蚀、冲蚀能力,相应地提高产品的安全性能,延长设备的使用寿命,达到节能的功效,并大大降低工作成本。

图9-6 锅炉炉管破裂和爆管

目前采用的喷涂工艺包括氧乙炔粉末喷涂、线材火焰喷涂、电弧喷涂、超声速火焰喷涂和等离子喷涂等。美国在热喷涂技术用于锅炉管道的保护方面走在世界的前列。美国推出的 Densys DS-200 保护涂层材料是一种以 Ni-Cr 合金为基础,加入 Cr_2C_3 金属陶瓷的复合材料,用 HVOF 工艺制备的该涂层具有极低的孔隙率,非常细的晶粒,均匀的组织和较高的结合强度和硬度。这种涂层具有很好的耐高温腐蚀性,特别是具有抗粒子高温冲蚀性能,专用于锅炉高温冲蚀严重的部位。

9.4 行业发展问题与建议

在不断解决大型重型以及高技术含量的动力装备的设计制造的同时,动力装备的再制造技术也不断面临严峻的挑战。目前动力装备再制造的发展仍然存在一些问题,需大力开展以下几方面工作。

(1)加强技术研发和投入 动力装备,尤其是重型工业的动力装备构造复杂,设计制造难度大,甚至很多核心动力装备完全依赖进口。目前针对动力装备再制造的产品大多数属于常规产品,而针对核心类大型动力装备的再制造技术仍然面临很多巨大的技术难题,在再制造设备、材料以及工艺方面的研究还需要长足的发展。同时动力装备分类复杂,质量要求不一,安全等级存在差异,尤其是针对核电以及航天等领域动力装备的再制造更是巨大的挑战。

(2) 加强相关标准规范制定　目前国内再制造产业体系已经建立了多个产业及行业相关标准,但对动力装备再制造来说,还没有建立相对完整的相关标准及规范,包括动力装备再制造的价值评定、技术标准以及考核标准等。每一类动力装备的再制造还需要针对特定类别的系列产品进行系统的规范制定,如缺陷及寿命评价标准、工艺规范以及性能考核评价等。

(3) 加强信息资源共享交流　我国动力装备规模大,产业分布广泛,涉及的领域多,产品分类复杂,性能要求不一,因此动力装备制造商和用户之间有待建立相关信息共享及资源共享平台和渠道。应加强厂商之间在产品需求、技术协作攻关以及标准制定等方面的合作与共享,以确保动力装备再制造技术快速发展和不断提升质量。

第 10 章

轨道交通装备再制造

10.1 行业发展概况

我国交通运输设施日益完善，运输能力不断增强，运输效率不断提高。2018 年末，全国铁路营业里程、高速铁路里程分别达到 13.1 万 km、2.9 万 km，其中高铁里程占世界高铁总里程的 2/3 以上，居世界第一，铁路快速客运网基本覆盖我国 50 万以上人口城市；全国开通运营轨道交通的城市达到 35 个，运营总里程达到 5761.4km，综合运输服务能力大幅提升。我国在国际上已从跟随者变成领跑者，高铁技术及实践引领全球，高速重载技术成为我国"一带一路"倡议的有力支撑。

铁路以高技术大投入为战略的高速发展的同时，轨道交通车辆因牵引负荷大、运行速度高、连续运行里程长等原因，其摩擦磨损失效、振动、冲击、腐蚀等问题突出，零部件均会发生不同程度的损伤，会对行车安全造成一定的危害，严重者甚至威胁到乘客生命安全和财产安全；在运营成本、循环利用等方面也存在诸多问题，轨道交通装备再制造延寿和循环利用已成为铁路产业发展的重要方向之一。

中国轨道交通装备再制造始于 20 世纪 70 年代的蒸汽机车再制造工作，到 90 年代，具备了内燃机车再制造的能力，蒸汽机车的再制造逐步退出。进入 21 世纪，开展了电力机车的再制造，步入了"内燃、电力"并举的发展时期。多年来，轨道交通装备经历了早期试修、批量检修，到批量化规模化再制造的发展，现在再制造企业具备了各类型号机车、铁路工程机械整机及关键大部件的批量再制造能力。随着再制造工程技术不断拓展，越来越多的铁路系统设备制造企业已经开始行动，积极参与再制造工作。2009 年列入国家第一批再制造试点的铁路机车装备有哈尔滨轨道交通装备有限责任公司、山西汾西重工有限责任公司、大连机车车辆有限公司、洛阳 ZYC 轴承有限公司共 4 家企业。2016 年列入国家第二批再制造试点的企业有南京浦镇海泰制动设备有限责任公司、戚墅堰机车有限公司、洛阳机车有限公司、株洲电力机车研究所有限公司、北京南车时代机车车辆机械有限公司、中铁工程装备集团有限公司、中铁隧道集团有限公司共 7 家企业，见表 10-1。

表 10-1　轨道交通装备再制造试点企业名录

序号	再制造企业	再制造产品	类型
1	大连机车车辆有限公司	机车、轮对	国家试点
2	山西汾西重工有限责任公司	柴油发电机组	国家试点
3	哈尔滨轨道交通装备有限责任公司	机车车辆及轮对	国家试点
4	洛阳 ZYC 轴承有限公司	铁路机车用轴承等	国家试点
5	南京浦镇海泰制动设备有限责任公司	铁路客车车辆	国家试点
6	戚墅堰机车有限公司	东风 11 系列、8 系列、4 系列机车、HXN5 系列机车及柴油机等关键零部件	国家试点
7	洛阳机车有限公司	现有电力机车、现有内燃机车、HXDI 系列电力机车、机车车辆、轮对	国家试点
8	北京南车时代机车车辆机械有限公司	旋挖铝机系列产品	国家试点
9	株洲电力机车研究所有限公司	风电变流器等风电机组关键部件	国家试点
10	中铁工程装备集团有限公司	铁路装备及盾构工程机械	国家试点
11	中铁隧道集团有限公司	铁路装备及盾构工程机械	国家试点

10.2　行业运行情况

随着铁路体制的深入改革，铁路高速发展的步伐有所减缓。铁路装备的主机企业为继续实现快速持续发展，也逐步从全寿命周期的角度关注装备后市场——再制造，与此同时，铁路总公司各局段和大修基地为了提升保障能力，也纷纷开展再制造业务。因此轨道交通装备再制造发展较快，技术能力提升显著。产品涉及铁路各类系列机车、柴油机及其零部件、轮对、电机、风电变流器等关键部件，产业规模统计约 45 亿元，从业人员达 1 万余人。

1. 铁路机车

我国轨道交通装备再制造市场包括国有铁路装备和地方铁路装备再制造两部分。以机车为例，现有国有铁路机车方面，直流机车保有量以每年 5% ~ 6% 的速度减少，投放量总体呈下降趋势，大功率交流传动机车的保有量逐年递增,所以整体呈平稳发展趋势。地方铁路机车方面,以神华集团为代表的部分大企业积极参与机车再制造,并且自建检修基地,再制造能力逐步增强,机车再制造市场投放量达到4亿~5亿元。

和谐型大功率机车是我国铁路机车制造企业自主研制的、具有世界先进水平的新型交流传动机车,自2006年诞生到投入运营,实现了高速发展。按照目前发展趋势测算,和谐机车保有量预计年增长20%。按照和谐机车的运用周期,结合机务段运营状况调查,和谐机车将进入大规模批量再制造阶段,预计年投放近千台。

2. 铁路工程机械

近年来,我国地铁建设逐步加快,城市轨道交通发展步入黄金期。截至2018年底,国内已有38个城市经国家批准建设轨道交通,规划总里程超过6880km。到2020年,具备建设轨道交通条件的城市将达到50个左右,总里程近8500km的规模,投资也将达4万亿元。国产轨道交通设备的市场需求大幅提升,广阔的市场空间将有力拉动我国轨道交通设备制造业的长足发展。随之带来的盾构机、架桥机、电机车、吊臂平车等铁路施工装备再制造以及机电系统设备再制造市场前景广阔。盾构机再制造情况在第8章的8.1节中已有论述。

3. 大部件——轮对

随着我国经济的发展和铁路运输需求的增长,重载、提速是其发展方向。铁路机车轮对是主动牵引部件,在不断提高的高速重载条件下,机车轮对因剥离和裂纹缺陷导致的非正常消耗已远超自然磨损消耗。铁路货运车辆也由普通60t向70t、80t发展,时速由原50km、60km向120km迈进。钢厂出厂的铁轨由原十几米长变成百米长轨,并解决了焊接技术。据了解,我国铁轨生产企业已经成功解决了铁轨表面淬火技术,增加了铁轨表面硬度,从而延长了铁轨使用寿命。与此相适应,铁路部门也推出50钢的车轮,加大了轮辋磨损余量。但是重载、提速、材料硬度增强三重因素叠加,作为承重行走主部件的轮对因磨损尺寸到限的趋势加快是可以预见的。80%的轮对达不到6年运行120万km设计年限,平均只有30万km左右。淘汰报废轮对带走的附加值也相当可观,每年全路非正常更换轮对直接费用超过20亿元,间接费用更是无法估量。

铁路主型机车为和谐系列电力机车,轮对采用德国进口整体碾钢轮对,单轴轮周牵引功率1200kW,轴重25t,交流电动机驱动。由于长期高速重载,牵引空转和电制滑行严重破坏黏着条件,加之受风雪雨雾天气影响,运行条件十分恶劣。轮对表面剥离、擦伤及亚表层裂纹层出不穷。迫使用户临时镟修、换轮,造成大量人力物力浪费,已成为亟待解决的问题。铁路货车属于应用量大,报废比例较高的钢铁产品,附加值虽然不高,但涉及面大,其制造链条上游属于高耗能、高污染的产品。据介绍,我国铁路货车保有量780万辆,按检修规范技术要求和检修实践，每年入厂检修量约 6 万辆左右。按检修经验匡算，车轴的报废率约占 17%，车轮的报废率约占 37%，这就意味着每年将有 4 万多根车轴即将报废，16 万多个车轮面临淘汰。这就涉及几十万吨钢铁的冶炼、铸锻、加工、运输等各个环节。在国家着手化解钢铁行业过剩产能，积极推进钢铁行业供给侧结构改革的时候，减少铁路货车轮轴对上游行业的依赖，无疑是一种积极进取的战略选择。把铁路货车报废轮对作为再制造的突破口，入手相对容易，对社会的影响力、辐射力大，社会效益贡献也大。因此全国的铁路货车轮对再制造工作也在有序展开，对于再制造工程向大宗、持续的零部件领域发展发挥了引领示范作用。目前几家装备制造企业以及铁路总公司各下属机务段纷纷开展了轮对再制造的工作，轮对再制造产量和产值都发展迅速。

10.3 行业技术水平分析

轨道车辆行业的关键零部件，超过 70% 是由于疲劳裂纹和磨损超限引起的。随着轨道车辆向高速重载的技术方向发展，提高零部件主要工作表面耐磨性的需求非常迫切。从行业的需求分析可以发现，支撑轨道车辆行业绿色再制造工程的关键技术主要是实现对裂纹和磨耗超限零部件的尺寸修复，或提高零部件的表面性能如耐磨性、减摩性、硬度等功能。能达到上述目标的再制造关键技术有激光熔覆技术、激光表面强化技术、先进焊接技术、纳米减摩自修复添加技术、热喷涂技术等。

根据文献调研分析，轨道交通运输领域涉及的再制造技术主要包括：激光熔覆、电刷镀、冷焊、热喷涂、激光淬火、电弧焊、堆焊、电弧喷涂、等离子喷涂、火焰喷涂、搅拌摩擦焊。对比火车、船舶、飞机、汽车 4 个方向，2018 年中国知网（CNKI）统计的发文情况及专利申请情况，如图 10-1、图 10-2 所示，可以看出轨道交通方面再制造技术研究最少，说明轨道交通再制造技术研究仍然滞后于行业需求发展，整个行业再制造水平和规模还有待提高。

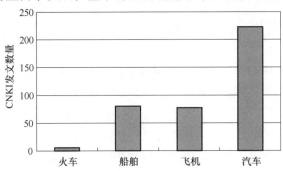

图 10-1 交通领域 4 个方向 CNKI 发文情况

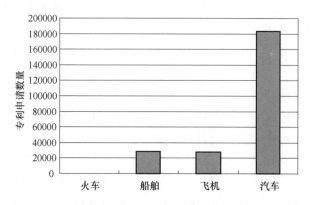

图 10-2　交通领域 4 个方向专利申请情况

进一步分析 11 项技术的研究热点及趋势，由图 10-3 可以看出，电弧焊、堆焊、电弧喷涂及搅拌摩擦焊技术在轨道交通领域再制造的研究相对较多，今后这类技术的再制造成果转化和应用需作为支撑行业发展的重点。

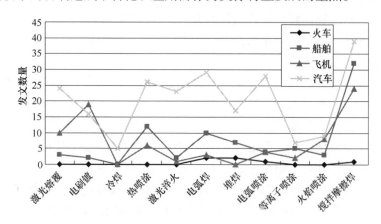

图 10-3　11 项技术在 4 个方向 CNKI 发文情况

10.4　行业发展问题与建议

1. 加强基于再制造的轨道交通维修管理体制改革

我国铁路诞生一百多年来，由于路网管理运行的系统性和单一性，逐渐形成、发展并延续了一整套高度集中的管理体制。随着中国特色社会主义市场经济体制改革的不断深入，中国铁路的基础建设、营运与装备制造逐步分开并先后实行公司体制管理，改变了传统的行政部门统一管理的模式，释放了铁路运输需求侧与装备制造供给侧的积极性、智慧和创造力，以高铁为标志的技术革命和技术创新突飞猛进，成为中国改革发展的一张世界性名片。

经过长期实践检验，我国铁路运输为满足国民经济主发展需要，为了保证安全、通畅，实行了调度、制造、检修的集中统一调度，其间虽然也进行了一些适应性改造与改进，但总体来说，与新机制相比，无论是资源配置、技术创新等方面都有较大差距，传统的维修体制已成为制约轨道装备再制造的重要因素之一，基于全寿命周期的装备后半生维修体制改革亟待加强。

2. 从全寿命周期费用的角度考虑再制造经济效益

降低成本，增加经济效益是再制造推进的首要动力。长期以来，轨道交通装备的检修、维修价格是实施系统内定价，维修费用是以技术规范为参考统一核定，如果维修企业开展再制造，势必加强技术手段运用，提高装备的质量和性能，但是企业将面临加项不调价的困境，导致企业再制造动力不足。如果广泛推进轨道交通装备再制造，以铁路总公司为首，必须从全寿命周期费用的角度来重新核定再制造费用，只有这样，才能充分调动维修企业开展再制造技术研发、应用并实际开展再制造的积极性，真正实现再制造推动轨道装备升级转型发展的目标。

3. 加强轨道交通装备再制造技术研发

经过长期努力，目前我国高铁建设、制造和运行已经居于世界领先地位。随着"一带一路"倡议不断拓展，我国高铁及铁路建设制造正稳步向全球进军。伴随时间推移，轨道交通装备的关键零部件到了磨损期。同时，很多核心装备部件原材料和制造依赖进口，加强核心部件的再制造技术研发，不但将有效推动装备的降本增效，还将反哺制造技术的提升。开展以增材制造、无损检测、智能监测为支撑的再制造技术研发，以铁路机车、轮轴等高值量大的核心部件再制造为突破口，必将带动铁路运输绿色发展的升级转型，为轨道交通发展创造更大的经济效益和社会效益。

4. 加强轨道交通装备再制造技术标准体系的建立

轨道交通装备相关再制造工作虽然得到有序推动和发展，但大修与再制造的差别，规范之间的冲突仍然非常突出，主要是缺乏指导行业再制造的技术标准和规范，导致认识和技术水平的差异巨大，要健康持续快速推动轨道交通装备再制造的发展，亟须开展再制造技术标准体系的规划，制定相应具体的标准，指导企业规范生产。

第 11 章

办公设备再制造

办公设备是我国再制造发展的重要行业领域，当前办公设备再制造的主要典型产品包括复印机、打印机、服务器以及相关配套耗材等。办公设备再制造是以废旧办公设备性能实现跨越式提升为目标，以优质、高效、节能、节材、环保为准则，通过各种先进的再制造工艺、加工手段、信息技术，结合产业化生产，对废旧办公设备产品进行修复和改造升级等一系列技术措施或工程活动，使其达到甚至超过原机产品性能和质量特性的过程。我国的办公设备再制造始于 21 世纪初，是在设备维护修理、整机翻新改造基础上逐步发展形成的。经过近 20 年的不断发展，再制造已成为我国废旧办公设备资源化循环利用的最佳途径。办公设备再制造作为推进资源节约和循环利用的重要技撑，也形成了一定的产业规模。

11.1 行业发展概况

办公设备再制造的理念最早是 20 世纪 90 年代由日本和美国提出，其中复印机再制造以日本厂商为主，打印机和服务器再制造以美国厂商为主，打印耗材再制造由美国和日本在 20 世纪 90 年代率先开展。时至今天，办公设备再制造已经成为一个趋势和必然，不管是 OEM 厂商还是第三方都发现了办公设备再制造有着很好的市场前景。以打印耗材为例，目前全球环保型的激光鼓粉盒组件年收入比 OEM 增长更快，年复合增长率达 12%（CAGR）。据统计，在美国循环再制造商有 8 万多家，从事环保再生鼓粉盒制造的企业达到 6000 多家，每年成功制造再生鼓粉盒 2400 多万个。环保鼓粉盒已经成为市场的主流，再生鼓粉盒的市场占有率高达 67.3%，远大于原装鼓粉盒。在欧美，平均每十支鼓粉盒中就有七支属于环保回收产品。

国内从 21 世纪初开始，从复印机维护到整机再制造经历了将近 20 年的发展历程，形成了一定的产业规模和较为完整的产业链。特别是近几年来，部分有一定积累的厂商，在全球办公设备再制造行业形成了一定的影响力，涌现了以南京田中机电再制造有限公司为代表的打印机、复印机再制造，以上海力克数码科技有限公司、北京中挚资源循环科技有限公司为代表的服务器再制造，以珠海天威飞马打印耗材有限公司、上海宜达胜临港打印耗材有限公司和珠海赛纳打印科技股份有限公司为代表的打印耗材再制造，以及以 CET 中恒、苏州恒久、武汉鼎龙为代表的办公设备配件再制造等国内知名的再制造企业，形成了完整的产业链。其中，全球打印耗材中国再制造已经成为不争的事实，整个打印耗材再制造产业链以广东珠三角区域为主，形成了一个相关厂商超千家的巨大产业群体。

办公设备再制造属于"推进再制造产业发展的重点领域"的范畴。目前，我国政府已经制定和出台了一系列支持办公设备再制造产业发展的政策法规。

2004 年 1 月，为了更好地贯彻落实国家对资源综合利用的优惠政策，促进合理利用和节约资源，提高资源利用率，保护环境，实现经济社会的可持续发展，根据《国务院批转国家经贸委等部门关于进一步开展资源综合利用的意见》（国发［1996］36 号）规定，国家发改委组织修订并发布了《资源综合利用目录》（2003 年修订），其中第三类回收、综合利用再生资源生产产品中包括鼓励回收再生废旧办公设备。

2005 年 10 月，为进一步推进资源节约综合利用和环境保护技术进步，加快新技术的推广应用，引导投资方向，促进经济社会可持续发展，经各地方、国务院有关部门、有关行业协会推荐，专家评审、评估和广泛征求意见，国家发改委、科技部、环保总局联合发布了 65 号公告，将"再生喷墨盒技术"和"再生激光鼓粉组件技术"列入了《国家鼓励发展的资源节约综合利用和环境保护技术》目录。

2010 年 5 月，为全面贯彻落实《循环经济促进法》，国家发改委等十一部委联合发布了《关于推进再制造产业发展的意见》，要求推动工程机械、机床等再制造。组织开展工程机械、工业机电设备、铁路机车装备、船舶及办公信息设备等的再制造，提高再制造水平，加快推广应用。

2011 年 1 月实施的国务院第 551 号令《废弃电器电子产品回收处理管理条例》中，国家鼓励和支持废弃电器电子产品处理的科学研究、技术开发、相关技术标准的研究以及新技术、新工艺、新设备的示范、推广和应用，而且指出处理企业处理废弃电器电子产品，依照国家有关规定享受税收优惠。这些政策的出台实施，为开展办公设备再制造创造了良好的政策环境，促进了办公设备再制造行业的快速健康发展。

2017 年 11 月，为贯彻落实《中国制造 2025》《工业绿色发展规划（2016—2020 年）》和《绿色制造工程实施指南（2016—2020 年）》，加快发展高端智能再制造产业，进一步提升机电产品再制造技术管理水平和产业发展质量,推动形成绿色发展方式,实现绿色增长,国家工信部发布了《高端智能再制造行动计划(2018—2020年)》,提出重点推进包括办公成像设备和服务器在内的高端智能再制造示范企业建设,鼓励依托再制造产业集聚区建设示范工程。

复印机被称为现代文明的发动机,全球年销售额约为2500亿美元,10余家日美的世界500强企业(日企90%,美企10%)垄断复印机行业。复印机是"日本的国宝",约占日本GDP的4%。但是世界70%的复印机生产在中国,世界潜力最大的市场在中国,全球最多复印机零配件生产企业在中国。

复印机在中国的使用和发展已有近40年的历史,20世纪90年代国家大力引进日本、美国等生产企业在中国设立合资工厂,但是所有品牌,核心技术、专利、产权、定价权都控制在日美企业手里。目前在我国境内的复印机生产企业均是日本的独资企业如佳能、理光、夏普、施乐、东芝、柯尼卡美能达、京瓷等,我国没有生产制造复印机民族企业、品牌。

从2003年起,国内先后出现了一批具备一定规模的专业从事办公设备再制造的企业。2012年以后,国家质检总局先后批准了十余家从事进出口旧办公设备的企业开展再制造,其中包括内资企业长沙中美佳办公设备有限公司、威海康威智能设备有限公司、融世通机电(大连)有限公司、珠海天威飞马打印耗材有限公司等,外资企业富士施乐爱科制造(苏州)有限公司、东北理光(福州)印刷设备有限公司等,部分企业被国家评为再制造试点企业。

外资企业主要为母企业进行旧产品再制造,生产经营范围比较单一,占市场份额较少,再制造产品市场影响力也在一定范围内。内资企业基本以田中机电为代表,在产品再制造、规模化建设、电子商务开展、云打印平台建设等领域也取得了一定的发展,依托移动互联网技术,建立移动电商平台,并以打印机绿色再制造产业结合互联网共享合作联盟的创新模式,线上线下互动营销、产品应用推广、加盟连锁经营、绿色办公设备维保服务。田中机电推出了全新的现代租赁方式方法,促进了产业资本与金融资本的融合,从而丰富了融资租赁理念,建立并完善融资租赁网络。围绕循环经济绿色再制造,环保节能产品的推广应用,通过技术升级实现打印机的共享使用,依托互联网智能打印平台,连接自助打印机终端,让每个用户可用智能手机实现随时随地打印,并以共享的模式投放自助终端于公共场所,提高再制造打印机使用效率,促进打印机产业绿色化进程。通过新的智能共享模式,该项目可实现引领打印机行业绿色发展、促进传统打印机行业的绿色转型。同时智能共享模式属于打印机行业创新,对提高绿色国际竞争力具有示范推动作用。

此外,在办公设备再制造标准方面,中国文化办公设备制造行业协会牵头起草了GB/T 34868—2017《废旧复印机、打印机和速印机再制造通用规范》。

南京田中机电再制造有限公司牵头起草了 GB/T 36538—2018《再制造/再生静电复印（包括多功能）设备》国家标准，已于 2018 年 7 月 13 日发布，2019 年 2 月 1 日实施。

但在总体上，办公设备再制造行业整体发展状况与世界再制造先进水平还有很大深化、提高、升级的空间。行业内各也存在发展水平参差不齐，办公设备再制造产品质量、价格、服务尚需规范。办公设备再制造行业标准尚需完善。2017 年以来，国家的一系列政策调整也对整个办公设备再制造行业产生了重大深远影响，特别是由于旧复印机进口关税的特殊性。如何进行风险规避，是整个办公设备再制造行业发展乃至整个再制造产业发展的决定因素。

11.2　行业运行情况

1. 规模分析

以复印机、打印机、服务器、配套耗材为代表的办公设备再制造具有显著的经济及社会效益。再制造后的办公设备在使用性能达到或超过原机指标的基础上，使用寿命能够达到新品水平，但价格仅为新造打印机的 30%～50%，具有非常强劲的市场竞争力，通过规范行业标准，消除人们对再制造产品的偏见，市场前景将相当广阔。

复印机再制造方面，目前新品复印机的国内年销量约为 50 万台，主要是满足政府采购和办公市场需求。产品集中在中低速机型。旧复印机年需求量在 30 万台，产品涵盖全系列机型。但是在美国，新复印机的年需求量约为 300 万台，同时会淘汰等量的复印机，除了部分用于再制造，大量旧机器流通到世界各地。这是因为在欧美成熟市场机器的营销模式已经不是销售模式，而是采用融资租赁模式。办公用品再制造发展潜力巨大，再制造复印机和打印机的市场规模预计在千亿元，但目前缺少合理的运营模式。

服务器再制造方面，"互联网＋"在时代需求和政策推动下得到不断深化发展。无论是互联网企业还是传统行业，要加快信息化建设的进程，适应高速高效的新生产模式是重中之重。普通企业的 ERP、CRM、OA 等办公系统，互联网企业对网络和数据的严重依赖，都离不开 IT 硬件的支持。2018 年全球服务器出货量为 1290.4 万台，厂商销售额为 705.3 亿美元，分别同比增长 13.2% 和 34.5%。巨量的市场增速，将积累数千亿的二手服务器市场和千亿级的再制造服务器使用需求。

打印耗材再制造方面，中国产业调研网发布的中国打印耗材行业发展监测分析与市场前景预测报告（2016—2022 年）认为，打印耗材行业市场空间非常巨大，巨大的终端打印机保有量使需要的耗材的量非常大。全球打印耗材市场规模2018年达到777亿美元；国内硒鼓市场出货金额由2015年的696亿元增加至2018年的783亿元，年复合增长率为4.0%。另外全球墨盒的市场容量也超过300亿元。喷墨打印机墨盒全球市场出货金额由2014年的279亿美元降至2018年的267亿美元。在此消彼长的背后究其原因，主要是喷墨打印机保有量的下降及主流厂商喷墨产品线的整合，影响了喷墨耗材的销售，导致喷墨市场低迷；而激光耗材在总体激光打印机保有量稳步增长的前提下，基本保持了稳定的增长态势。

中国办公设备再制造行业的市场总体需求具备万亿级的规模。我国是一个拥有十几亿人口的人口大国，办公设备行业需求规模庞大，随着国家社会经济的蓬勃发展，刺激了对复印机、打印机、服务器等办公设备的需求。以复印机为例，由于有了复印机再制造行业，初步发展成以复印机维修再制造、耗材配件生产与贸易、复印机租赁、文印店为主的产业链和产业集群。截至2018年12月，我国再制造行业总体规模仍停留在千亿元左右，未来办公设备再制造极具市场前景，潜力巨大。

2. 运行分析

当前，整个办公设备再制造行业存在发展基础较薄弱，行业结构雷同，市场无序竞争，产业政策不清晰等问题，行业运行状况处于各自为战和单打独斗的状态，运行效率比较低下，亟须管理部门整合资源、规范市场，领军企业示范带头，向产业化、集聚化的方向发展。同时优化行业结构，淘汰落后产能，提高整个行业的运行水平。

随着科技的发展，成像装置所包含的种类已从早期的复印机、传真机、喷墨打印机、激光打印机逐步发展到将这些机器的功能集于一体的多功能一体机。种类繁多的成像装置或使用墨水或使用碳粉作为耗材，并在纸张等介质上形成图像。打印机耗材自2008年金融危机后，就开始激烈的价格战，无论是国内还是国外市场，行业无序竞争，规范度差。

数据显示，我国有2000多万个机构和单位及数量更为庞大的家庭用户需要使用打印机，这带动了国内耗材市场以每年30%的速度递增，并逐步成为全球最大的打印耗材市场。近些年国家又把激光打印机、喷墨打印机及耗材的生产列为国家电子信息产品鼓励发展的重点项目。国内打印机耗材总体市场容量已经突破300亿元，年增长率超过30%，耗材市场驶入高速发展轨道，市场潜力相当庞大。我国现有耗材生产企业一千多家，行业前10家销售额超过全行业60%，年产值总和超过200亿元，占全球兼容耗材市场60%~80%，由此并扩充到中下游产业发展，已形成巨大产业链群体效应。但整体上来说，无论是设备，还是耗材，都没有摆脱用低价竞争来获得市场份额的局面，多数企业没有真正在研发上夯实基础，从而造成我国目前为止还没有整机厂商的出现。

3. 贸易分析

办公设备再制造行业的贸易仍处于初级产品经济思维模式，简单的传统销售贸易形式是主流。价格战是行业从业者惯用的手法，从创新、质量、服务争取利润的意识薄弱。循环经济的最终和最优表现形式为共享经济。当今世界两大潮流是全球一体化（网络化）和可持续化。市场经济的进程是从资源资本型（稀缺经济）→产品型（饱和经济）→服务型（过剩经济）→共享型经济（循环经济）。以打印机和复印机为例，发展共享打印市场，是办公设备再制造从事者以服务者、再生者、创造者的身份，构建终极市场三角结构，将为办公设备再制造行业带来不可估量的市场需求、行业规模。

对于服务器再制造，老旧服务器来源主要是国外进口、国内机房下架的二手服务器。二手服务器由原渠道的经销商通过进口，回收下架产品的方式获取，经过再制造升级和集成服务后，销售给客户使用。交易渠道和主要市场分布在广东、上海、南京、北京等地。此外，一部分再制造服务器由集成商在项目中使用，另有部分再制造产品作为机房备机备件，用于维保服务。总体来讲，老旧服务器作为二手服务器或翻新机在行业内销售更为普遍，再制造服务器的概念提及较少，再制造理念在行业内普及度和认知度不高。贸易过程中经销商扮演的是存货卖货的角色，中间产生的附加值有限。

对于打印机耗材，全球的兼容耗材基本上都是以第三方全新件为主，再制造的打印机耗材，特别是喷墨打印机耗材，发达国家基本上都是以再制造耗材为主；复印机耗材，除了墨粉筒之外，其他易耗件，如鼓组件、显影组件、定影组件都是以再制造的为主。再制造打印机和复印机整机销售数量很少。

11.3 行业技术水平分析

办公设备再制造行业的技术水平总体发展不均衡，各企业发展水平参差不齐，少数企业注重研发投入，在办公设备软硬件开发、核心部件技术研发、关键材料制备、再制造关键技术装备攻关等方面积累了较好的基础，取得了一批专利技术，形成了一定的新品设计能力、自主研发能力和再制造反哺应用。但总体上，国内办公设备再制造行业尚处于技术初级阶段，技术创新和研发投入不足，产业规模偏小，离新机厂商和国际先进再制造技术水平尚有很大的差距。

复印机产业曾经在美国、日本和德国均为前50的主导产业。特别是日本把复印机、打印机产业定位国家的支柱产业。复印机产业带动作用强，它是关联度极大、对高新技术有较强吸附力的产业，可以带动和辐射相关产业的技术创新和产业发展。现代复印机从设计到生产，与光学、机械、电子等产业有紧密的关联。技术进步对打印机产业产值增长的贡献率已达50%～70%。对于这样一个影响国民经济增长水平的重要产业，应该成为我国的战略产业。随着移动技术的发展，打印机正迅速从数码打印机向智能打印机发展。

在打印机耗材方面，国内的产业经过20年的发展，无论是材料，还是工艺都取得了相当大的突破，在单色打印机耗材中，和OEM厂商差距很小，基本上接近OEM厂商的技术水准；在复印机耗材方面和OEM厂商相比而言，无论对材料的要求，还是加工工艺，检测方法都存在着相当大的差距；在化学聚合墨粉、载体、长寿命高分辨率有机感光鼓、定影上下辊等主要成像部件还没有取得突破性进展，这些核心技术OEM厂商根本不会外泄，因此制约了复印机耗材产业的发展。

服务器再制造难度大、要求高和现有技术水平偏低是目前的主要矛盾。二手服务器的回收和使用还停留在比较低层次的阶段，以筛选分类，拆解废弃为主要方式，只能将完好的可用产品进行回收利用，对有故障，损坏的产品的利用率极低，甚至于粗暴地作坊式提炼贵重金属后随意丢弃，污染环境。

11.4 行业发展问题与建议

11.4.1 存在的主要问题

当前办公设备再制造仍存在诸多需要解决的问题和风险，主要表现在资金、经营、技术、管理、政策等各个方面。办公设备再制造行业还需有良好的内、外部条件，采取相应的措施才能健康有序地发展。

1. 资金问题

再制造企业投资额度相对较大，通过企业自身的造血功能往往不足以支撑资金需求，市场化融资难度比较大，政府补助资金申请难度也比较大，资金来源对再制造深化项目的进程、企业提升再制造水平和产能的影响重大。

2. 经营问题

根据国内当前打印机再制造产品市场现状及国外市场发展过程可以预测，目前行业内生产技术水平国内领先、国际先进，再制造产品质量优、技术水平高、性能达到或超过原机水平的经营企业较少，再制造产品质量良莠不齐，劣币驱除良币的不当市场竞争问题较严重。再制造企业仍应对与企业生产经营有关的政治、经济形势进行全面、客观、综合的分析，在此基础上制定出经营发展计划，并通过加强市场信息回馈管理及项目新技术的应用推广，及时根据市场需求的变化进行引导、调整，从不当竞争的恶性循环中寻求发展道路。政府有关部门需进行合理的市场监管，鼓励优秀再制造企业，淘汰落后产能企业。

目前，再制造产品的定价是市场化的行为。再制造产品综合性价比有较大优势，但随着市场竞争日趋激烈，企业的盈利水平会逐步收窄。企业需继续通过开源节流、节能降耗，引进与研发新的生产技术和制造工艺，提高劳动生产率等手段，加大成本管理的力度，提升再制造产品的质量，优化产品结构，增加产品的适用性，以高附加值提高产品的赢利能力，以避免产品的价格风险。

3. 技术问题

技术问题主要来自于再制造过程中所采用的工艺技术以及选用设备的先进性、可靠性、适用性与预测方案发生重大变化，导致生产能力利用率低、成本增加、生产能力及质量达不到预期效果。企业需建立有完整的技术管理体系和人才培养机制，建有打印机性能试验台架、检测系统等先进试验检设施，形成了成熟的生产工艺，各技术方案都经过了充分的研讨论证，避免技术风险。

4. 管理问题

一是由于企业经营团队素质因素，可能引起企业管理制度的削弱及发展战略的投资失误，从而影响企业的经营及效益。企业经营人员队伍相对稳定，并且还需建立经营人员管理制度与人才档案，并注重对接班人的素质培训与考核，真正做到从人员储备库中提拔德才兼备的优秀人才。

二是原材料方面，行业所需的原材料主要为二手打印机，目前再制造主要原材料一般在欧美地区，行业没有定价权。企业需通过国内外供应商建立战略合作关系，并与主要原材料供应商建立长期稳定的供货关系，保持原材料的及时供应和价格的相对稳定，进一步拓宽原材料的采购渠道，降低采购成本，减少原材料价格上涨的风险因素。同时，企业需进一步开拓报废打印机定点回收站合作企业的数量，企业需逐步建立国内原材料采购回收机制，更有效的扩大原材料来源。继续加强对原材料及零部件采购价格的监控和严格内部材料消耗定额的管理，通过完善材料定额消耗制度、改进工艺和提高周转水平，最大限度地降低材料消耗水平。

5. 政策问题

目前我国正处在产业结构调整时期，产业政策的变化对再制造业有较大影响，国家宏观经济政策、税收政策、价格政策、利率等变化将影响企业的经营业绩和发展前景。例如商检和海关部门调整、税务改制等一系列变化都对办公设备再制造行业产生重大影响。因回收的废旧打印机、硒鼓、墨盒都是没有进项抵扣，同时从事再制造也需投入相当大的人力成本，但销售时必须开具增值税专用发票，这给生产企业带来相当大的增值税和所得税的负担。

有关管理部门、管理者对再制造行业仍有偏见和认识上的不明晰，均会影响到再制造行业政策制定和政策实施。企业需不断加强对国家宏观经济形势的研究和政策分析，不断提高高级管理人员的科学决策水平，增强企业的应变能力，提高抵御政策性风险的能力，避免和减少因国家政策变化对企业产生的不利影响。企业通过在再制造领域的不断创新、贡献，取得良好的社会效益和经济效益，塑造、提高、宣传行业整体自身形象。

6. 宣传认知

现在国内的政府采购办公设备的打印机、复印机及耗材产品，基本都是以原装厂商的产品为主，全新的兼容耗材因知识产权等因素，不能合规地进入政府采购体系，因使用单位对再制造产品认识不够，很多单位不愿意尝试。同时，消费者对办公再制造的产品也有很大误解，总认为是旧品翻新，与大修和二手产品混淆，对再制造产品质量和性能有疑问。因此再制造行业亟须加大宣传力度，提高政府机关和普通消费者对再制造产品的认知。

11.4.2 发展前景分析

尽管我国办公设备再制造行业整体发展存在诸多困难和障碍，但经过十多年的政策推动、示范试点和产业化发展，整体上逐渐打破了国外 OEM 厂商的技术封锁，使得中国办公设备再制造产品，特别是打印机耗材再制造产品开始走向国际，并带动了产业技术的进一步提升。我国办公设备市场庞大，废旧办公设备数量惊人，再制造产业发展潜力巨大、前景广阔。

1. 构建信息化管理系统

当前针对产品全寿命周期的信息化管理体系不全，缺少信息平台对数据进行采集、分析、披露。导致各环节信息流通不畅，无法对再制造供应链中各环节进行有效的监管。

（1）建设办公设备再制造信息数据库和平台　基于互联网技术建立信息共享平台，收集各环节中的数据，建立上下游企业之间的信息交流机制，实现生产企业、供应商、回收商以及政府部门、消费者之间的信息共享。实现上下游企业资源消耗、污染物排放、物料绿色管控、资源综合利用效率等信息的收集、管理和监测。

（2）建设供应商管理系统　建立办公设备再制造绿色供应商信息平台，将环境保护、资源利用效率纳入采购要求，建立健全供应商认证、选择、审核、绩效管理与退出机制。

（3）构建共享打印平台　移动办公是未来人们工作状态的趋势，随着移动互联网的发展和智能终端设备性能的提升，移动办公终将成为主流，对服务器和共享打印的需求日益增大。共享打印平台旨在助力低碳环保的移动办公发展，为用户提供手机支付等更便捷的自助服务，通过手机可实现自助打印、复印、扫描作业。实现专业打印设备资源在互联网范围内的集成调度与资源共享的系统平台，使系统能为用户提供快捷方便的打印服务，为拥有设备资源的运营商提供一定量低成本、高收益的经营业务。

2. 实施办公设备再制造关键技术创新和工艺绿色化改造

目前我国在办公设备再制造方面尚未大面积普及，特别是在制约办公设备再制造产业绿色、健康、有序发展的特种材料、关键工艺技术与装备、标准体系等方面，亟须开展相关工作，一方面提高再制造过程绿色化水平，另一方面需要通过政府引导，倡导"绿色环保消费"扩大再制造办公设备的普及使用，促进产业快速发展。为加快发展高端再制造、智能再制造，全面落实《高端智能再制造行动计划》，进一步提升打印耗材产品再制造技术、管理水平和产业发展质量，推动形成绿色发展方式，实现绿色增长。

通过开展办公设备再制造关键技术创新和工艺绿色化改造，进一步应用核心再制造装备和技术，发展办公设备再制造可拆解性设计、剩余寿命评估、无损检测、绿色清洗等技术工艺和设备，实施办公设备再制造过程智能化、生产管理信息化，提高资源利用率，实现绿色化生产，降低环境污染，弥补产业和技术的空白，打破产业垄断，通过技术创新形成一批既突出工艺技术创新性，又体现系统集成理念的综合性绿色标准，引领行业绿色再制造先进技术工艺的推广应用，打造引领行业发展，深具推广潜力的绿色生产新模式、新业态。

3. 构建溯源、物流与健康监测体系

绿色物流主要是改变原来由"资源—产品—废弃物排放"所构成的开环型物质单向流动模式，而构成一种"资源—产品—再生资源"的闭环型物质流动系统。但是目前行业对绿色物流还未形成非常成熟的运营模式，作为企业从可持续发展的角度出发，必须要综合考虑物流、经济、资源、环境等因素。通过信息发布平台连接办公设备再制造企业、维修企业、回收拆解企业以及消费者，共同打造基于全生命周期的办公设备绿色回收体系。

（1）溯源体系　当办公设备在工厂完成再制造后，出厂时需将产品及其零部件录入档案系统，并分配其在整个生命周期中的唯一编号，该编号将伴随其从出厂、销售物流、用户使用、废旧零部件回收、二次（多次）再制造直至报废回收和环保处理的全生命周期当中，实现对再制造办公设备的全流程溯源，并积极落实生产者责任制延伸。

（2）办公设备再制造产品信息平台　办公设备再制造需要整合设备生产企业、销售企业、维修与回收拆解企业、再制造与再利用企业等多方资源，对办公设备全生命周期进行健康管理，构建生产—销售—使用—回收—再制造—销售—使用的绿色生态产业链条。通过搭建集办公设备回收、再制造与再利用、需求与服务、销售物流等于一身的信息发布平台，可实现废旧办公设备及再制造产品在生产企业、消费者、回收拆解企业、再制造企业、物流企业等多个环节之间的有效价值信息共享和快速传播,简化传递路径,实现节能减排和效益最大化。

(3) 办公设备健康状态在线监测　基于大数据、云计算和智能传感技术,开发升级性再制造技术,赋予办公设备再制造产品健康状态在线监测功能,构建智能物联网平台体系,准确掌握智能平台内所有服务器、复印机、打印机等办公设备的各个部件的健康状态和使用寿命等信息,便于准确判断设备维修保养和检修时机,从而减小设备故障率和报废率,提高办公设备使用效率。

11.4.3　发展建议

新时期国家高度重视绿色发展和资源节约,办公设备再制造行业发展面临前所未有的机遇和挑战,结合行业发展现状和趋势,未来行业发展应重点体现在以下四个方面。

1. 加强研发环节投入,提升自主创新能力

由办公设备再制造行业的领军企业联合上下游企业、生产制造单位、科研机构等组建联合体,加大创新研发力度,在实施覆盖全部工艺流程和工序环节的绿色化改造升级的同时,聚焦高技术含量、高可靠性要求、高附加值特性的办公设备再制造关键工艺技术、核心共性装备材料等,开展创新突破、集成应用和体系化推广,打破尖端技术垄断,提升办公设备再制造的自主创新能力。

2. 强化设计标准管控,提升产品质量性能

基于再制造性评价和生命周期评价方法,强化办公设备绿色再制造设计理念,加强绿色设计平台建设。同时,构建完善办公设备再制造标准体系,形成一批面向办公设备再制造设计、生产工艺、质量控制与管理的团体、行业和国家标准。在此基础上,通过在产品绿色设计开发、绿色原料选择、再制造生产工艺控制与优化验证、包装优化、回收再利用等多个环节的探索实践,不断提升再制造产品质量与性能,提高企业绿色精益生产能力和办公设备再制造产品的国际竞争力。

3. 加强政策引导,打通规范旧件渠道

党的十九大强调"推进绿色发展""推进资源全面节约和循环利用"。"中国制造2025"提出"大力发展再制造产业,实施高端再制造、智能再制造、在役再制造"。办公设备再制造是对上述国家战略和产业政策的大力支撑,但缺少稳定充足的旧件来源,是目前制约办公设备再制造产业做大做强的关键因素之一。因此必须在规范回收渠道的前提下,对现有废旧电子产品处理的规范性文件和政策法规进行必要的修改和调整,拓宽办公设备回收渠道,授权具备相应环保资质和能力的企业对废旧办公设备进行回收、再制造和环保处理。

4. 加强宣传普及力度，构建新型推广机制

一方面，结合国家循环经济建设和推进绿色发展战略的实施，政府部门和办公设备再制造企业要加强对再制造理念和再制造产品的宣传推广力度，提高消费者对再制造产品的认知和接受能力。配合节能减排和低碳发展，在政府采购和企事业单位中提倡再制造产品的优先使用权，在各级各类采购招标中，明确在同等竞争条件下优先选择再制造产品。另一方面，积极利用融资租赁、以旧换再、以租代购和保险等手段服务办公设备再制造，推进逆向物流与再制造产品信息共享，探索基于电子商务的办公设备再制造产品营销新模式，逐步建立打印机、复印机、服务器、办公耗材等办公设备再制造产品市场推广的新机制。

第 12 章

工业电动机再制造

12.1 行业发展概况

电动机作为机械装备动力和传动系统核心,是拖动风机、水泵、压缩机、机床、传输带、大型机电设备和各类生产流水线等各种设备的驱动装置,广泛应用于工业、农业、交通、市政和国防等多个行业和领域,是用电量最大的耗电终端设备。

2018 年,全球的发电总量达到 25.6 万亿 kW·h,其中中国发电量为 6.5 万亿 kW·h,独占全球发电量的 1/4,发电量位居世界第一,相当于美国、俄罗斯、日本这三个国家的发电量之和。同时,我国全社会用电量为 6.84 万亿 kW·h,同比增长 8.5%。占世界总用电量的 1/4。这一数据不仅远高于其他国家,而且总量和比重均实现了连续增长。在所有终端用电设备中,电动机和电动机系统向来是耗电大户。统计数据表明,2018 年我国电动机总装机容量超过 4 亿 kW,总用电量达 12000TW·h,占当年全国总用电量的 60%,占工业用电量的 80% 以上。

"十三五"期间,我国电力建设步伐进一步加快,工业中小电动机产销明显增长。我国各类中小型电动机所消耗的电能占全国电网总供电量的 60%~70%,而我国 80% 以上的电动机产品效率比国外先进水平低 5% 以上。

我国现有的低效旧电动机改造只能以高效新电动机替换的模式进行,而更换后的旧电动机只能作为废品处理,造成资源浪费、能源消耗以及环境二次污染。同时,现有超高效电动机的生产技术成本高(500 元/kW),旧电动机更换的短期投入节能改造成本难以接受。从而造成废旧电动机高耗能,更换新机成本高,旧电动机资源循环率低等一系列问题。而"十二五"期间工业领域实施的旧电动机升级改造总量不足 5%,达到 2 级能效指标的电动机占比不足 10%,电动机再制造需求巨大,如图 12-1 所示。

与我国电动机巨大保有量形成鲜明对比的是,我国电动机及其系统的效率

图 12-1　废旧电动机再制造市场巨大

仍有较大提升空间。目前我国在用电动机中，J 系列感应电动机占 21.8%，Y 系列电动机占 74%，而诸如 YX3 等高效电动机的保有量仅约为 0.01TW，占我国电动机总容量不足 0.6%。据估计，若我国在用工业电动机能效平均提高 1%，年节电可达 26TW·h。通过在全国范围推广高效电动机、提高现有电动机系统能效，则有 5%~8% 的能效提升空间，年节电量可达 130~230TW·h，相当于 2~3 个三峡电站的年发电量，经济、社会和生态效益均十分可观。

低效电动机的强制性淘汰，已经成为中国工业转型过程中必须攻克的难题，而将淘汰下来电动机报废处理，会带来环境污染、资源浪费等多种问题。将低效电动机再制造成高效电动机，可以极大程度地推进我国电动机系统能效提升工作。电动机再制造就是在原低效电动机基础上，经过对电动机重新设计、更换绕组或铁心等部件的方法，达到提高电动机效率和资源再利用的目的。再制造电动机具有能效水平高、废旧电动机部件再利用率高、使用寿命长、更换成本低等特点。图 12-2 为电动机再制造前后对比。

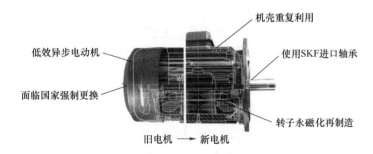

图 12-2　电动机再制造前后对比

国内的电动机再制造起步比较晚，直到进入 21 世纪，我国政府做出了"发展循环经济、建设节约型社会"的重大战略决策，作为循环经济的重要组成，再制造产业得到快速发展。在工信部发布的再制造产品目录中，多家企业上百种型号的再制造电动机位列其中。

2010年以来，工业和信息化部根据《再制造产品认定管理暂行办法》及《再制造产品认定实施指南》，组织开展了4个批次的再制造产品认定工作，将多种型号的电动机列入再制造产品目录，带有再制造标志的电动机正式进入市场。同年，国家高度重视电动机系统节能工作，国家领导人多次做出重要批示，国家财政部、发改委相继出台《节能产品惠民工程高效电机推广实施细则》[财建（2010）232号]、《关于做好2011年高效电机推广工作的通知》[财建（2011）62号]，并多次召开专题会议，要求各地政府提高认识，指出节能产品是惠民工程，国家预计补贴20亿元，结合各地区实际情况，创新高效电动机推广机制，加大推广力度，使高效电动机市场份额从不足3%提高到25%，保质保量完成任务。

2012年2月工信部发布《工业节能十二五规划》（2011—2015年）；同年5月国务院常务会议，决定安排财政补贴16亿元支持推广高效电机；同年7月国务院发布《"十二五"国家战略性新兴产业发展规划》，节能环保产业位列七大战略性新兴产业之首；同年8月国务院发布《节能减排"十二五"规划》。

2013年6月工信部与国家质量监督检验检疫总局联合下发了《电机能效提升计划（2013—2015年）》，提出了到2015年全国电动机能效提升的总体目标，规定到2015年累计淘汰在用低效电动机1.6亿kW。

2014年，工信部发布了《高耗能落后机电设备（产品）淘汰目录》，共337项设备（产品）进入了淘汰目录，其中包括电动机300项，涉及Y、Y2、Y3及YB、YB2系列电动机，大量淘汰的电动机为再制造提供了丰富的旧件来源。

"十三五"期间，工信部继续出台推进电动机能效提升的相关政策，2016年1月，工信部发布了《关于公布通过验收的机电产品再制造试点单位名单（第一批）的通告》，其中安徽皖南电机股份有限公司等9家单位确定为机电产品再制造示范单位。2016年3月7日，工信部发布了《关于印发〈2016年工业节能监察重点工作计划〉的通知》，要求各地对照在用低效电动机淘汰路线图，对生产和使用企业实施监察，督导企业按要求完成停止生产和淘汰的任务。2016年3月14日，工信部发布了《高耗能落后机电设备（产品）淘汰目录（第四批）》，涉及三相配电变压器、电动机、电弧焊机3大类共127项设备（产品）。其中，JK系列的中小型三相异步电动机等58项电动机被列入此批目录中。2016年9月14日，《绿色制造工程实施指南（2016—2020年）》正式发布，明确了传统制造业绿色化改造示范推广等四项重点任务，拟重点在高耗能设备系统实施节能改造，力争使在用的工业锅炉（窑炉）、电机（水泵、风机、空压机）系统、变压器等通用设备运行能效指标达到国内先进标准。

2017年3月1日，工信部在北京组织召开全国工业节能与综合利用工作座谈会，其中，促进电动机能效提升是持续推进工业能效提升的一项重要内容。

根据24个省、自治区、直辖市及计划单列市上报的电动机能效提升计划任务落实情况的数据统计测算，"十三五"电动机能效提升计划工作开展期间，全国各省市设立并拨付的用于电动机能效提升专项资金补贴总额达25亿多元。淘汰低效电动机2108万kW；电动机系统节能改造1710万kW，淘汰电动机的高效再制造791万kW；实现高效电动机的推广、在用低效电动机淘汰、电动机系统节能改造以及淘汰电动机再制造累计达12109万kW。高效电动机市场占有率由4%提升到25%左右；电动机系统运行效率由原来的70%~75%提升到80%~85%；综合年节电量约113亿kWh，相当于标准煤139万t，实现二氧化碳减排347.5万t。

而经过对Y系列电动机统计分析发现，大部分规格的Y系列电动机都可以再制造成高效电动机。电动机种类繁多，数量庞大，对电动机实行再制造具有非常强劲的市场竞争力，通过规范行业标准，消除人们对再制造产品的偏见，市场前景将相当广阔。

12.2　行业运行情况

我国电动机再制造起步于21世纪初，距今实践时间不到20年，没有牢固的发展基础，技术实力薄弱，市场无序竞争严重。就整个电动机再制造行业而言，由于电动机种类繁多，市场不规范，缺乏领军企业的领导，各企业往往处于密封式发展，运行效率低。优化产业结构、淘汰落后产能、整合资源、规范市场是推动电动机再制造产业发展亟须处理的问题。

随着时代的发展，机械结构的优化、材料性能的提升及机械运行本身的需求，淘汰高能耗电动机已势在必行。2015年，工信部发布13大类141个型号再制造产品中，低压三项异步电动机为4个，高压三相异步电动机为4个，永磁同步电动机为6个。目前国内已经有90多家企业生产高效电动机，技术、生产工艺与国外先进水平相当。其6家生产的多种型号再制造电动机列入再制造产品目录，包括上海电科电机科技有限公司、安徽皖南电机股份有限公司、浙江金龙电机股份有限公司、南阳防爆集团股份有限公司、广东省东莞电机有限公司和西安泰富西玛电机有限公司。另外有9家电动机生产企业已建立了电动机再制造生产线并向工信部申请再制造产品认定，包括河北新四达电机制造有限公司、江苏环球特种电机有限公司、江苏大中电机股份有限公司、浙江特种电机有限公司、文登奥文电机有限公司、开封盛达电机制造有限公司、河南豫通电机股份公司、广西绿地球电机有限公司和成都东方实业（集团）邛崃电机有限公司。但由于成本、价格的原因，高效电动机的市场占有率仍然较小，仅占整个市场的3%左右，主要高效电动机产品以出口为主。

12.3 行业技术水平分析

电机在能量转化过程中，本身会产生了一些能量的损耗。在电机学原理中，电机的损耗一般分为5个部分：定子铜损耗、定子铁损耗、转子铜损耗、机械损耗和附加损耗。高效电机的设计是通过采用各种相关措施来降低电机的损耗，以达到提高效率的目的。

（1）降低定子铁损耗　普通电机通常采用的是高损耗的热轧电工钢，使用低损耗、高磁感的冷轧无取向电工钢或非晶材料替代传统的硅钢片能够降低损耗。

（2）降低定子铜损耗　增加定子有效材料用量、改进线圈结构。

（3）降低机械损耗　改善通风结构，改进风扇结构，减少风扇尺寸。

（4）降低附加损耗　改变定子绕组形式，定转子采用槽配合，加大气隙等。

（5）降低转子铜损耗　增加转子有效材料用量，也可对转子结构进行优化，实现感应电动机到永磁电动机的转变。

我国目前生产和在用的电动机以Y系列为主，占据了近90%的市场份额，其效率平均值为87.3%，而发达国家普遍使用的高效电动机效率平均值为90.3%，美国甚至已经全面使用超高效电动机，其效率平均值达到92%，并且将其列为新建项目的强制准入条件。

日照东方电机有限公司对功率范围为100~3000kW、电压等级为380V~10kV的泵类设备电动机系统，功率范围为30~3000kW的开炼机设备电动机系统和功率范围为30~3000kW、电压等级为380V~10kV的球磨机设备进行节能优化，河北新四达电机股份有限公司、苏州汇川技术有限公司和深圳风发科技发展有限公司分别对传统的直流驱动永磁同步电动机、稀土永磁同步电动机和开关磁阻调速电动机进行再制造，并申报国家电机系统节能先进技术。

12.4 行业发展问题与建议

12.4.1 存在的主要问题

（1）缺乏行业标准　电动机再制造产业发展已有数年，但至今仍没有一套规范的行业技术标准,这使得整个行业发展无章可循。对废旧电动机的鉴别检测是为了能够准确地评估电动机性能状态和零件的损耗情况,区分出需要修复和需要更换的零件。鉴别检测可以说是再制造过程中十分关键的一步。目前国内的电动机再制造企业尚没有规范的检测技术标准和鉴别判断指标,以及精细高效的检测设备,对于废旧电动机是否具有再制造价值和条件只是进行主观定性判断。这也使得后续的拆解加工缺乏依据,工作效率较低,难以形成产业规模以及完善的产业链。

(2) 再制造设计困难　电动机要达到高效率等级,在设计技术、制造工艺、材料成本等方面需要较高的技术支持。原则上可以通过调整绕组数据、更换绝缘材料来平衡电动机的各项损耗和性能,以达到高效。但铁心与槽形不易更改,会使设计受到限制。并且不同厂家生产的电动机设计裕度和所用材料都不尽相同,因此再制造设计需在旧电动机的基础上进行。

(3) 用于替换的新品零部件供应不畅　在修复与装配过程中某些零件可能受损过大,需要采用新品零件替换,这些零件则要从下游零部件生产厂商处购买。废旧电动机的品牌与型号多种多样,这就造成了所配用的零件差异性很大,因此对于购买的新品零件的质量和时间就具有了不确定性,所以现代化再制造过程要比传统制造更复杂,更难预测,并且需要更高的检验和测试来保证产品的高质量。

12.4.2　发展建议

在当前经济进入新常态、工业发展更加注重质量和效益的形势下,继续实施电动机能效提升工程,全面提升终端用能设备的能效,对强化节能降耗,推动绿色发展,促进转型升级具有十分重要的意义。为推动企业持续开展电动机能效提升,下一步应着重做好以下工作。

(1) 鼓励企业要注重技术创新,加快高效电动机系统装备产业发展　加强电动机产品设计和技术创新,促进产学研合作,加强电动机系统相关装备制造行业供给侧结构性改革,即不断研发电动机、变频器、泵、风机、空气压缩机、传动装置等领域新技术,结合负载工况和负载特性,通过技术升级降低成本,根据市场需求定制化生产,开发出节能效果好、性价比高的系统节能产品、机组和装置,提高产品质量、提升终端设备能效,提高企业创新能力和核心竞争力。

(2) 利用各种平台开展技术推广和用户对接　通过制定《节能机电设备(产品)推荐目录》、"能效之星"产品评选、重点节能技术推广目录、技术鉴定会等形式筛选出一大批先进产品、企业和技术,后续要加强对目录内相关产品的技术应用情况做跟踪评估,同时加强市场对接,如针对电动机系统能效提升开展专门的技术推广、培训和用户对接活动。在全国重点省份、行业、企业开展电动机节能先进技术（产品）专项推广活动，深挖电动机系统改造市场潜力，深入工业企业现场面对面、一对一交流对接。拟在电力、陶瓷、钢铁、化工、石油等行业开展活动。

（3）推进规模化市场改造　以企业集团和地方省市为平台，加强与重点行业大企业集团的对接，推进规模化的市场改造。抓重点，充分发挥行业试点示范的引领作用，要分行业、分区域推动。首先要推重点行业，如建材水泥行业、电力、煤炭、钢铁、石油石化、水务等行业。电动机能效提升是推动这些行业节能减排降耗、转型升级的重点之一，要抓住这些重点行业。要结合工信部在重点耗能行业中开展绿色制造体系建设以及对绿色工厂、绿色产品、绿色供应链以及绿色园区的评价认定工作，把电动机系统能效提升工作向纵深推进。其次要分区域进行创新模式的总结。各地方政府在具体实施过程中，体现出不同的区域特色。例如：广东东莞采取了政府管理为主导，财政补贴高效电动机加市场参与的节能管理服务模式；江苏镇江则采取了政策引导，聚焦电动机系统改造，以市场化为主运作的节能管理服务模式。为了探索出行之有效的节能管理服务模式，并在全国进行推广，有必要对各地区采取的节能管理服务模式进行归纳总结，以起到很好的示范作用。

（4）进行市场化改造　积极探索和推广市场化改造模式，加强电动机系统能效升级模式创新。鼓励节能服务公司和金融机构进入能效提升领域，以技术能力强、服务质量好、有一定规模的合同能源管理公司为重点，探索政府组织协调、第三方机构担保、金融机构支持的融资模式，解决资金瓶颈。进一步规范合同能源管理公司服务流程，加强对其服务质量及信誉方面的评价，探索实行负面清单制度，培育一批资源整合能力强、规范化服务的合同能源管理公司。

（5）严格执法　继续协助和配合工信部及地方工信部门，抓好产品源头和使用单位的电动机系统能效提升工作。通过严格执行国家强制性电动机能效标准，对电动机生产企业进行贯标核查，倒逼低效电动机退出生产市场，对违规继续生产的企业进行曝光、惩处、罚没非法所得，并纳入社会信用记录。将电动机系统能效提升与社会信用体系建设相结合，社会信用记录跨部门分享，直到企业彻底整改为止。针对重点用户企业，须从项目立项、审批到设备采购、验收等各个环节把关，新建项目必须使用高效机电设备，分行业开展能效对标和能效领跑活动，力争新建项目必须达到行业能效领跑水平，利用行业协会、研究所、设计院等机构开展电动机系统绿色设计宣传和培训工作，用全生命周期评价方法对电动机系统能源资源利用开展综合评价，结合企业产品线和工艺的优化，开展电动机系统绿色设计，在源头上解决冗余过大等问题。

第3篇

案例篇

第 13 章

再制造技术创新企业典型案例

13.1 军用装备再制造（南阳市军龙实业总公司）

13.1.1 企业再制造业务简介

南阳市军龙实业总公司（中国人民解放军第 6456 工厂）是国家汽车零部件再制造试点企业。主要开展军用装备及军民通用车辆发动机维修和再制造。具备年维修再制造 12150 系列、风冷系列、新 150 系列装备用发动机千台及军民通用车辆发动机万台产品的能力。

13.1.2 技术水平和经济、社会效益

1. 技术水平及能力建设

工厂具有 40 年的军用装备发动机大修和近 20 年的军民用装备车辆发动机再制造技术工程应用实践。20 世纪 90 年代初，工厂开始将表面刷镀、等离子喷涂等先进的再制造修复技术用于发动机部件的修复。21 世纪初，工厂加强了与原装甲兵工程学院的技术合作，紧紧依托国防装备再制造重点实验室的先进的再制造技术、设备和高科技人才支持，使工厂在传统的发动机大修过程中及时加入了诸多再制造技术的元素，探索掌握了一定的实践经验，降低了维修成本和采购经费，提升了军用装备和军民通用车辆发动机的大修质量。

再制造生产线采取"新建、改扩建结合，成线生产，柔性并轨，辅助设施功能兼容，再制造装备配置先进，核心技术突出，管理手段科学"的指导思想，既合理利用了厂区内现有的厂房、设施、条件，减少了项目投资，又确保了工艺布局合理，生产流水线顺畅，关键再制造装备和技术先进。在调整利用工厂原有闲置、富余厂房、设备及辅助设施的同时，又投入经费近亿元补充完善了相关厂房、设施、设备等维修再制造的生产技术和能力条件。

为确保维修和再制造发动机达到或超过新机技术标准，针对拆洗、鉴定、

再制造、组装、试验、烤漆、仓储等工序要求，选定设备时，经过广泛的国内外调研论证，购置了200余台套先进的再制造专用加工设备，其中国产设备170多台套，进口发动机再制造专用设备30余台套，如图13-1所示。同时新建、完善了能够测试40多个系列机型发动机性能的试验台架等发动机测试手段，采用了绿色环保的高温分解热清洗系统。由于再制造产品生产过程中以镗磨、研磨、抛光、校直、表面处理和尺寸恢复为主要加工手段，技术精度要求较高，因此采用进口的数控化专用高精度加工设备和国家再制造重点实验室研发的设备及工艺技术，有效地保证了发动机再制造过程零部件的加工、装配及性能要求，使再制造发动机性能质量更可靠。

图13-1　再制造生产线专用设备

2. 社会、军事及经济效益

由于先进的再制造新技术、新设备、新工艺在装备维修上不断应用，在军事效益方面，不但提高了军用发动机外观质量和性能质量，降低了职工的劳动强度，改善了工作环境，提高了装备维修生产效率，同时较好地实现了部分关键零部件的深度修理和再利用，缩短了装备返厂在修期，节约了装备维修采购费用等。在军民融合发展和社会效益方面，顺应当前国家循环经济发展和军民融合发展战略的需要，取得了较好的节能、节材和减排的社会效果。

以军民两用的 EQ6100 发动机为例，经拆解和取样分析，再制造发动机在节能、节材和减排等社会方面的贡献显著。

1）节约金属材料：单台发动机所含金属占其总重的比例：钢材30%，铸铁47%，铝2%。该发动机重约426kg，每再制造一台民用发动机，可回收钢材约127kg，铸铁约200kg，铝约9kg。

2）节约能源和减排：每回收 1t 铝材相对回炉减少能耗 2000kW·h，减少 CO_2 排放 0.17 吨，每回收 1 吨钢铁相对回炉减少能耗 1784kWh，减少 CO_2 排放 0.086t。

3）其他社会效益：每销售一台民用再制造汽车发动机，购买者在获取同样性能的发动机的前提下，可以减少资金支出30%以上。可为社会提供一些新的就业岗位。

13.1.3 经验总结

1. 技术创新

工厂发动机再制造采取的核心技术主要包括：热喷涂技术、电刷镀技术、特种焊接技术、离子镀技术、激光制造技术、纳米表面工程等。同时引进部分国外先进再制造设备及工艺技术，这些新技术的采用，较好地解决了发动机关键部件的磨损问题。

工厂在消化、吸收国内外技术的同时，还不断利用再制造相关技术和设备在核心关键系统及部件维修工艺上、工装上进行自主技术创新。比如，针对二、三代装备发动机常见的故障现象及成因，主要创新完成了对机油泵、水泵、输油泵、回油泵、定量油泵、中冷器等附件进行扩展修理再制造，对增压器和 YZF-10、QD-12G 等发电机、起动机进行修理再制造，对供油组件、柱塞、出油阀等零件进行创新修理。同时应用先进材料和技术工艺对发生严重烧伤、翘曲变形、浅表裂纹等缺陷的曲轴和箱体进行修理再制造；完善三代发动机活塞检测手段，开展石墨层恢复等深度修理再制造；围绕三代发动机电控系统对控制器、执行器、脚踏板、直线位移传感器、线缆等电控单元进行功能检测和修理再制造。

2. 管理创新

不断创新管理方式，为保证核心再制造技术的应用，多次组织相关管理和技术人员、生产骨干学习参观国内、国外先进再制造企业，并定期对从事再制造的员工进行技术培训，多次邀请再制造专家教授来厂授课培训指导，交流心得。以加快对再制造核心技术的消化吸收和对管理要素的理解掌握。引入 ERP 管理系统，通过先进的管理系统，对发动机维修再制造全过程实施科学的、规范化的组织和管理。同时结合工厂多年发动机大修和再制造的工作经验及技术积累，积极采取借智公关、深度修理、改进型维修、成果利益共享等管理创新措施，取得了较好的效果。

13.2 汽车发动机再制造（中国重汽集团济南复强动力有限公司）

13.2.1 企业再制造业务简介

中国重汽集团济南复强动力有限公司成立于1994年，隶属于中国重型汽车集团，是国内第一家专业从事汽车发动机再制造的企业，国家首批循环经济试点单位和首批汽车零部件试点单位。具备年再制造发动机20000台的生产能力。

13.2.2 技术水平和经济、社会效益

1. 总体技术水平

复强动力公司已形成以再制造斯太尔发动机为主的20多个品种的再制造产品体系，如图13-2所示。2002年开始采用纳米电刷镀、高速电弧喷涂、微脉冲冷焊、粘涂等先进表面再制造工艺技术，对缸体、曲轴、连杆等10多种零件进行再制造，取得显著的成果，增强了复强公司的再制造技术水平，提高了再制造旧件利用率，减少了旧件的报废数量。

2. 应用案例

通过应用汽车零部件关键技术，将进入大修期的汽车零部件完全拆解、清洗、再加工、装配等环节使其达到新品标准，发动机再制造工艺流程如图13-3所示。再制造过程中执行的技术标准、质量标准和出厂检验标准与新品完全一致。再制造过程应用纳米刷镀技术和超声速热喷涂技术，使再制造零部件的耐磨、耐蚀、耐高温氧化等方面可优于新件。零部件经过再制造可以节材70%以上，节能60%以上，降低成本50%左右，可使零部件的资源利用率提高到90%左右。

a) 车用发动机　　b) 工程机械发动机　　c) 船用发动机

d) 升级型再制造发动机　　e) 特种发动机

f) 再制造喷油泵、空压机等关键总成零部件

图 13-2　再制造产品体系

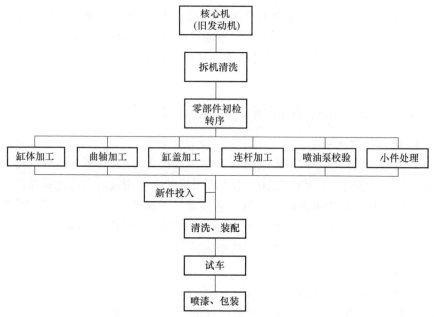

图 13-3　发动机再制造工艺流程

（1）拆解清洗　拆解清洗是发动机再制造的第一个工艺环节，目的是将旧发动机还原成零部件并用于后续加工。柔性化无损拆解生产线如图 13-4 所示。

图 13-4　柔性化无损拆解生产线

发动机拆解清洗工艺流程：拆解→高温分解→化学清洗→超声清洗→振动研磨→干式喷砂→湿式喷砂。

（2）零部件检测　零部件检测是保证再制造零部件质量的重要环节，通过各种先进的技术及设备实现对再制造零部件的完全检测，从而保证了再制造发动机在整体性能上能够达到新机的性能。再制造无损探伤工艺如图 13-5 所示。

a) XZU-1型缺陷数字超声检测仪　　b) XZE-1型多频涡流检测仪　　c) XZE-3型裂纹涡流/磁记忆综合检测仪

图 13-5　再制造无损探伤工艺

再制造发动机零部件检测工艺流程：台检→外部裂纹检测（磁粉去应力探伤）→内部裂纹无损检测→剩余寿命评估

（3）再制造表面工程技术　表面工程零件恢复技术水平的高低，关乎发动机再制造的节约能力。表面技术水平高，旧发动机材料利用率和价值利用率就高，就能够充分提取报废零部件的附加值，提高资源利用率。再制造表面修复工艺及装备如图 13-6 所示。

多年来，复强动力公司在旧斯太尔发动机再制造过程中，不断探索应用表面技术对零件进行恢复。试验结果表明，先进的表面工程技术在发动机再制造

图 13-6　再制造表面修复工艺及装备

中的推广应用，可以大幅度提高旧件利用率，降低再制造成本，不仅可以使公司获得可观的经济效益，还有利于节约能源和金属资源，同时为保护环境做出了积极贡献。

3. 经济与社会效益

发动机的主要材料为钢铁、铝材和铜材。当发动机达到报废标准，传统的资源化方式是将发动机拆解、分类回炉，冶炼、轧制成型材后进一步加工利用。经过这些工序，原始制造的能源消耗、劳动力消耗和材料消耗等各种附加值绝大部分被浪费，同时又要重新消耗大量能源，造成了严重的二次污染。而通过对废旧发动机及其零部件进行再制造，一是免去了原始制造中金属材料生产和毛坯生产过程的资源、能源消耗和废弃物的排放，二是免去了大部分后续切削加工和材料处理中相应的消耗和排放，再制造过程中虽然要使用各种表面技术，进行必要的机械加工和处理，但因所处理的是局部失效表面，相对整个零件原始制造过程，其投入的资源（如焊条、喷涂粉末、化学药品）、能源（电能、热能等）和废弃物排放要少得多，大约比原始制造要低 1~2 个数量级。

通过对 1 万台废旧斯太尔发动机零部件损坏情况的检测分析表明，可直接使用的主要零件数量上占 23.7%、价值上占 12.3%、重量上占 14.4%。对这些零件的循环使用，可以完全免除原始制造中金属生产、毛坯生产制造、后续切削加工和材料处理等过程，因而资源环境效益好，可节能 2.23×10^7 kW·h，减少 CO_2 排放 76.89t。还有一部分零件的疲劳寿命仍可保证整机使用一个寿命周期，只是表面出现局部磨损、腐蚀、划伤、压坑等缺陷，通过再制造加工，可以使零件在尺寸和性能上达到新品的水平，其中一些易损件还可以通过表面工程技术使其寿命延长，性能优于新品。这一类零件占发动机零件总数的 62%，零件总重量的 80%，零件总价值的 77.8%。

再制造项目实施以来，对再制造发动机零部件报废情况进行了统计对比分析，见表 13-1，在此统计数据的基础上，再制造发动机的再制造率指标见表 13-2。

表13-1　500台旧发动机零部件的再制造率

序号	名称	再制造率
1	缸体	87.46%
2	缸盖6	89.48%
3	曲轴	86.10%
4	连杆6	76.04%
5	气门	73.51%
6	挺柱	78.77%
7	凸轮轴	46.03%
8	其他零部件	80.2%

表13-2　再制造发动机的再制造率

年度	2013年	2014年	2015年	2016年	2017年	2018年
再制造率	63.6%	67.3%	71.6%	78.9%	79.2%	83.6%

注：再制造率 = $\dfrac{可用于再制造的零部件总质量}{废旧零部件的总质量}$

按照上述情况进行测算，再制造1万台废旧发动机耗能$1.03 \times 10^7 \mathrm{kW \cdot h}$，与再循环相比，其耗能仅为1/15；与新发动机制造相比，年再制造1万台斯太尔发动机，可以节省金属7.65kt，回收附加值3.23亿元，提供就业500人，并可节电$1.45 \times 10^8 \mathrm{kW \cdot h}$，获利税0.29亿元，减少$CO_2$排放0.6kt，基本实现了再制造全过程无废水、废气排放。具体见表13-3。由此可见，实施绿色再制造对于促进循环经济发展、节能、节材和保护环境等方面具有重要意义。

表13-3　再制造1万台WD615-67型斯太尔发动机的节能减排效果与综合效益分析表

回收附加值/亿元	直接再用金属/kt	提供就业/人	利税/亿元	节电/kW·h	减少CO_2排放/kt
3.23	7.65	500	0.29	1.45×10^8	0.6

13.2.3　经验总结

以汽车零部件全生命周期为指导，针对再制造流程不同于新品加工的特点，充分挖掘废旧发动机中蕴含的资源、材料和劳动价值等附加值，着力解决制约发动机再制造产量扩大、质量提高的技术瓶颈，完善和提高废旧发动机再制造加工体系，通过产学研一体化科研模式，坚持技术创新、攻克关键技术，研发了专业化拆解、检测与清洗、高技术修复与升级的再制造特色工艺路线，引入了质量计划、标准、控制方法、流程管理融为一体的管理方式，构建了再制造管理的模型、工作思路（图13-7和图13-8），创新了"以旧换再"的亲人服务营销模式，设立了关键设备操作岗位技师人才培养机制，最终实现了以高新技术为支撑、产学研相结合的中国再制造产业新模式，对我国再制造企业提高产品性能质量、节能减排、推动循环经济发展具有重要的示范和借鉴意义。主要做法如下：

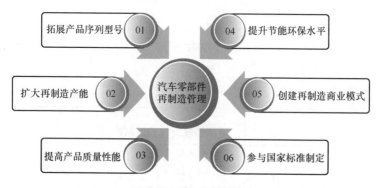

图13-7　汽车零部件再制造管理模型图

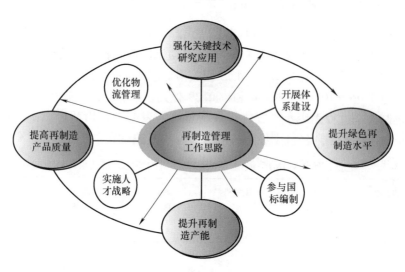

图13-8　再制造管理工作思路

1. 发挥产业优势，创建再制造商业模式

同中国重汽集团销售公司联合，借助重汽售后服务特约维修站，构建再制造商业管理模式（图13-9），在重汽用户中开展"亲人"延伸服务，依靠重汽集团遍布全国的1800家服务站，全方位推广复强动力公司的再制造发动机，所有通过售后服务系统采购复强再制造发动机的用户均可享受到等同新机的质保承诺和等同服务。既为用户带来了实惠，又为主机厂产品的市场培育提供了

"保姆式"服务,不但促进了主机厂业务的拓展,而且进一步推动再制造产品的市场推广。

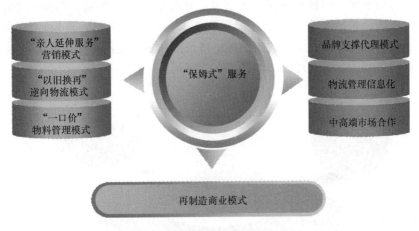

图 13-9 再制造商业模式管理模型

经过循环经济试点项目的建设、发展和完善,建立起了再制造发动机产业体系,主要包括旧件的回收、拆解清洗、零部件检测、零部件加工、装配、出厂检验、销售等环节。在拆解清洗工艺环节,体现技术水平的是绿色工程拆解清洗技术;在零部件加工环节,体现技术水平的是表面工程加工还原技术。前者的意义在于绿色环保,使发动机再制造企业成为环境友好型企业;而后者的意义在于节约,即通过表面工程加工还原技术的应用,提高旧发动机的材料利用率和价值利用率,充分提取报废零部件的附加值,从而大大延长了零部件的寿命周期,提高资源利用率,最大限度地节约能源,成为资源节约型企业。主要流程如图 13-10 所示。

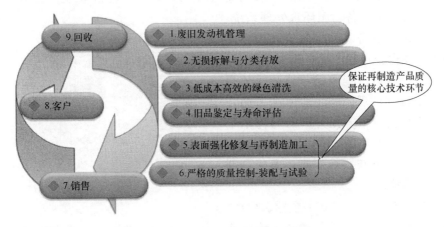

图 13-10 发动机再制造流程图

2. 攻克技术难关，提高再制造能力

在再制造发展中积极转变经济增长方式，利用产学研成果逐步实现再制造行业由劳动密集型向技术密集型的转变。积极优化产业布局，调整产业结构，实现再制造由粗放生产、低效耗能向资源节约、节能节材、高效环保结构转变，逐渐将再制造行业培育成新的经济增长点，更好地提高企业抵御风险的能力。提高再制造能力管理模型如图 13-11 所示。

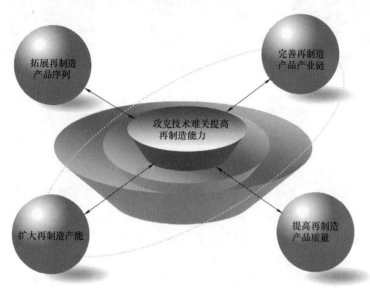

图 13-11　提高再制造能力管理模型图

3. 实施产业升级，提升节能环保水平

针对发动机再制造过程中拆解、清洗和修复过程产生的废液、废气和噪声污染，采用先进技术进行治理，使再制造的全过程实现绿色清洁生产。引进了绿色清洗处理设备、循环水处理系统、自动化试验设备等一批先进的技术及设备，使得公司的产能扩大一倍以上，发动机再制造过程中的节能减排效果进一步得到体现，极大地促进了循环经济工作的开展。提升节能环保水平管理模型如图 13-12 所示。

4. 主动参与国标制定，净化再制造产业环境

自下而上逐步建立了企标、行标、国标三维整合的标准化模式。该模式

图 13-12　提升节能环保水平管理模型图

主要面向全寿命周期的再制造标准、多层再制造产业链标准、再制造共性基础标准和关键技术标准、标准化工作模式及运行管理四个方面进行标准化研究，为管理和生产提供标准依据。其核心是以下两点。

（1）再制造工程设计标准化 主要包括再制造工艺过程设计，工艺装备、设施和车间设计，再制造技术经济分析，再制造组织管理等内容。其中，再制造工艺过程设计是关键，根据再制造对象的运行环境状况，提出技术要求，选择合适的工艺手段和材料，编制合理的再制造工艺，提出再制造产品的质量检测标准等。

（2）再制造工程关键技术标准化 绿色再制造工程需要通过各种高新技术来实现。这些再制造技术都是吸取最新科学技术成果的关键的产物，如表面工程技术、微纳米涂层技术、修复热处理技术、再制造毛坯快速成形技术及退役产品的性能升级技术等。将它们分门别类进行可操作性、可复制性的归纳和总结，形成统一的普适性的标准进行知识产权共享，并在标准化过程中进行反复论证和改良升级。

5. 校企联合，培育再制造人才队伍

在这种"政府政策扶持、社会广泛参与、学校教育培养、企业岗位培训、个人岗位提高"的培养方式带动下，复强动力公司成为国家循环经济教育示范基地、山东省科普教育基地、原兰州军区装备部再制造发动机技术培训生产基地，并拥有了一支勇于创新、顽强拼搏、团结奋进、充满活力的年轻团队。高层管理人员在国内外不断接受管理新观念、新方法的培训，成为业内管理专家；企业再制造管理骨干通过不断地接受相关专业培训，成为公司发展的中流砥柱。

打造"三位一体"的员工队伍，一线员工必须同时具备三项基本技能，即会操作、会检验、会设备维修，员工只有在这三项技能不断提升的前提下才能获得职位晋升。在操作技能上，要求操作工不仅会操作本工位的设备或从事本岗位的生产，还必须会操作其他设备或从事其他岗位的生产，成为多能工；在检验技能上要求操作工不光具备对本岗位的加工工序的检验能力，还必须掌握必要的检验技能，能承担其他工序的检验工作；在维修技能上，要求一线员工不仅要会维修自己的设备，还要会维修本团队其他设备，而设备维修技能是员工向高岗位晋升的主要依据。这一切都需要通过员工的不断学习才能实现，是员工渴望学习的动力所在。

13.3 航空装备再制造（中国人民解放军第五七一九工厂）

13.3.1 企业再制造业务简介

中国人民解放军第五七一九工厂始建于1976年，主要从事航空发动机整机维修及关键零部件再制造、零备件制造业务。建厂 40 余年来，已为国内外用户维修各型发动机近 14000 台，是国家机电产品再制造试点单位。

针对热端部件、冷端部件和燃油、润滑油附件的典型服役损伤，掌握了一系列包括高压水射流与氟离子清洗前处理、组织性能恢复热处理、激光增材修复、微弧等离子增材修复、粉末冶金钎焊、自适应数控加工、高温保护涂层去除与制备、纳米复合电刷镀等再制造关键技术，实现了压气机转子叶片、压气机定子叶片、环形燃烧室、燃油喷嘴、高压涡轮导向叶片、高压涡轮转子叶片、低压涡轮导向叶片、低压涡轮转子叶片、尾喷口等关键重要零部件的再制造，有效解决了现役主战飞机发动机维修保障过程中的备件采购难题，有效保证了航空装备的维修周期和装备完好率。再制造产品主要包括军用航空发动机、民用航空发动机、重型燃气轮机、航改燃型燃气轮机和轻型燃气轮机零部件。

13.3.2　技术水平和经济、社会效益

自 20 世纪 90 年代以来，开展了航空发动机热端部件再制造的有益探索并初见成效。发动机再制造零部件位置示意如图 13-13 所示。针对热端部件典型残损故障，从材料、工艺和设备等全方位开展了热端部件再制造技术应用研发，独创了具有我军特色的等轴/定向凝固涡轮转子叶片激光增材修复、等轴/定向凝固涡轮导向叶片粉末冶金、等轴/定向凝固涡轮转子叶片恢复热处理等热端部件再制造关键技术，构建了一套从技术研发、验证、修理极限定义到认证审批、生产质量管理的再制造产业化体系和机制，为发动机寿命延长提供了工艺和技术支撑，现已累计实现 5 万余件损伤报废零部件的再制造，再制造产值累计达 7 亿元，创造了巨大的军事效益、经济效益和社会效益。工厂申报的"军用航空发动机零部件再制造技术及其应用"项目先后荣获军队科技进步一等奖和国家科学技术进步二等奖，"航空发动机叶片复杂损伤的增材制造技术研究及应用"项目先后荣获四川省科技进步一等奖和军队科技进步一等奖。

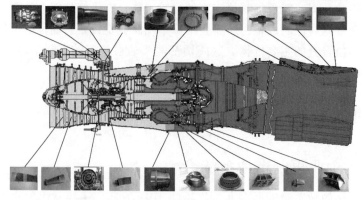

图 13-13　发动机再制造零部件位置示意图

13.3.3 经验总结

1. 技术创新

工厂坚持走自主创新之路,紧跟新装备发展步伐,实现了从承修涡喷发动机到涡扇发动机,从维修一代机、二代机、三代机到多型跨代全寿命全型号同时并线修理的历史性跨越。在技术创新方面采取了以下四点举措:

1)对工厂技术系统进行资源整合,创新技术研发的模式机制,坚持"以研强修、以研兴造、以研促改、以研带教"的科技创新观,准确定位走"修、造、研、改、教"的发展道路,围绕航空发动机维修及再制造的核心主业,制定自主创新跨越发展战略。

2)从零部件故障机理及失效模式入手,摸清航空发动机各寿命阶段技术状态,建立专业门类齐全的特种工艺技术,为航空发动机修理制造提供特种工艺的系统解决方案;建立从航空发动机分解、故障诊断、深度修理到综合集成及整机联调联试的逆向工程体系。

3)以三代机发动机修理技术为基础,转变修理模式,通过引进消化吸收再创新,积极开展先进技术工程化应用研究,不断探索故障件修理容差极限,突破报废零部件不能再利用的禁区,自主研发零件再制造关键技术和故障预防与再生技术,经过系统、科学的总结,建立了不同型号、不同结构、不同材料的航空发动机零部件再制造技术体系。

4)以企业为主体,以航空装备维修和军民融合发展需求为导向,构建起"政、产、学、研、用"五位一体协同创新机制。开展"跟研、跟制、跟学"、梳理故障模式和将数据经验反馈研制单位等形式,推动修理环节向研制"前伸",确保新装备维修保障能力与作战能力同步生成;与院校院所成立联合实验室,开展课题攻关,有效地将科技成果转化为现实生产力。

2. 管理创新

(1)专业拉动、系统联动的资源管理　航空发动机结构复杂,零件繁多,不同部位零部件的服役环境、故障模式和机理有很大差异。航空发动机关键零部件再制造的研发和生产需耗费大量的人力、物资、财务和信息等资源,更需要系统化、科学化的专业管理模式。

传统的再制造资源管理主要面向大批量的单一作业,资源管理方法单一,当面对小批量、多品种的航空发动机再制造生产方式时,传统的再制造资源管理将很容易发生信息紊乱,造成产品履历不清、生产滞后、生产效率低下的问题。为使再制造资源管理更具针对性和全局性,必须采用"专业拉动、系统联动"的资源共享模式(图13-14),优化人员、物资、财务和信息等资源的整合方式,提高航空发动机关键零部件再制造生产综合效益。

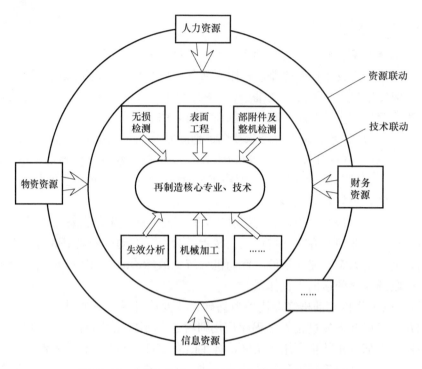

图 13-14 "专业拉动、系统联动"的资源共享模式

所谓"专业拉动、系统联动"的资源共享模式，即在对航空发动机维修系统资源整体规划分析的基础上，以修复和再制造技术研发和生产（焊接及增材制造、恢复热处理、高性能涂层等）为牵引，强有力地拉动整个修复及再制造技术研发和生产作业过程所需的设计、制造、模拟仿真、考核验证等专业技术的综合发展，促使所需人力资源、财务资源、信息资源、物资（设备、备件等）等合理整合，使整个系统产生联动效应，以充分发挥资源的利用效率，达到较优资源共享效果。

（2）逆向作业和逆向物流的生产作业管理 相对于产品从制造商流向用户的正向物流而言，航空发动机零部件再制造中的逆向物流是指在旧的航空发动机送到维修基地，将零部件进行修复和再制造，然后重新装配至发动机上再流转至用户的过程。在逆向物流的过程中，往往包含了失效或报废零部件经论证分析，进行修复和再制造加工活动并装机使用的逆向作业过程。

修复和再制造的生产作业管理本质是逆向作业和逆向物流的管理过程，是以故障检修为中心，以信息化为手段，以技术状态和寿命管理为核心。以故障检修为中心的修复和再制造修理模式拓展了航空发动机的全寿命期，管理模式的核心为故障检修，它可促使形成故障数据库，作为整个逆向作业和逆向物流

(逆向作业伴随逆向物流）的基础支撑；由于逆向作业与正向作业、逆向物流与正向物流交汇进行，使得技术状态管理较为复杂，所以技术状态标示、控制、纪实和审核工作必须与逆向作业保持同步，才能保证修复和再制造技术状态的逐步实现；在全寿命期理论的指导下，技术状态的实现需依靠信息化管控以实现技术文件更改过程记录、零件作业过程计划和监控等，从而实现关键零部件修复和再制造全寿命期的产品技术状态、工时定额、物料消耗和准备的可控、可查、可溯；而这些信息统一经采集进入数据库后，又为实现航空发动机的全寿命期管理奠定了基础。

在整个修复和再制造过程中，以拉动上工序、主抓本工序和推动下工序为生产原则，充分发挥人员管理、进度管控、设备监测、检验体制、质量记录、任务统计、劳动定额等管理要素的作用，实现对零件的技术状态、全寿命期管理。

（3）以故障检修为中心的再制造逆向作业管理　一般维修过程中，失效或报废的关键零部件进行正向作业（"分解"到"故障检修"再至"报废"），而修复和再制造生产过程是逆向作业，即失效或报废零部件经论证分析，然后进行修复和再制造加工活动并装机使用。图13-15所示为航空发动机修复和再制造生产过程，由图可以看出，修复和再制造逆向作业的中心在于故检，经过故障模式判定而制定维修工卡，而后进行修理、检验等作业内容。

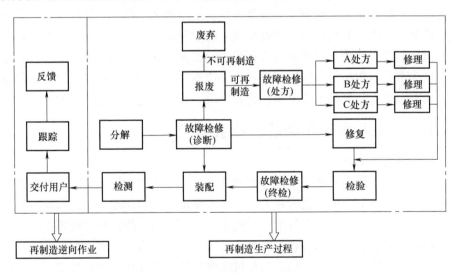

图13-15　航空发动机修复和再制造生产过程

注："处方"指根据不同缺陷对零部件制定个性化修理工卡。

故检作为修复和再制造逆向作业体系的中心，必须赋予其更多的职责。不仅包括对故障件的检查和诊断，针对故障下发工卡并对修复后产品进行最终确认，还需提出修复和再制造过程中的备件需求，对质量记录进行审核，对故障信息进行记录和统计，提出预防控制措施。故检人员应由现场经验丰富的技师担任。故检人员职责明确后将减少质量检验员的数量，减少检验环节。

航空发动机关键零部件再制造技术经过研发后在批量生产中应用时需要由点及面地普及，生产管理工作有计划、有步骤、分阶段地实施。"点"就是选取一项产品作为试点，积累生产经验、完善管理制度、固化预防措施，形成生产体系。"面"就是将"点"的生产经验、管理制度、应对措施应用到修复和再制造的各个"点"，由各"点"连接形成"面"，形成逆向维修作业体系。修复和再制造生产车间首先应选取某型发动机的零部件修复作为试点，要求该型机为主要机型、零部件为关键件，代表性强。通过这样的开展方式，使得以故障检修为中心的修复和再制造逆向作业模式逐步进行。

13.4　机床再制造（重庆机床集团）

13.4.1　企业再制造业务简介

重庆机床（集团）有限责任公司专业制造齿轮加工机床，产品涵盖齿轮加工机床、车床、齿轮刀具、汽车零部件、专用机床、精密螺杆、精密铸件、采棉机及采棉服务、智能制造装备等板块，广泛服务于汽车、摩托车、工程机械、能源、船舶、光伏产业、农业机械等行业领域。重庆机床集团充分利用企业在机床制造以及机床再制造等方面积累的经验，建立了机床再制造产业化基地，已为重庆秋田齿轮有限责任公司、重庆新兴齿轮有限责任公司、一汽伊顿变速箱有限责任公司等数十家客户企业完成了数百台退役机床的再制造。

13.4.2　技术水平和经济、社会效益

1. 总体技术水平

重庆机床集团与重庆大学等单位依托"十一五"、"十二五"国家科技支撑计划课题等项目，联合技术攻关，研究开发出废旧机床综合测试与再制造方案设计及评价技术、环境友好型改进技术、机床零部件绿色修复处理技术、节能化提升技术、信息化提升技术等机床再制造关键技术，并集成数控化技术等常用技术，形成了一套创新的实用化机床再制造与综合提升成套技术。采用该成套技术，可将现有废旧机床和技术落后机床再制造成比原新机床功能还强、性能指标更优并且节能减排、绿色环保的新一代机床，实现资源循环利用和已有机床装备性能跨越式提升。重庆机床集团实施机床再制造的主要特点：充分利用机床的主体、基座、铸造大件等零部件，资源循环利用率可达80%以上，

比制造新机床节能 80% 以上，节能降耗减排效果明显；机床再制造强调实现规模化、批量化生产，机床整体性能的提升，实现数控化、绿色化、节能性、信息化等功能性提升，可保证再制造机床性能达到或超过原新机床的设计标准。

经过多年的机床再制造实践统计：机床的床身、立柱、工作台、箱体等铸造件可经过简单机械加工后直接重用，这类零件约 70% 以上可直接应用；主轴、导轨、蜗杆蜗轮副等要采用表面工程、机械加工修复方法相结合进行再制造后重用，这类零件可再制造率一般达 80% 以上；紧固件、滚动轴承、密封件、液气压系统及冷却润滑系统零部件、电气元件等易损件或淘汰件挪作他用或者进行资源化重用。

2. 应用案例

某公司以加工各类齿轮为主，拥有各类机床上千台。但经过多年的发展，某齿轮粗加工车间存在的大量老旧机床由于役龄较长，已不能满足产品加工要求。重庆机床集团提出一种基于再制造的齿轮加工车间机床设备升级解决方案，对该车间数十台包括滚齿机、车床在内的机床进行了再制造与升级，并补充部分新机床，完成齿轮加工生产线的性能升级，低成本地满足了企业产品升级换代的要求。其中，重庆机床集团对该公司的 YX3120 系列高效滚齿机实施了性能恢复与再制造，下面主要以该系列机床再制造为例进行说明。

YX3120 系列滚齿机是齿轮粗加工车间的主要设备，经过多年的使用，工作精度下降，其中有的机床由于精度丧失严重已闲置。如果采用购置新设备来恢复车间加工能力，企业资金难以承担，故选用机床再制造实现 YX3120 系列滚齿机的精度恢复与升级。

YX3120 系列滚齿机主要由床身、大立柱、进给箱、滑板、液压系统、排屑及冷却系统、护罩、刀架、工作台、小立柱、电气系统等几部分组成。通过拆卸、清洗、检测与分类等过程后，对滚齿机机械部分进行修复与再加工，对电气、液压、冷却等系统实施更换升级，并补充部分替换零部件，恢复机床精度至原出厂标准，达到客户的要求。

YX3120 滚齿机零部件的拆卸顺序：①拆卸有关电器线路和控制装置；②拆卸机床附件；③拆卸冷却装置及油管；④拆卸小立柱；⑤卸下进给箱；⑥卸下滚刀箱及刀架滑板；⑦拆卸大立柱组件；⑧卸下工作台部件；⑨卸下主电动机。

经过拆卸、清洗之后，分析 YX3120 滚齿机各个零部件的损失、精度丧失情况，制定再制造工艺方案。表 13-4 为 YX3120 滚齿机各零部件的再制造工艺方法及流程。

表 13-4　YX3120滚齿机各零部件再制造工艺过程

零部件名称	再制造工艺方法及流程	再制造过程图
床身	床身一般可直接重用 床身导轨由于使用时间较长，容易造成磨损。修复过程：导轨面重新加工（磨削或者精刨）→刮花。刮花的好处有两点，一是增大导轨面的实际接触面积；二是在刮花的凹坑处可以存储少量的润滑油，减少运动接触面的摩擦力	
工作台组件	工作台及工作台壳体导轨副通常采用对刮来修整 分度蜗轮副的修复方法很多，有滚剃修复法、自由珩磨、强迫珩磨、变制动力矩珩磨等 先修复蜗轮（精滚、剃修复齿形精度），再修相配蜗杆（与修复后的蜗轮配）	
大立柱组件	修复及更换大立柱各部弧锥齿轮、轴承、铜套、丝杆、螺母、蜗轮、蜗杆等，调整各部间隙，达到工艺要求	
小立柱组件	修复及更换小立柱各部易损件及配刮支架与导轨的结合面达到工艺要求	

（续）

零部件名称	再制造工艺方法及流程	再制造过程图
刀架组件	流程：拆卸→清洗→部分零件再加工→重用件与更换件进行再装配，并进行精度恢复 修复及更换滚刀箱主轴、轴瓦及各部轴承、铜套、弧锥齿轮等；刀架壳体等箱体类可直接重用。配刮主轴与轴瓦的接触及配装达到工艺要求	
电气及液压系统	修复及更换电器系统并重新布线 改变原有机床液压系统结构，修复及更换液压系统各零部件，确保各部油路畅通，无渗漏现象	

在对各个零部件修复与再加工后，调整各个零部件的间隙，配刮各零部件结合面，按图样和再装配工艺规程进行装配，恢复整机精度，图 13-16 所示为再装配过程中的 YX3120 滚齿机。

图 13-16　再装配过程的 YX3120 滚齿机

装配到再制造机床上的零部件（包括再制造零部件、更新件）均应符合质量要求。再制造机床要按照新机床出厂标准进行检验与验收，主要包括：①外观检验；②附件和工具的检验；③参数检验；④再制造机床的空运转试验；⑤再制造机床的负荷试验；⑥再制造机床的精度检验；⑦加工和装配质量检验；⑧其他。

3. 经济与社会效益

机床再制造经济及社会效益明显，下面结合 YX3120 滚齿机再制造对机床再制造效益进行分析。

1）YX3120 滚齿机的床身、大立柱箱体、小立柱箱体、工作台箱体等铸件部件及其他附加值较高的零部件得到了重用，资源循环利用率按重量计达 80% 以上，比制造新机床节能 80% 以上，并减少大量环境排放（表 13-5 为蜗轮再制造与新制造的对比情况），而且由于机床的机械部分具有耐久性，性能稳定，特别是床身、立柱等铸件，时效越长，性能越好，再制造后的机床性能更加稳定，可靠性更好。

表 13-5 蜗轮再制造与新制造对比

指标	生产工序步数	加工时间/h	材料消耗/kg	电能消耗/kW·h	成本/元
新制造	13	22.2	30	2500	3053
再制造	1	5	0	300	300

2）再制造后的滚齿机比新购机床节约成本 50% 以上，且机床性能超过原机床新品，低成本地满足了客户需求。表 13-6 所示为再制造机床精度指标与原出厂标准的对比情况，显示再制造 YX3120 完全达到了机床的出厂标准，且部分指标更优。

表 13-6 再制造机床精度指标与原出厂标准对比

检查项目		精度值	
		出厂标准允差	再制造滚齿机实测精度
工作台径向直线度		0.015	0.013
工作台周期性轴向窜动		0.005	0.005
工作精度	周节偏差 Δ_{fpt}	±0.010	±0.009
	周节累积误差 Δ_{FP}	0.040	0.036
	螺旋线斜率偏差	0.017	0.014

13.4.3 经验总结

当前，在我国产业结构调整以及制造业要做大做强的背景下，机床 OEM

商（原始设备制造商）积极探索机床再制造模式，将机床再制造产业发展作为机床制造业有力的补充。重庆机床集团在实践中逐步探索出回收型再制造、合同制再制造、置换型再制造三种机床再制造产业发展模式。

1. 回收型机床再制造模式

从二手机床市场购买回收老旧、退役机床，再制造与升级后通过市场销售给新的设备使用方，如图 13-17 所示。重庆是我国主要的老工业基地之一，企业机床装备的新度系数普遍较低，加上一些企业转产或停产等因素导致的机床设备闲置，不断有老旧机床、退役机床、闲置机床流入二手机床交易市场。重庆机床集团从二手市场回收这些老旧机床设备，采用现代先进制造技术、表面工程技术、信息技术、数控及自动化技术等高新技术进行再设计、再制造、再装配，再制造出功能及性能得到恢复和提升的新机床。由于现阶段用户对再制造机床的认识问题，该模式目前在机床再制造产业中所占比例较小，但随着再制造工作的进一步推进，以及机床再制造外部环境的改善，该模式所占比例将逐步增大。

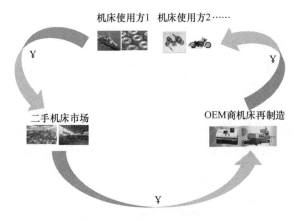

图 13-17　回收型机床再制造模式

2. 合同制机床再制造模式

与客户企业签订技术协议，低成本地为其提供一整套基于再制造的车间生产线机床设备的整体性能升级解决方案，如图 13-18 所示。重庆机床集团及下属企业为各制造企业提供的大量机床，在多年使用之后会出现精度、性能丧失严重的现象，面临着功能性淘汰；同时，随着数控及自动化等新技术的发展，已售老旧机床也面临技术性淘汰。为此，一些客户提出了机床再制造需求，希望通过再制造对老旧机床装备的能力进行综合提升。为提高客户的品牌忠诚度，重庆机床集团积极响应企业的再制造需求。与客户企业签订合同和技术协议，按照客户要求，为其提供车间生产线机床设备的批量再制造服务，既包括对重庆机床集团生产的老旧机床的再制造，也包括对其他品牌老旧机床的再制造。

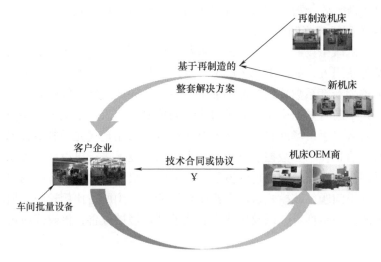

图 13-18　合同制机床再制造模式

3. 置换型机床再制造模式

目前，各制造企业大量存在的老旧机床仍在服役，但精度、性能丧失现象严重，影响零部件加工质量，但购置新设备需要一大笔资金。针对这种问题，可采用"以旧换再"的机床置换模式，由客户将老旧机床折价给机床 OEM 商，机床 OEM 商用再制造新机床进行置换，如图 13-19 所示。这种模式不仅可节省企业设备购置资金，而且不影响企业的生产，可避免停产损失。

图 13-19　置换型机床再制造模式

13.5 矿山装备再制造（山东能源重型装备制造集团有限责任公司）

13.5.1 企业再制造业务简介

山东能源重型装备制造集团有限责任公司是机械产品再制造国家工程研究中心建设单位。主要产品有各种煤机产品及再制造产品，主要包括采煤机、刮板输送机、液压支架、单轨吊、掘进机、转载机、破碎机、电动机、减速机、乳化液泵等矿山机械设备及其零部件（如液压支架立柱、刮板输送机中部槽、导向滑靴、电机轴、内齿圈等，如图13-20～图13-25所示）。其中，液压支架立柱、刮板输送机中部槽、导向滑靴、电机轴、内齿圈等再制造产品于2013年获得了工信部再制造产品认定。已从再制造煤机零部件向整机及成套装备再制造延伸。2015年，实现了千万吨综采工作面成套装备的再制造。拥有各种激光熔覆、热喷涂、自动化堆焊系统等再制造关键装备200余台套，具备年再制造各种废旧矿采机械装备整机及零部件10万t的能力。

图13-20 再制造液压支架立柱

图13-21 再制造刮板输送机中部槽

图 13-22　再制造刮板

图 13-23　再制造滑靴与行星轮架

图 13-24　再制造导向滑靴　　　图 13-25　国内首台套千万吨工作面再制造装备

13.5.2　技术水平和经济、社会效益

1. 技术现状

经过技术探索与实践，针对制约矿山采煤机械设备典型零部件再制造质量和再制造率提升的瓶颈问题，探索再制造关键技术，形成了矿山机械典型零部件再制造关键技术体系。典型废旧采煤机械零部件再制造工艺流程如图 13-26 所示。

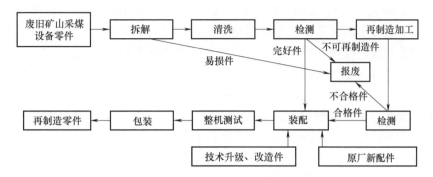

图 13-26 典型废旧采煤机械零部件再制造工艺流程

（1）无损拆解技术　传统拆解方案缺乏科学分析和综合评价，盲目性和随意性大，造成拆解过程耗时、耗能、耗力，效果不佳。公司根据拆解对象的设计图样及装配工艺，利用相对应的拆解工具和拆解方法，达到无损、高效、节能的目的。刮板输送机链轮轴组拆解及装配工艺如图 13-27 所示。

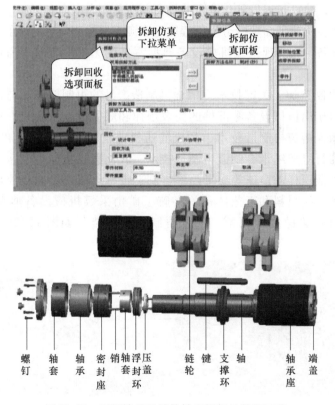

图 13-27　刮板输送机链轮轴组拆解及装配工艺

(2) 绿色清洗技术　围绕采煤机械设备零部件再制造产品的拆解清洗问题,基于表面不同污染物类型及其吸附机理,研究了基于超声清洗、高压水/磨料射流清洗、微磨料喷砂清洗等绿色物理清洗技术的零件表面油污、锈蚀、固体结垢物等污染物去除方法与工艺。

设计开发了集水射流、超声清洗机及干燥系统于一体的超声清洗复合清洗装备,配制开发了新型绿色、高效超声波清洗剂,提出了"高温水射流技术粗洗+超声波精洗+超声波漂洗+鼓风烘干"的复合清洗工艺。

基于高压水射流技术,优化建立了采煤机械设备零件表面重度污染物的去除方法与工艺体系,并研发了配套设备;基于喷砂技术,开发了精密零件超细磨料射流清洗设备和工艺,使化学清洗剂的使用量降低了65%,解决了再制造绿色清洗难题。

(3) 再制造产品检测　针对废旧零部件磨损、腐蚀、接触疲劳等表面失效和寿命评估问题,研究了典型零件磨损、变形、应力变化的检测方法和典型失效零件性能检测模式和失效评估方法。研发了废旧采煤机械设备典型零件无损检测技术,建立了退役乳化液泵曲轴再制造前剩余寿命和再制造后服役寿命的评估体系,构建了曲轴疲劳损伤程度与多源无损检测信息的映射关系,并研发了配套设备,为实现采煤机械设备典型零件的无损检测与寿命评估奠定了基础。

(4) 再制造加工关键技术　围绕再制造产品的再制造成形与加工关键技术,通过对矿山机械设备零部件的失效规律和服役特点的研究,形成了液压支架立柱激光熔覆再制造技术、刮板输送机链轮轴等离子熔覆再制造技术、行星减速器行星架纳米电刷镀再制造技术、乳化液泵曲轴超声速火焰喷涂再制造技术和液压杆超声速等离子喷涂再制造技术等系列再制造控形控性技术群,开发了专用材料和工艺体系,突破了矿山采煤机械设备典型零部件再制造成形加工关键技术瓶颈。各种再制造工艺装备如图13-28~图13-31所示。

图13-28　激光熔覆机床

图 13-29　电刷镀再制造链轮工艺装备

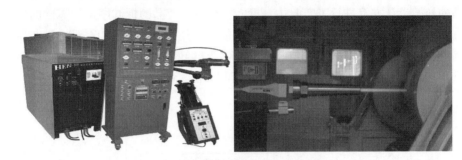

图 13-30　热喷涂再制造工艺装备

图 13-31　刮板输送机链轮 3D 打印再制造工艺

"煤矿综采成套装备绿色再制造关键技术及产业化"项目获 2017 年度山东省科技进步二等奖；"基于激光高能束效应的先进表面制造技术及其应用"项目获 2015 年度上海市科技进步一等奖；"车辆发动机高附加值零部件再制造技术及产业化应用"项目获 2017 年度中国循环经济协会科学技术奖一等奖；"煤矿刮板输送机绿色设计与再制造一体化技术研究及应用"项目获 2017 年泰安市科学技术一等奖。

2. 经济、社会效益

公司自 2008 年从事矿采机械装备再制造产业以来，年再制造产业销售额均保持30%以上的速度增长，2017年公司再制造产值达到7.3亿元。

再制造具有节能、减排、资源利用等良好社会效益，公司近年来积极从事并扩展矿山机械装备再制造业务，新增就业520余人。再制造不仅为矿方节约了大批维修资金，更为国家倡导建设的资源节约型及环境友好型社会贡献了应有的力量。

13.5.3 经验总结

1. 技术创新

（1）面向再制造的产品无损拆解和绿色清洁预处理技术与工艺　基于产品的初始设计方案进行了实验仿真拆卸，记录了产品的拆卸序列、零件的连接方式和拆卸方法，分析了产品的拆卸性能，运用可拓学及TRIZ理论对产品拆卸特性进行了优化，最终实现了对再制造拆卸设计方案的优化。可拓学与TRIZ相结合的产品再制造拆卸性优化流程如图13-32所示。

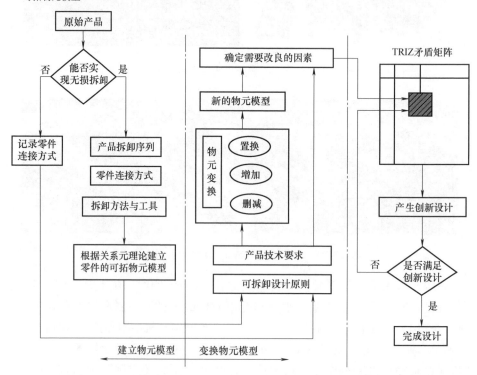

图13-32　可拓学与TRIZ相结合的再制造产品拆卸性优化流程

（2）废旧采煤机械的典型零部件再制造技术与装备　研发了基于激光熔覆技术、等离子喷涂技术、等离子熔覆技术、纳米复合电刷镀技术等废旧采煤机械典型零部件再制造技术与装备，提高了旧品利用率，降低了再制造成本，解决了废旧零部件再制造的共性技术问题。

（3）典型零部件无损检测与寿命评估体系和方法　针对损伤面积大、损伤程度严重的轴类零件的再制造熔覆层、堆焊层和喷涂层等各类表面涂覆层易出现裂纹和变形等问题，基于 X 射线残余应力分析仪，搭建了面向再制造的无损检测平台。以废旧乳化液泵曲轴为研究对象，研究了其再制造修复完成后，熔覆层表面的残余应力。

2. 管理创新

（1）产学研合作方式　以推动再制造新兴产业的发展为目标，坚持与先进企业、优势单位合作发展的模式，不断"走出去，请进来"，按照"产、学、研"相结合的要求，先后与装甲兵工程学院、深圳大族激光科技股份公司、清华大学等单位建立了各种形式的合资、合作关系。通过"引资、引智、引力"，整合资源，强强联合，以项目或产品为突破口，重点实现"产学研"的合作共赢。

（2）再制造设备租赁　在做好内部市场深入挖潜的同时，积极开展再制造设备的租赁业务，全力做好外部市场再制造产品销售和市场开发工作，提出了"制造-再制造-租赁"的循环产业链条模式，为保证再制造旧件来源提供了一种可以推广的模式。

（3）再制造销售服务网络建设　公司根据全国煤矿分布特点，划分了再制造产品的销售区域，建立了再制造产品的销售服务网络。

（4）再制造产品质量追溯及售后服务体系　公司建立了再制造产品的质量档案，该质量档案涵盖了再制造产品的材料、再制造工艺型号、责任人等相关的信息，实现了再制造产品质量的全程跟踪。同时，公司还建立了再制造产品消费者反映管理平台，并设热线电话一部，专职人员 2 名，全权负责再制造产品的消费者反馈。根据反馈情况，迅速落实再制造产品型号、再制造日期及再制造负责人，第一时间给予消费者答复。

13.6　冶金动力装备再制造（河北瑞兆激光再制造技术股份有限公司）

13.6.1　企业再制造业务简介

河北瑞兆激光再制造技术股份有限公司是国家第二批再制造试点单位，主要产品包括汽轮机、燃气轮机、轴流风机、压缩机、发电机、电动机等系列机电设备整机、零部件的修复和再制造。年修复、再制造能力 5 万 t 以上。

13.6.2 技术水平和经济、社会效益

拥有激光熔覆技术、激光热处理及表面强化技术、再制造无损检测评估技术和先进的机电修复和再制造技术，以及材料制备、复合焊接、热处理与机加工等综合技术。可进行高炉煤气透平膨胀机轴流压缩机、离心压缩机、汽轮机等动力设备零部件检测、再制造性评估及整机设计与再制造，拥有电动机再制造、节能改造、整机试验能力，并可对动力机电设备主、辅机及电控成套设备进行绿色改造升级。经激光修复和再制造的机电设备，合金强度高、使用寿命长，其性能甚至优于新品，同制造新品相比，可以实现节约成本50%、节能60%、节约原材料70%以上，减少二氧化碳排放量80%以上。

已累计修复再制造动力机电设备10678台套，为300家企业节约成本15亿元，节约金属资源19万t，为国家节约能源折合26万t标煤，减少二氧化碳排放量36万t。

13.6.3 经验总结

十年多来，依靠三个方面全力打造创新服务模式。

1. 科技创新增强企业发展动力

从公司创建以来，科技投入年年递增，特别是2013年实施国家再制造试点项目以来，年增速达到10%以上，累计投入科研经费3870万元。公司始终把科技创新联盟建设作为第一抓手，建立了技术研发团队，积极开展科技攻坚。先后与国内知名院校及科研院所建立起了长期稳定的科技创新联盟。依托河北省院士工作站与徐滨士院士团队和陈予恕院士团队展开深度合作，全面启动了战地修复项目和滚动轴承高速动平衡科研项目。

几年来，先后攻克了球墨铸铁焊接、转子叶片激光修复、TRT转子定位盘再制造、激光熔覆合金粉末研发等一系列技术难题，取得了技术成果38项，其中24项获得国家发明专利。与此同时，创建了省级张凯奕创新工作室，实施了全员创新工程，取得了62项革新成果、自主研发工装工具95台件、推广应用新技术、新工艺58项。

2. 商务创新增强企业市场竞争能力

在多年的实践中，积极与市场对接，全面响应客户需求，党员干部带头强化诚信营销理念，建立起了一整套全流程、循环闭合、一条龙式的机电再制造服务模式。配备了专用服务车30辆，组建了8个机电再制造专家服务队，实现了24h全天候现场服务。根据客户需求，在客户建立维保服务站，对机电设备维保检修进行驻场全托式服务。创建了"机电医院+互联网"服务模式，通过互联网进行技术咨询和商务对接。旨在整合机电设备、备件、技术人才、

大数据、服务网络等资源,形成互联互通、资源共享的服务平台,为冶金、电力、石油、化工、造纸等行业提供及时、便捷、低成本、高质量的服务。

3. 管理创新提升企业现代化管理水平

形成了一套"来源可查、去向可追、责任可究"的质量可追溯体系,对整个再制造流程进行事先、过程、事后控制,使产品质量得到有效保障。全面实施"瑞兆101服务"做出了三不承诺,即:为客户服务不计路途远近、不计费用多少,不计是否在保修期内,保证全天候、第一时间提供安全快捷优质服务。在生产管理方面,全力打造绿色工厂,实现了生产用水全循环和净化处理。

13.7 办公用品再制造(珠海天威飞马打印耗材有限公司)

13.7.1 企业再制造业务简介

珠海天威飞马打印耗材有限公司(以下简称天威)主要生产与原装打印机配套的色带、墨盒、激光碳粉盒等通用耗材,及3D打印设备和耗材,形成了集色带、喷墨、激光打印耗材再制造,零部件及3D打印研发、生产为一体,专业化、全门类、高集成的大型耗材生产基地,涵盖耗材领域9大类过万款品种。

13.7.2 技术水平和经济、社会效益

1. 打印耗材再制造技术

围绕制约打印耗材再制造产业绿色发展的特种材料、关键技术和核心工艺装备瓶颈,天威开展了一系列创新研究,弥补产业和技术空白、打破尖端技术垄断,提高绿色化水平。耗材再制造关键技术的创新突破主要包括:

(1)充电辊(PCR)再生关键技术——重涂 公司每年回收的废旧粉盒达200万之多,一个粉盒一根PCR。这200万根PCR有40%可再制造使用。该重涂技术主要工艺流程为:将旧PCR除油→去除旧PCR的防护层→外观检验→外径检验→圆跳动度检验→电阻测试分类→清洗→表面活化处理→加新防护套管→切边→收口→成品检验→成品包装。同时开发了回收充电辊(PCR)自动清洗设备,如图13-33所示。

通过对充电辊(PCR)的再生技术,其利用率提高到目前的74.4%。天威重涂的PCR品质已经通过了测试,并且在车间的使用合格率达到95%以上。

(2)磁辊(MR)再制造关键技术 磁辊是激光打印机重要配件之一,磁辊通常由带有涂层铝套、插置在其内的磁芯和紧配在磁套端的导电支架和两端塑胶隔套组成。磁辊再制造主要工艺路线如图13-34所示。磁辊表面导电涂液喷涂专用设备如图13-35所示。

图 13-33 回收充电辊（PCR）自动清洗设备

图 13-34 磁辊再制造主要工艺路线

磨削铝管的加工精度控制、磁辊（MR）表面粗糙度控制技术、导电涂液的配方研制是磁辊再制造的关键技术。从环境效益来看，通过对回收 MR 进行喷砂处理，利用率提高 40%，这意味着减少 40% 的 MR 报废，从而减少对环境的污染。

（3）刮刀修复技术　刮刀由金属刀架和 PU 膜片制成，它在鼓粉盒打印运转过程中清洁感光鼓表面残余的碳粉，此性能直接影响打印质量，PU 膜片在使用中会出现不同程度的损坏，若直接废弃，刮刀金属刀架又未能达到其寿命终结期。将鼓粉盒回收拆分出来的刮刀进行分拣选出可修复品，通过烘烤去除表面的 PU 膜片，对于生锈的回收铁架再做防锈处理，最终将分切的新膜片点胶固化在刀架上。

图 13-35　磁辊表面导电涂液喷涂专用设备

（4）出粉刀修复技术　出粉刀与刮刀结构类似，都是由金属刀架和 PU 膜片制成，它在鼓粉盒打印运转过程中控制上粉量和碳粉的带电量，此性能直接影响打印质量。其修复技术与刮刀修复技术相同，都是更换新胶片到原有的刀架上。选择合适的胶片是保证产品品质的关键。

（5）感光鼓转换技术　OPC 是碳粉盒的核心部件，OPC 由表面光导体材料涂层和铝管组成。目前市场主流产品的感光鼓铝管的直径基本上只有 $\phi 24mm$ 和 $\phi 30mm$ 两种，外观差异主要在铝管的长度和齿轮及支架不同。利用 PDT-2000LA 感光鼓检测系统对直径相同的 OPC 的光电性能进行对比，让不同品种的铝管换上相应的齿轮和支架后，应用在其他品种的激光碳粉盒上，使不同品种的感光鼓之间可以相互转换。

（6）废碳粉回收再生技术　废碳粉回收利用技术是通过特殊的工艺制造方法，利用废弃碳粉作为原料，与特制的功能高分子材料一起加工生产出符合市场要求、质量完全能够达到 OEM 技术标准的环保再生碳粉。

废旧碳粉的回收、再生循环利用属于技术要求较高的工作，需专业的人员处理废旧碳粉。碳粉再生循环利用的技术难点是废碳粉的分级。废碳粉中除了有未用的成品颗粒碳粉外，还有纤维纸屑、SiO_2、灰尘及各种杂物。国际同行普遍研究的将废碳粉过筛的方法，虽然可以得到未用的成品碳粉颗粒，但无法保证碳粉带电量的均匀，考虑到粉末颗粒不均匀，需要重新分级，因此项目组创造性地采用将过筛后的粉作为原料，重新造粒分级，形成了一套生产工艺流程：回收旧粉盒中的废碳粉→初筛→精选→成分检测→再生混合→熔融挤出→

冷却初粉碎→微粉碎分级→表面处理→过筛→成品检测→包装入库。通过如图 13-36 所示关键技术，碳粉再生循环利用率达到 91.14%。

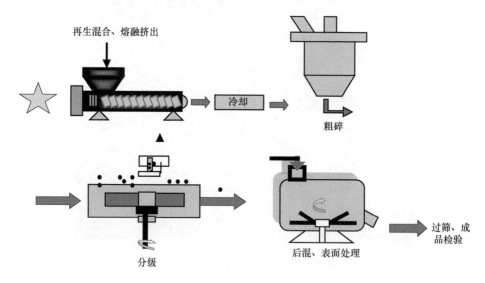

图 13-36　碳粉再生关键工艺过程

（7）再生喷墨盒技术　对用户使用后的墨盒，通过各类仪器设备，经分拣、清洁、功能恢复、点胶、重注墨水、测试等先进技术处理，保证产品质量。其再制造过程关键技术为喷墨再生打印头真空灌装技术，该技术主要对回收打印头进行负压处理，排除打印头内气体，自动控制装置可控制再生打印头真空度，以及通过水位仪精确控制墨水填充量，使墨水自动注入再生打印头内。

喷墨再生产品的改进工艺包括墨水除气工艺、热风烘棉工艺、负压烘棉工艺、负压清洗工艺、整体溶解墨垢工艺等。

该技术的回收再生产合格率可由初期的 20%~30% 提高到 90% 以上。整个技术无二次污染。该技术适用于 HP、Lexmark、Canon、Epson、Samsung、Xerox 等品牌打印机用墨盒，再制造的主要零件包括墨盒芯片、打印头、回收盒等。

2. 面向再制造的智能芯片技术

由于 OEM 原装的专利封锁，以往回收鼓粉盒中的芯片大部分只能丢弃，造成很大的资源浪费。通过研制开发打印耗材智能芯片，以适用多种打印机耗材产品，实现与打印机主体的识别通信，存储打印机需要的信息数据。从而达到芯片升级方便，维护简单，具有运算快速、功耗较低的要求。重点技术包括打印机与芯片通信协议的研究、通信数据的结构研究、算法的校验与实现、密码推算或逆向提取、实现高速运算和超低功耗之间的平衡、规避 OEM 在专利和版权上的保护要点。

3. 再制造关键工艺设备

通过对激光鼓粉盒再制造产品关键零部件的特性检测来保证、提高回收产品的合格率，如对充电辊、磁辊、显影辊介电松弛检测，感光鼓光敏特性的检测，感光鼓的接受电荷能力和暗衰特性的检测，感光鼓的涂层厚度的检测，碳粉带电量和粒径分布测试，碳粉流动性及软化点测试，清洁刮刀和出粉刀弹力测试等。

1）刮刀缺口自动检测工艺：刮刀缺口会引起打印黑条，此类缺陷出现频率较高，为避免出现这种缺陷，自主创新设计制作自动检测工装，通过电脑自动检测判定缺陷，给出合格或不合格信号。公司自主开发完成刮刀缺口自动检测仪，如图13-37所示，其利用视觉传感原理，采用高分辨率、高摄像速度和高数据处理速度的CCD工业相机，代替人眼进行检测，使刮刀检测的合格率提高近20%，检测准确率达到99.9%。

开发了专门的刮刀弹力测试仪，如图13-38所示，采用电子定位系统、高精度弹力测试仪，对回收刮刀弹力进行检测，检测精度达到±0.01N。

图13-37 刮刀缺口自动检测仪　　　　图13-38 刮刀弹力测试仪

2）感光鼓/充电测试工艺：电荷接受水平、涂层厚度、暗衰特性、充电电位、曝光度、残余电位等特性对感光鼓的品质好坏起决定性作用，为对感光鼓进行高效检测，引进感光鼓/充电测试系统，如图13-39所示，该系统可通过各测试设备参数的设置实现对以上各特性的检测。

图13-39　PDT-2000LA感光鼓检测系统

3）无纸打印测试技术：碳粉盒感光鼓、充电辊、磁辊、刮刀、碳粉等关键零部件在研发过程中需要进行寿命测试，以确定是否能满足激光碳粉盒的打印页数要求，这是再生碳粉盒关键指标之一。原始的方法是直接利用打印机，打印测试页，此举消耗了大量的纸张，与提倡绿色环保的今天，尤其是再生企业的理念背道而驰。公司自主研发了无纸打印机，如图13-40所示，可将激光碳粉盒感光鼓上打印的碳粉转印到一个循环机构上，通过自动清洁系统后，可周而复始地打印，而不再需要打印纸。

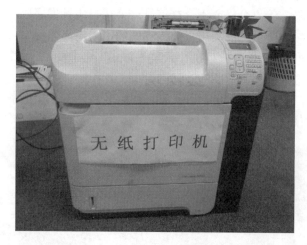

图 13-40　无纸打印机

4）打印耗材绿色清洗与无损拆解工艺：自主研发的回收零部件全自动清洗线，如图13-41所示，从放入待清洗零件到自动烘干全过程都通过程序自动控制，并通过遍布机器内部的各种传感器和控制仪器，对清洗液的浓度、清洗池的水温、烘干时间、温度、速度进行全方位实时检测控制。

图 13-41　回收零部件全自动清洗线

5）零件损伤修复的增材再制造工艺装备：以高性能聚酰胺（PA）、聚碳酸酯（PC）为原料，开展面向3D打印和工程应用的材料改性技术研究；研究基于熔融沉积成形（FDM）原理的连续纤维3D打印方法，研发高性能聚合物专用打印设备。已研制出18款机型及配套3D耗材，如FDM桌面型工业级全系列3D打印机11款，数字光投影（DLP）3D打印机3款及金属3D打印机等，可用于打印耗材零件损伤修复的增材再制造。

13.7.3 经验总结

1. 注重管理创新能力建设

天威从21世纪初期开始启动信息化建设工程，逐步形成天威在产品高端化、研发设计知识化、生产过程智能化、全生命周期绿色化、制造服务化和企业数字化等方面的信息化建设。

在发展过程中，不断引入TQM（全面质量管理）、TPM（全员生产性保全活动）、PDM（设计控制管理）系统、ERP（企业资源计划）系统、六西格玛等管理工具，大力提倡技术革新和开发，保证创新的实现及产业化。公司通过对TQM、六西格玛等管理工具的深入运用，各类QC小组和合理化建议小组取得空前成绩，多次荣获"南粤之星"和"国优QC小组"等奖项。通过PDM管理系统及SAP R/3系统来整合资源，以"标准化、信息化、系统化、专业化"的管理提升了公司综合实力。

2. 注重专业科研队伍建设

天威形成了一支专业与年龄结构合理、精干的科研队伍，共513人，其中研发人员有288人，占职工总数的12.8%；国内知名打印耗材专家20余名；高级职称16人，中级职称86人。

3. 保持技术创新领先

（1）在自主创新、科技攻关方面　以"自主创新"为核心竞争力，每年投入研发经费超过销售收入的3%，为实验室建设科研力量提供了充足的资金保障。截至2018年年底，申请专利总数达到2700多项，拥有专利的数量和质量位列全球通用耗材领域第一位；专利实施率达到70%以上。先后承担完成了科技部"863计划"、工信部"电子发展基金"、省第一批战略性产业技术攻关等科技项目近20项。近三年科技成果转化90余项，专利授权250件。

（2）在产学研合作方面　天威分别与国内外近20所科研机构和高校，在技术开发、共建研发机构、联合培养人才、技术咨询和服务等方面开展了合作和交流，从而实现了天威研发、储备、保护一条龙的创新和自有知识产权保护策略。

(3) 在新产品开发方面　坚持以市场为导向，以科技为手段，以效益为目标的原则，以形成具有自主知识产权的核心技术为重点，组织实施新产品开发，并取得可观的经济效益。

13.8　采油装备再制造（沧州格锐特钻头有限公司）

13.8.1　企业再制造业务简介

沧州格锐特钻头有限公司是制造与再制造兼容性企业。专业从事特种钢材和金刚石材料的加工、聚晶金刚石复合片（PDC）钻头、牙轮钻头及其他钻井工具的生产及再制造。石油钻采再制造旧件大部分回购于国内外各大油田，部分进口，年回收量10万t，旧复合片30万～40万片。再制造产量已占到生产总量的50%。

13.8.2　技术水平和经济、社会效益

(1) 核心技术和产品的自主创新方面　拥有PDC钻头三维设计和扫描测量技术，刀翼强度有限元分析技术，井底钻进过程不衡力分析、岩石力学分析技术，计算流体力学（CFD）井底流场分析技术。通过长短刀翼上大小切削齿布置方式，取心钻头增加折断通孔等机械设计与先进金属材料的筛选，形成了组合式钻头、扩孔用钻头、取心钻头、高效用组合式金刚石钻头再制造技术方案。

(2) 经济效益　对于油气勘探行业而言，尤其是石油钻井钻头、工具，虽然其本身不具备大型机械设备的复杂性和尖端技术，但却是石油开采工程成功与否的重要保证。一个井下设备的故障，可能导致数亿至数十亿的损失。因此每一个石油机械设备的技术改进，都将直接或间接地在石油开采业产生数百亿元的隐性价值。钻井工具再制造技术可直接提高钻井效率，带来巨额效益，提高资源利用率。

(3) 环境效益　开展钻头和钻井工具再制造技术升级，除了在生产制造过程中实现节能减排、高效低耗的环保效益外，绿色材料和绿色产品的开发还将直接影响与其关联的上下游实现绿色生产与再生产，其直接与间接的环境效益十分显著。

(4) 社会效益　钻头和钻井工具再制造，将实现石油机械的绿色制造，向全行业推广节能减排、高效低耗、生态环保的发展理念和绿色管理理念，促进当地产业的绿色化升级，具有显著的示范效应。

13.8.3 经验总结

1. 技术创新

将再制造技术引进石油钻头及工具绿色制造领域。利用激光熔覆再制造技术、数控加工技术建立自动发现待修复区域、自动计算和规划修复路径，完成钻头修复的自动化生产单元。突破现有技术瓶颈，在技术指标上达到国际先进水平。

（1）废旧钻井工具典型零部件和钻头再制造技术　开展了高硬碳化钨合金钻头胎体的激光熔覆再制造修复技术与工艺研究。包含激光熔覆碳化钨合金材料特性研究，PDC钻头胎体的激光熔覆修复工艺研究；开展免预处理或少预处理的三维自动测量技术研究。少量进行预处理即可使用的非接触三维测量系统研究，包含基于三维扫描系统集成开发和钻头破损的自动化检测，传感器包括基于蓝光扫描仪和三维激光传感器；完成三维扫描传感器的校准算法研究，确保扫描测量数据的有效、可靠；测量标定算法和系统控制，自动完成不同位置的修复厚度的计算，自动实现熔覆路径的规划研究，包含完成激光熔覆的数控化和激光熔覆枪的集成，基于扫描检测结果完成激光熔覆路径规划和再制造控制技术的开发。

（2）钻头再制造全流程复杂自动化工作单元的系统集成　通过钻头再制造清洗工艺、检测工艺和激光熔覆工艺的系统集成，进行复杂自动化生产单元的开发，通过钻头修复工厂的实际测试，完善后形成可推广应用的设备和工艺。解决的关键技术包括：绿色设计总数据传输与数据接口的定义，PDC钻头胎体的激光熔覆修复工艺与修复质量控制和检测评价方法；基于扫描检测结果的熔覆再制造路径规划和熔覆精度的控制技术；子系统集成联调与在线加工等技术研究。

2. 管理创新

（1）组织模式创新　在国内率先建设石油钻头制造领域的绿色设计平台系统，创建"高校-研究院-企业"联合体，实现"产学研用"的一体化组织和各单位之间的科研合作、平台共建、权益共享。这一创新模式突破技术发展瓶颈，发挥行业生力军作用和引领作用。

（2）制造体系创新　建立了以平台为依托的制造集成系统，既包括了生产过程的改造、关键工艺的集成，又通过材料和产品的集成创新影响到上下游领域的生产与再生产。

（3）管理系统创新　将再制造业务纳入智能再制造和高端再制造范畴。目前，公司和清华大学国家计算机集成制造系统（CIMS）中心，就企业工厂自动化、信息化、智能化改造、智能工厂管控技术研究以及制造企业生产过程执行系统（MES）开发等进行合作探讨。

13.9 电动机再制造（河北新四达电机股份有限公司）

13.9.1 企业再制造业务简介

河北新四达电机股份有限公司主要开展低压、高压老旧低效、高能耗电动机的再制造。开发了YXQS、YXSL和YX系列再制造电动机产品，再制造产品用于驱动风机、水泵、压缩机、机床、破碎机、球磨机等负载设备。再制造过程中充分利用了低效电动机的机座、端盖等铸件或钢板件，定子铁心、转子铁心、定子绕组等，旧件利用率达70%以上，再制造产品合格率达99%以上。再制造的YXSL系列立式水泵专用高效三相异步电动机或YXSQ系列矿山专用高效三相异步电动机（低压），效率指标达到GB 18613—2012《中小型三相异步电动机能效限定值及能效等级》中能效2级的规定，达到《节能产品惠民工程高效电机实施细则》所规定的效率保证值，与新产品质量指标相同。

13.9.2 技术水平和经济、社会效益

1. 再制造技术

目前，在高效、超高效电动机新产品的设计中，为了降低电动机铁耗，定子和转子铁心材料一般都选用低损耗的冷轧硅钢片（如50WW470、50WWW360等），但在电动机的再制造中，面对的旧电动机、低效电动机基本上是我国20世纪八九十年代生产的Y系列、Y2系列产品或老的JS系列产品，这些电动机都是采用的热轧硅钢片（如DR510等），铁心的损耗比较大。再制造设计在利用原电动机定子和转子铁心的情况下，又要达到现在高效电动机的效率指标，难度很大。

不同类型、不同规格的低效率电动机，由于其执行的标准和设计裕度不同，对其进行再制造成高效电动机的设计，归纳起来可以分为以下几类：

（1）定子、转子铁心继续使用

1）在原槽满率较低的情况下，更换电动机的绕组，将原电动机再制造成同功率的高效电动机，原电动机的机座、端盖等结构件继续使用。

2）在原槽满率较高的情况下，更换电动机的绕组，将原电动机再制造成降功率等级的风机、水泵专用高效电动机，原电动机的机座、端盖等结构件继续使用。

（2）更换定子铁心

1）采用低损耗硅钢片重新冲制定子铁心，更换定子绕组，利用原电动机

的转子、机座、端盖等零部件。

2）将原电动机的定子铁心加长，更换定子绕组，转子铁心报废，机座、端盖结构件继续使用。

为了提高电动机效率，降低电动机的绕组铜耗、风摩耗、附加损耗，再制造电动机的设计采用了以下关键技术：

1）提高电动机槽满率，降低定子损耗。由于原JS系列电动机一般槽满率较低，通过提高槽满率，来提高材料的使用率，降低定子铜耗，提高电动机效率。

2）设计新型节能绕组结构，降低绕组损耗。定子绕组铜耗占电动机损耗的20%~35%，是主要损耗。通过对电动机各种绕组的性能和结构特点的分析研究，突破了单层同心式最外层线圈端部太长的局限，又结合了双层叠绕式线圈性能均衡、下线美观的优点，创新设计了2极、4极电动机的双层同心式绕组结构和接线方法，有效减少了绕组端部长度，降低铜耗、温升，达到了节能、节材、提高效率的效果。

3）改变电动机通风冷却结构，降低风路损耗。采用一种小型高效率异步电动机的风罩结构，包括风扇、风罩间的风路尺寸配合，降低电动机通风损耗，提高电动机效率。

低压电动机再制造除了将低效电动机再制造成风机、水泵专用高效电动机外，还可将低效电动机再制造成适用于特定负载和工况的变极调速电动机、变频调速电动机、永磁同步电动机等。

2. 电动机再制造工艺和装备

低压电动机高效化再制造工艺流程如图13-42所示。电动机再制造不同于一般的电动机修理、翻新，节能电动机再制造必须采用无损、环保、无污染的拆解工艺技术，最大限度地利用和回收原电动机的零部件。同时减少废旧电动机拆解过程中对环境的污染，提高劳动效率。为此，在电动机再制造过程中，采用了下列专用工艺和装备：

（1）定子线圈切拉机　由于电动机定子线圈通过浸渍绝缘漆与定子铁心固化为一个整体，以防止定子线圈松动、磨损造成线圈损坏，因此定子线圈通常很难拆解。一般电动机修理过程中，采用火烧线圈的方法去掉绝缘漆，对环境污染大，影响工人健康。

电动机再制造采用了专用机床设备，先切割定子线圈端部，然后拉出线圈，切割过程产生的粉尘排入专门的吸收装置。

（2）中大型电动机硬线绕组快速起线装置　大中型电动机定子硬线绕组损坏后，须将硬线绕组从定子线槽内起出进行更换，但由于硬线绕组间及绕组与定子间有牢固的绝缘漆，使得硬线绕组的起线操作异常艰难，一般电动机修

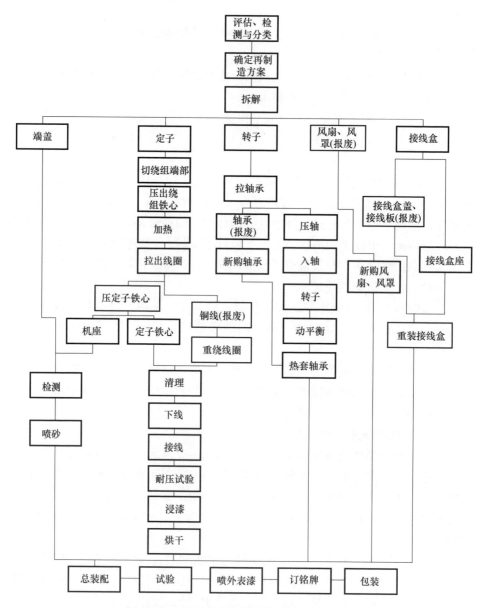

图 13-42　低压电动机高效化再制造工艺流程

理过程中，采用火烧线圈的方法去掉绝缘漆，对环境污染大，影响工人健康；或采用原始笨重的起线操作，费时费力，效率低下。

电动机再制造采用专用机床设备进行定子拆线，拆线操作中电动机定子和线圈易于固定，拆线迅速，工作效率高，同时管状体旋转速度可调，可选择适合的转速拆卸硬线绕组线圈。

(3) 中频感应加热器　节能电动机再制造采用了专用的中频感应加热器对转子铁心进行加热，用于铁心和转轴的拆解。降低拆解过程中对铁心的损伤，提高电动机再制造的效率。

电动机转子铁心通常不易损坏，可以重复利用，但电动机轴与转子铁心一般采用过盈配合，拆解难度大，为了不损伤轴和铁心，采用中频涡流加热设备对电动机转子外圆进行加热，根据轴与转子铁心受热膨胀系数不同，分离轴与转子铁心。

转子铁心为电动机的主要部件，占电动机成本较大，转子铁心的再利用，可以节省再制造的成本。

(4) 电动机外表专用抛丸机　废旧电动机，一般使用时间较长，外表面油污、粉尘较多，而且难以清理，如果清理不干净，将影响再制造后的电动机外观质量。电动机再制造采用专用的悬挂式抛丸清理机，可以对电动机的机座、端盖等铸件外表进行喷砂处理，处理完的电动机铸件，喷漆后外观和新品一样。

(5) 重型设备的拔轮装置　普通拔轮器负载吨位小，自重大，给搬运和使用带来很大不便，而且公称压力小，尤其遇到300mm以上大直径对轮时，无法进行对轮的拆卸。

电动机再制造采用了专用的拔轮装置，在遇到大直径对轮拆卸时，弯曲的臂状体，即拔轮爪可稳固夹持住对轮，在液压柱塞的推动下，可快速进行对轮的拆卸，与普通拔轮器产品比较，不仅拆卸效率高，同时可拆卸的对轮直径大，并可根据拆卸工况随时移动。

3. 经济和社会效益

(1) 资源循环利用　再制造电动机与高效电动机新品相比，节约了大量的铸铁、硅钢片，按 Y 系列电动机的材料平均用量计算：定子、转子铁心硅钢片约 4.9kg/kW；机座、端盖钢板约 1.8kg/kW。再制造电动机 1000 万 kW，可再利用钢板 1.8 万 t，按"吨钢综合能耗"为 0.675t 标煤计算，相当于节约标煤 1.22 万 t，减少 CO_2 排放量 3.1 万 t；可再利用硅钢片 4.9 万 t，相当于节约标煤 9.8 万 t（1t 冷轧硅钢片节约 2t 标煤计算），减少 CO_2 排放量 24.5 万 t（节约 1t 冷轧硅钢片相当于减排 5t CO_2）。

(2) 低压电动机节能效益分析　按 YXSL 系列立式水泵专用高效三相异步电动机或 YXSQ 系列矿山专用高效三相异步电动机（低压）的效率平均值比目前普通效率的三相异步电动机的效率（87%）提高 4.5% 计算，节能再制造电动机 1000 万 kW，可实现年节电约 9 亿 kW·h，相当于节约标准煤 36.3 万 t，减少二氧化碳排放 94.5 万 t。

(3) 高压电动机节能效益分析　按高效率高压电动机效率平均值比普通 Y

系列高压电动机的效率平均值提高1%计算，再制造电动机1000万kW，电动机按年运行6000h计算，可实现年节电约6亿kW·h，相当于节约标准煤18万t，减少二氧化碳排放13.6万t。

不仅如此，通过电动机的再制造，将带动相关设备连锁升级，推动电动机系统节能。电动机系统若配合改造其他拖动设备，如风机、水泵等，系统节能效果会提高得更大。

（4）再制造产品案例　高炉风机配套电动机YKK710-6 1600kW 10kV再制造成YX710-6 1600kW 10kV高效电动机，再制造电动机零部件的利用情况见表13-7。电动机再制造前后的效率对比见表13-8。

表13-7　再制造电动机零部件的利用情况

定子绕组	定子铁心	转子铁心	转轴	机座	端盖	接线盒	风扇	轴承	冷却器
更换	利用	利用	利用	利用	利用	利用	更换	利用	利用

表13-8　电动机再制造前后的效率对比

电动机型号	再制造前功率/kW	再制造后功率/kW	再制造前效率（%）	高效电动机效率标准值（%）	再制造后效率试验值（%）
YKK710-6 1600kW 10kV	1600	1600	94.5	96.4	96.6

使用再制造高效电动机节能效果：按平均负载率70%，年运行8000h，电价为0.68元计算，则该电动机运行一年节省的电能

$$W = 1600 \times 0.7 \times 8000 \times (100/94.5 - 100/96.6) \text{kW} \cdot \text{h} \approx 206080 \text{kW} \cdot \text{h}$$

$$年节约电费 = 206080 \times 0.68 元 = 140134 元$$

再制造高效电动机YX710-6 1600kW 10kV的价格为350000元，旧电动机的回收价格为110000元，投资回报期为：$(350000 - 110000)/140134 \approx 1.8$年。

第 14 章

再制造示范基地经验交流

14.1 湖南浏阳制造产业基地

14.1.1 基本情况

浏阳高新区创建于 2003 年，位于湖南省长沙市东部开放型经济走廊的中心位置。2009 年获批国家工业和信息化部全国机电产品再制造产业集聚区，2012 年获批国家发展和改革委员会再制造产业示范基地。园区总规划面积 50km^2，建成区 12.7km^2，形成了智能装备制造、再制造"一主一特"产业格局。园区逐步聚集了以三一集团、轩辕春秋、中大机械为代表的工程机械整机及零部件再制造；以法泽尔动力、博大机械为代表的汽车零部件再制造；以环宇数控和哈镘数控为代表的数控机床再制造三大行业细分领域，并着力吸引和培育高端智能再制造企业和项目。园区 2018 年再制造产值 50 亿元，再制造企业 35 家。

14.1.2 建设运行情况

浏阳高新区以"中国制造 2025"为指导，不断探索"再制造"与"智能制造"的深度融合，推进再制造产业高质量发展。编制了《再制造产业发展规划（2018—2020）》，指导园区再制造产业科学布局与高质量发展；出台了《再制造产业链三年行动计划》及《智能制造产业链三年行动计划》，成立了以管委会书记为组长的高端智能再制造产业发展领导小组，组建了智能制造及再制造专家库，推动高端再制造与智能制造融合发展。

园区加强政策引导，出台了《关于促进再制造产业发展的若干政策》，包括企业引进培育、基础平台支撑、共性技术攻关、本地采购补贴、政府购买服务、融资租赁、人才引进、项目孵化等多个方面，构建多层次的产业政策体系。园区设立专项支持，不断扩展财政融资渠道，以再制造名义发行了18亿元绿色债券；建立了第一期5亿元的园区工业发展投资基金和1亿元的长沙市中小企业信贷风险补助基金。同时，积极响应"中国制造2025""互联网+"等国家战略，整合专项财政资金，采取分阶段限额补贴的方式，对再制造产品转型升级、智能再制造产线改造及智能再制造云平台等方面进行支持。

园区倡导政企合作共建推进载体，与长沙智能制造研究总院共建浏阳智能再制造研究院，为园区再制造企业提供免费咨询、问题诊断、改造方案设计等服务，统筹推进园区再制造产业向高端智能再制造转型升级。组织完成了25家再制造企业走访调研，为10家再制造示范企业开展改造升级服务，先后获批1个国家级绿色制造专项项目、3个省级智能制造示范车间；依托园区再制造信息服务中心、再制造检测检验中心、再制造展示交易中心等公共服务平台，采取政府建设、企业运营的模式，对再制造企业的资源进行整合，解决旧件逆向物流、网上交易以及诊断、检测，实现全产业链的追溯。初步形成了以旧件回收、拆解清洗、检测检验、研发生产、表面处理、展示交易、信息服务为一体的再制造全生命周期循环体系。

园区充分发挥产业集聚效应，加大再制造企业引进和培育。2018年新引进了长沙超金刚机械制造有限公司和长沙大道精工科技有限公司等4个再制造项目，新培育了鹏翔星通、奥斯凯和准力3家企业开展再制造业务。中大机械将无人驾驶、智能压实系统等融入再制造产品中，实现了向高端再制造转变。引进培育再制造产品研发设计、检验检测等科研服务机构，整合优化科技企业孵化器、博士后工作站、院士工作站、企业技术中心、产业技术创新联盟等科技创新平台，推进园区再制造企业与科研院所开放合作，融合发展。2018年法泽尔与陆军装甲兵工程学院建立了湖南省再制造院士工作站；湖南大学与法泽尔、轩辕春秋共建了湖南省再制造产业工程研究中心。以园区再制造企业为主体发起成立的"湖南省工程机械再制造产业联合会"和"长沙市工程机械再制造产业技术创新战略联盟"，推动再制造产品认证、标准制定等，6项标准已在省市场监督管理局立项，园区发动机再制造企业的产品列入了工信部再制造产品认定目录。

14.1.3 经验总结

通过近几年对再制造工作的不断探索实践，浏阳高新区初步形成了以"平台+产业链+联盟"为依托的再制造"浏阳模式"。

（1）加强再制造产业链构建 依托园区现有产业，整合周边产业，着重构建以工程机械、汽车零部件及数控机床再制造为特色的产业链；围绕特色产业链不断引进再制造企业，推进企业向高端再制造和智能再制造方向发展；不断拓展园区企业制造业务向再制造业务延伸,形成以新产品设计、生产制造、租赁/销售、旧件回收、再制造等为核心的产业链条,推进"制造—再制造"全产业链协同发展。

(2) 构建服务平台体系　通过"政府主导,社会参与,市场为导向,应用为核心"的模式,以智能再制造研究院为载体,以再制造云平台为支撑,统筹再制造旧件回收物流、拆解清洗、表面处理、检测检验、展示交易、信息服务、生产配套等平台,打造"研究院+云平台"线下线上结合的大平台,形成完善的再制造服务平台体系。

(3) 推进产学研结合的创新链　依托"研究院+云平台"线下线上结合的大平台,推进再制造联合会、技术创新联盟建设,围绕再制造关键共性技术与相关标准建设,整合政府、企业、科研院所等创新资源,不断深化再制造业务创新链,提升发展质量。

浏阳再制造基地、旧件物流中心和拆解清洗中心如图 14-1 所示。

图 14-1　浏阳再制造基地、旧件物流中心和拆解清洗中心

14.2 河间国家再制造产业示范基地

14.2.1 基本情况

河间再制造产业示范基地于2017年2月14日获国家发改委批准建设。河间再制造产业涵盖河间市8个乡镇，主要集中在汽车配件和石油钻采设备两个行业，共有再制造企业356家，其中规模以上企业7家，从业人员5万余人，年产值近58亿元，营业收入56亿元。其中汽车配件再制造企业150余家，从业人员2万余人，主要经营汽车起动机、发电机、变速器、羊角轴、转向机等十多个种类、上千种规格产品，其中起动机、发电机再制造占我国市场份额超80%，年产量突破400万台，有50%的产品出口欧美、南非、日本、中东等国家和地区，出口额逾2000万美元，行业领军企业长立汽配公司是国家级再制造企业试点单位；石油钻采设备再制造产业，主要从事PDC钻头、金刚石钻头等回收再制造，现有企业200家，从业人员4000余人，产品远销中东、非洲、东欧等多个国家和地区，出口创汇2500多万美元，我国市场占有率近10%。

14.2.2 建设运行情况

基地依托京津冀区域产业基础、京津科技资源优势以及河间已有的再制造产业基础，按照"一个核心（以建设再制造产业集聚区为核心）、三个基础（以基地公共基础设施、公共服务平台建设以及政策和管理体制创新为基础）、三个着力点（以促进产业链耦合、空间布局优化和环境污染集中治理作为着力点）"的总体思路，高水准发展再制造产业集聚区，发挥再制造产业的示范引领作用，并提供广域辐射的再制造产业综合服务，成为国家级再制造产业发展中心、世界级再制造技术研发中心、全球旧件交易中心和国家再制造产品检测检验中心。

基地积极构建汽车零部件再制造、工程机械（石油钻采、盾构机等）再制造、机床再制造三大再制造产业门类。建设国内一流的再制造产业高度集聚发展区、再制造旧件集散基地；建成区域领先的再制造技术创新基地、再制造创业孵化基地、再制造技术服务基地。

发挥河间再制造回收体系的独特优势，发扬河间汽车发电机、起动机再制造及钻采装备再制造的优势，抓住京津冀协同发展的重大机遇，对河间再制造产业进行高端定位。预计到2020年，基地旧件集聚量将占河间市80%以上。建成集回收、拆解、研发、再制造、展贸交易、现代物流服务等功能为一体的现代化、生态化、智能化国家级再制造产业基地。

河间国家再制造产业示范基地共 2200 亩（1 亩 = 666.6m²），包括服务区、商业区、工业区三部分，主要建设配套服务区、研发中试区、生产加工区、展贸交易区、仓储物流区五大功能区，建设污水处理中心、旧件集中清洗中心、展示和体验中心、互联网＋信息平台、再制造旧件综合服务中心、旧件集中储存与大数据处理中心、产业基地质量检测平台、技术研发中心、人才培养培训基地、再制造金融服务中心、基地固废分类收集系统 11 个公共服务平台。

商业区占地 313 亩，建设了展示和体验中心、互联网＋信息平台、旧件集中储存与大数据处理中心和再制造旧件综合服务中心四个服务平台，以及手拉手国际汽配城商业体。

工业区位于河北河间经济开发区西区，占地约 1900 亩，包括建成区和规划区两部分。建成区包括格锐特钻头、江轮机电、迎辉电器等 3 家已建成再制造企业、污水处理中心和一个服务平台。其中 3 家企业年产值共 1.5 亿元，均为规模以上企业。规划区占地 1700 多亩，建设旧件集中清洗中心、产业基地质量检测平台、技术研发中心、人才培养培训基地、基地固废分类收集系统等服务平台及一批再制造项目。

服务区主要由京津冀再制造产业技术研究院、金融服务中心构成。研究院由河北京津冀再制造产业技术研究有限公司组建；建立徐滨士再制造产业技术院士工作站；建设再制造产品示范生产线、再制造产品中试基地、再制造行业人才培训基地等。项目建成后，将成为推动再制造产业发展的重要智力机构与技术力量。

2018 年 3 月 12—13 日，中英绿色制造与再制造产业发展峰会在河间举行，峰会上就"再制造院士工作站""中英再制造工业园"和"中欧再制造产业技术合作备忘录"进行签约，并将河间市"国家再制造产业示范基地"纳入欧洲再制造委员会的国际合作单位，京津冀再制造产业技术研究院被确立为"中欧再制造产业技术合作联盟"的秘书处单位。此举加快再制造产业走出全国、走向世界的步伐，对促进中英两国的再制造产业技术进步与发展、加强双方交流合作，增进两国友谊产生巨大的推动作用。

2018 年 7 月与欧洲再制造委员会就河间再制造产业示范基地与欧洲再制造行业的合作招商事宜进行磋商，双方就共建中英再制造产业园、中英再制造峰会的长期举办达成共识。

目前，再制造基地规划区已入驻部分再制造项目：

1）河北瀛州再制造科技发展有限公司建设的京津冀再制造产业园项目，占地 980 亩，总投资 30.11 亿元，被批准为 2018 年省重点建设项目，将建设再制造车间、储运仓储区、配套服务区等。项目建成后，将带动产业链上下游纵向集聚和同行业再制造企业横向集聚，形成完善的再制造产业体系，引领河间再制造产业升级，并成为国内一流的再制造产业高度集聚发展区。

2）河北神菱机电制造有限公司再生铝合金、汽车配件及燃气壁挂炉项目，占地78亩，由日本神菱株式会社和河北润捷汽车零部件制造公司合资建设，总投资6.5亿元。

3）河北艾力驰汽车配件有限公司汽车起动机、发电机、空调压缩机再制造及铝端盖铸造项目，占地60亩，总投资3.5亿元。

4）河北长立汽车配件有限公司汽车起动机、发电机、涡轮增压器再制造项目，占地60亩，总投资4亿元。

5）河北中关欧瑞汽车零部件有限公司汽车电器零部件再制造项目，该项目由北京奥博汽车电子电器有限公司建设，占地46.6亩，总投资3.1亿元。

6）河北优尼考克环保科技有限公司汽车空调再制造项目，占地43亩，总投资4.5亿元。

7）河北德善机电科技有限公司汽车喷油嘴、氧传感器及机床再制造项目，总投资1.5亿元，主要从事汽车喷油嘴、氧传感器、汽车电器发动机、汽车电控系统件的一体化再制造以及数控机床再制造，自动化设备、智能化设备生产与再制造，主要建设生产车间、办公楼、仓库等设施。

14.2.3 经验总结

基地通过不断探索实践，初步形成了以"技术引领+服务平台+创新模式"为指导的发展理念。

（1）加强技术引领　依托京津冀再制造产业技术研究院的人才优势、技术优势和资源优势，加大对研究院的支持力度，以研究院为引领，构建提升基地技术水平的技术研发中心、检测认证中心、成果孵化中心、培训实训中心等，形成技术引领基地技术发展的局面。

（2）构建服务平台体系　通过政府规划，企业参与的模式，以商业区、工业区、服务区总体规划为指导，重点打造再制造旧件综合服务中心，互联网+信息平台、旧件集中储存与大数据处理中心、旧件集中清洗中心、产业基地质量检测平台，形成完善的再制造服务平台体系。

（3）坚持创新商业模式　在河间建设了国内首家再制造零部件汽配城，吸引国外资本、民间资本设立产业发展基金，建立金融服务中心，为基地的再制造企业做大做强、产业升级转型、商业链条完善注入活力。

河间再制造基地商业区、工业区及研究院外观如图14-2所示。

图 14-2 河间再制造基地商业区、工业区及研究院

14.3 上海临港再制造产业示范基地概况

14.3.1 基本情况

上海临港再制造产业示范基地的主要业务为汽车零部件、工程机械、医疗器械、燃气轮机等的再制造。目前，该示范基地已引进卡特彼勒、大陆激光、天物高盛、临仕激光、四惠、亚有等国内外知名工程机械、汽车关键零部件再制造企业和激光再制造技术服务企业。同时，园区正在建设再制造产品与旧件检测认证平台、技术研发中心、人才实训基地、集中清洗与固危废处理中心、信息数据中心、展示中心、营销服务中心、创业创新孵化中心等公共服务平台。

14.3.2 建设运行情况

基地内主要开展再制造工作的企业情况如下。

1. 卡特彼勒再制造工业（上海）有限公司

卡特彼勒再制造工业（上海）有限公司（简称"卡特彼勒再制造上海公

司")成立于 2005 年 12 月,坐落于中国上海临港产业制造园,是卡特彼勒在中国的第一家再制造企业。卡特彼勒再制造上海工厂利用先进的工程技术,将废旧的工程机械零部件进行专业化的修复和再制造,使其在性能和质量上达到全新产品的水平,以帮助客户降低成本。

卡特彼勒再制造上海公司目前的再制造产品有三大类:液压产品(液压泵)、发动机零部件产品(油泵、水泵、缸盖、油缸总成)和燃油系统产品(喷油器)。此外,卡特彼勒再制造上海公司还对外部企业和其他卡特彼勒业务部门提供相关的服务。

2. 梅赛德斯-奔驰零部件制造服务有限公司

梅赛德斯-奔驰零部件制造服务有限公司(简称"奔驰上海公司")成立于 2015 年 12 月,是较早开展再制造业务的企业之一。奔驰的再制造主要包括发动机、变速器和关键机电产品的再制造,其再制造出来的产品与新品依据相同的质量标准,在可信程度和可用时间长度上都不逊于新产品。

奔驰再制造为顾客提供超过 12000 种零部件,每年通过零件再制造节约超过 13500t 原材料。奔驰上海公司正在临港投资建设亚太再制造中心,辐射日本、韩国、东南亚等市场。项目占地面积 80 亩,建筑面积约 2.5 万 m^2。计划每年再制造发动机 5000 台、自动变速箱 5000 台、电动液压控制单元 1 万件。

3. 通用电气(航空)智能制造与再制造创新中心

通用电气主营业务包括风机、发电设备、燃气轮机、医疗器械等产品的贸易、设计、安装、调试、维修和工程技术服务等。2017 年,通用电气在上海临港再制造基地建设航空智能制造与再制造创新中心项目,致力于航空发动机再制造的关键技术研发及产业化。

4. 上海大陆激光技术有限公司

上海大陆激光技术有限公司主要从事激光再制造技术服务,从事高功率激光加工成套设备及激光制造产品的开发,成功修复了数千台地面燃机、航空发动机、30 万 kW 及以上汽轮机、大型电动机、燃气轮机、轴流风机、离心压缩机、螺杆压缩机等涡轮动力机组的关键部件。

5. 上海百旭机械再制造科技发展有限公司

该公司主要从事汽车发动机再制造业务,可为客户提供多种型号的再制造柴油发动机和汽油发动机。

6. 上海市铱元汽车零部件再制造有限公司

该公司从事火花塞再制造,也进行少量氧传感器、氮氧传感器的再制造。

7. 上海临仕激光科技有限公司

该公司主要从事激光加工技术的研发、推广及增材制造与再制造等相关业务。具备激光焊接、激光熔覆、激光清洗、激光切割、激光表面硬化处理等激光加工技术的研发和生产能力，辅以合金粉末配制、工件表面加工与处理、金属微观结构分析与评估等技术，以及激光设备选型、供应、集成、维护等服务，可为多领域客户提供基于激光加工技术的全面解决方案。

8. 上海宜达胜临港打印耗材有限公司

该公司专注于推动办公设备和打印耗材再制造业务，为政府、企事业单位提供打印耗材再生生态服务。

附　　录

附录A　中国再制造产业相关标准

序号	标准号	标准名称
1	GB/T 27611—2011	再生利用品和再制造品通用要求及标识
2	GB/T 28615—2012	绿色制造　金属切削机床再制造技术导则
3	GB/T 28618—2012	机械产品再制造　通用技术要求
4	GB/T 28619—2012	再制造　术语
5	GB/T 28620—2012	再制造率的计算方法
6	GB/T 28672—2012	汽车零部件再制造产品技术规范　交流发电机
7	GB/T 28673—2012	汽车零部件再制造产品技术规范　起动机
8	GB/T 28674—2012	汽车零部件再制造产品技术规范　转向器
9	GB/T 28675—2012	汽车零部件再制造　拆解
10	GB/T 28676—2012	汽车零部件再制造　分类
11	GB/T 28677—2012	汽车零部件再制造　清洗
12	GB/T 28678—2012	汽车零部件再制造　出厂验收
13	GB/T 28679—2012	汽车零部件再制造　装配
14	GB/T 31207—2014	机械产品再制造质量管理要求
15	GB/T 31208—2014	再制造毛坯质量检验方法
16	GB/T 32222—2015	再制造内燃机　通用技术条件
17	GB/T 32801—2016	土方机械　再制造零部件　装配技术规范
18	GB/T 32802—2016	土方机械　再制造零部件　出厂验收技术规范
19	GB/T 32803—2016	土方机械　零部件再制造　分类技术规范
20	GB/T 32804—2016	土方机械　零部件再制造　拆解技术规范
21	GB/T 32805—2016	土方机械　零部件再制造　清洗技术规范
22	GB/T 32806—2016	土方机械　零部件再制造　通用技术规范
23	GB/T 32809—2016	再制造　机械产品清洗技术规范
24	GB/T 32810—2016	再制造　机械产品拆解技术规范

（续）

序号	标准号	标准名称
25	GB/T 32811—2016	机械产品再制造性评价技术规范
26	GB/T 33221—2016	再制造 企业技术规范
27	GB/T 33518—2017	再制造 基于谱分析轴系零部件检测评定规范
28	GB/T 33947—2017	再制造 机械加工技术规范
29	GB/T 34595—2017	汽车零部件再制造产品技术规范 水泵
30	GB/T 34596—2017	汽车零部件再制造产品技术规范 机油泵
31	GB/T 34600—2017	汽车零部件再制造产品技术规范 点燃式、压燃式发动机
32	GB/T 34631—2017	再制造 机械零件剩余寿命评估指南
33	GB/T 34868—2017	废旧复印机、打印机和速印机再制造通用规范
34	GB/T 19832—2017	石油天然气工业 钻井和采油提升设备的检验、维护、修理和再制造
35	GB/T 35977—2018	再制造 机械产品表面修复技术规范
36	GB/T 35978—2018	再制造 机械产品检验技术导则
37	GB/T 35980—2018	机械产品再制造工程设计 导则
38	GB/T 36538—2018	再制造/再生静电复印（包括多功能）设备
39	JB/T 12265—2015	激光再制造 轴流风机 技术条件
40	JB/T 12266—2015	激光再制造 螺杆压缩机 技术条件
41	JB/T 12267—2015	激光再制造 高炉煤气余压透平发电装置动叶片 技术条件
42	JB/T 12268—2015	激光再制造 高炉煤气余压透平发电装置静叶片 技术条件
43	JB/T 12269—2015	激光再制造 烟气轮机叶片 技术条件
44	JB/T 12272—2015	激光再制造 烟气轮机轮盘 技术条件
45	JB/T 12732—2016	再制造内燃机 发电机工艺规范
46	JB/T 12733—2016	再制造内燃机 飞轮工艺规范
47	JB/T 12734—2016	再制造内燃机 连杆工艺规范
48	JB/T 12735—2016	再制造内燃机 零部件表面修复工艺规范
49	JB/T 12736—2016	再制造内燃机 喷油泵总成工艺规范
50	JB/T 12737—2016	再制造内燃机 喷油器总成工艺规范
51	JB/T 12738—2016	再制造内燃机 气缸套工艺规范
52	JB/T 12739—2016	再制造内燃机 气门工艺规范
53	JB/T 12740—2016	再制造内燃机 曲轴工艺规范
54	JB/T 12741—2016	再制造内燃机 凸轮轴工艺规范
55	JB/T 12742—2016	再制造内燃机 压气机工艺规范

(续)

序号	标准号	标准名称
56	JB/T 12743—2016	再制造内燃机 增压器工艺规范
57	JB/T 12744—2016	再制造内燃机 起动机工艺规范
58	JB/T 12993—2018	三相异步电动机再制造技术规范
59	JB/T 13326—2018	再制造内燃机 机油泵工艺规范
60	JB/T 13327—2018	再制造内燃机 水泵工艺规范
61	JB/T 13339—2018	再制造内燃机 机体工艺规范
62	JB/T 13340—2018	再制造内燃机 缸盖工艺规范
63	QC/T 1070—2017	汽车零部件再制造产品技术规范 气缸体总成
64	QC/T 1074—2017	汽车零部件再制造产品技术规范 气缸盖
65	SN/T 2878.2—2011	进口再制造用机电产品检验规程和技术要求 第2部分：工程机械轮胎
66	SN/T 3696—2013	进口再制造用途机电产品检验风险评估方法指南
67	SN/T 3837.1—2014	进口再制造用途机电产品检验技术要求 第1部分：鼓粉盒
68	SN/T 3837.2—2014	进口再制造用途机电产品检验技术要求 第2部分：载重汽车轮胎
69	SN/T 3837.3—2016	进口再制造用途机电产品检验技术要求 第3部分：汽车起动机、发电机
70	SN/T 4245—2015	进出口汽车再制造零部件产品鉴定规程
71	SN/T 4247—2015	自贸试验区进口再制造用途机电产品检验规程

附录B 再制造产品目录

表B-1 第一批再制造产品目录

序号	制造商	产品名称	产品型号
1. 工程机械零部件			
1.1	广西柳工机械股份有限公司	工程机械驱动桥	01E0016X0RE、01E0022X0RE、01E0045X0RE、01E0056X0RE、01E0083X0RE、01E0084X0RE、01E0084X9RE、01E0141X0RE、01E0142X0RE、01E0173X0RE、01E0174X0RE、51C0077RE、51C0086RE、51C0128RE、41C0024X0ARE、41C0024X1ARE
1.2		行星式液压换档变速器	04E0065X0RE、04E0065X8RE、04E0079X8RE、04E0094X8RE、04E0004X0RE、04E0013X8RE、04E0027X0RE、04E0034X0RE、04E0051X0RE、05E0016X0RE、42C0018X9RE、04E0043X0RE、04E0095X0T2RE、04E0096X8RE、42C0046RE

附 录

（续）

序号	制造商	产品名称	产品型号
1.3	广西柳工机械股份有限公司	液压整体式多路换向阀	12C0016X0Y16MPARE、12C0016X0Y17MPARE、12C0016X9Y17MPARE、12C0018X0Y16MPARE、12C0018X0Y17MPARE、12C0278RE、12C1196X0RE、12C0087RE、12C0025X0Y20MPARE、11C0021RE、12C0100Y20MPARE、12C1193RE、12C0090RE、12C0098RE、12C1252RE、12C0413RE、12C1917RE、12C0490RE
1.4		流量放大阀	12C0009X0Y12MPARE、12C0009X0Y14MPARE、12C0009X0Y15MPARE、12C0009X0Y16MPARE、12C1047X0Y12MPARE、12C1047X0Y16MPARE、12C1621RE、12C2394Y12MPARE、12C0123RE、12C0165RE、12C2580RE
1.5		液压缸	10C0007X0LRE、10C0007X0RRE、10C0009X0RE、10C0011X0RE、10C0013X0RE、10C0023RE、10C0024RE、10C0030RE、10C0031RE、10C0033X0RE、10C0034X0RE、10C0036RE、10C0046X0RE、10C0047X0RE、10C0053X0RE、10C0056X0RE、10C0057X0RE、10C0059X0RE、10C0062X0RE、10C0063X0RE、10C0065X0RE、10C0071X0RE、10C0090X0RE、10C0091X0RE、10C0114RE、10C0199RE、10C0203X0RE、10C0207X0RE、10C0208X0RE、10C0237RE、10C0238RE、10C0239RE、10C0290RE、10C0304X0RE、10C0305X0RE、10C0306X0RE、10C0316RE、10C0418RE、10C0530RE、10C0532RE、10C0534RE、10C0567RE、10C0751RE、10C0754RE、10C0836X0RE、10C1259X0RE、10C1274RE、10C1534X0RE、10C1575RE、10E0017X0RE、10K2019RE、11E0036X0RE、11E0037X0RE、10C0005RE、10C0018RE、10C0022RE、10C0039RE、10C0055RE、10C0099RE、10C0100RE、10C0101RE、10C0102RE、10C0103RE、10C0104RE、10C0105RE、10C0106RE、10C0107RE、10C0108RE、10C0125RE
2. 矿山机械零部件			
2.1	山东能源机械集团有限公司	液压支架立柱	ϕ200-1640-RM、ϕ230-1494-RM、ϕ250-1500-RM、ϕ300-1796-RM、ϕ280-ϕ200-1225-RM、ϕ320-ϕ230-1546-RM
2.2		刮板输送机中部槽	630-RM、730-RM、800-RM
2.3		导向滑靴	MG150/345-W-RM、MG180/435-W-RM、MG160/375-W-RM、MG300/700-WD-RM
2.4		电机轴	YBS50-RM、YBS75-RM、YBS90-RM、YBS110-RM、YBS200-RM
2.5		内齿圈	MG180/435-W-RM、MG160/375-W-RM、MG300/700-WD-RM

(续)

序号	制造商	产品名称	产品型号
3. 石油机械零部件			
3.1	松原大多油田配套产业有限公司	陶瓷内衬复合油管	N80-2-7/8、J55-2-7/8
3.2	胜利油田胜机石油装备有限公司	耐磨防腐油管	2 7/8 J55 HDPE Rm、2 7/8 N80 HDPE Rm、2 7/8 J55 EXPE Rm、2 7/8 N80 EXPE Rm、3 1/2 N80 HDPE Rm、3 1/2 J55 HDPE Rm、3 1/2 N80 EXPE Rm、3 1/2 J55 EXPE Rm
4. 电动机及其零件			
4.1		YX3系列高效率三相异步电动机	100L-2-R、112M-2-R、132S1-2-R、132S2-2-R、160L-2-R、160M1-2-R、160M2-2-R、180M-2-R、200L1-2-R、200L2-2-R、225M-2-R、250M-2-R、280M-2-R、280S-2-R、315L1-2-R、315L2-2-R、315M-2-R、315S-2-R、355L-2-R、355M-2-R 90L-4-R、100L1-4-R、100L2-4-R、112M-4-R、132M-4-R、132S-4-R、160L-4-R、160M-4-R、180L-4-R、180M-4-R、200L-4-R、225M-4-R、250M-4-R、225S-4-R、280M-4-R、280S-4-R、315L1-4-R、315L2-4-R、315M-4-R、315S-4-R、355L-4-R、355M-4-R 90L-6-R、100L-6-R、112M-6-R、132M1-6-R、132M2-6-R、132S-6-R、160L-6-R、160M-6-R、180L-6-R、200L1-6-R、200L2-6-R、225M-6-R、250M-6-R、280M-6-R、280S-6-R、315L1-6-R、315L2-6-R、315M-6-R、315S-6-R、355L-6-R、355M1-6-R、355M2-6-R、
4.2	上海电科电机科技有限公司	YSPE2水泵、风机专用高效率三相异步电动机	100L-2-R、112M-2-R、132M-2-R、132S1-2-R、132S2-2-R、160L-2-R、160M1-2-R、160M2-2-R、180L-2-R、180M-2-R、200L1-2-R、200L2-2-R、225M-2-R、250M-2-R、280M-2-R、280S1-2-R、315L1-2-R、315L2-2-R、315L3-2-R、315M-2-R、315S-2-R、355L1-2-R、355L2-2-R、355M1-2-R、355M2-2-R 90L-4-R、100L1-4-R、100L2-4-R、112M-4-R、132S-4-R、132M-4-R、160L-4-R、160M1-4-R、160M2-4-R、180L-4-R、180M-4-R、200L1-4-R、200L2-4-R、225M-4-R、225S-4-R、250M-4-R、280M-4-R、280S1-4-R、280S2-4-R、315L1-4-R、315L2-4-R、315L3-4-R、315M-4-R、315S-4-R、355L1-4-R、355L2-4-R、355M1-4-R、355M2-4-R 90L-6-R、100L-6-R、112M-6-R、132M1-6-R、132M2-6-R、132S-6-R、160L1-6-R、160L2-6-R、160M-6-R、180L-6-R、200L1-6-R、200L2-6-R、225M1-6-R、225M2-6-R、250M-6-R、280M-6-R、280S-6-R、315L1-6-R、315L2-6-R、315M-6-R、315S1-6-R、315S2-6-R、355M1-6-R、355L1-6-R、355L2-6-R、355M2-6-R、355M3-6-R

（续）

序号	制造商	产品名称	产 品 型 号
5. 办公设备及其零件			
5.1	富美科技有限公司	激光打印机用墨粉盒（硒鼓）（FM-）	013R00625X、106R01246X、106R01414X、113R00730X、92298AH、C3906FH、C4092AH、C4096AH、C4127XH、C4129XH、C7115AH、C8061XH、C912CC、C9700AH～C9703AH、C9720AH～C9723AH、C9730AH～C9733AH、CB436AH、CB436XH、CB540AH～CB543AH、CC364AH、CC388AH、CC388XH、CC530AH～CC533AH、CE278AH、CE285AH、CE505AH、CRG W、DR2050B、E16C、EP22C、EP25C、EP26C、E220L、E230L、E250L、FX3C、FX9C、KX95P、ML1210S、ML1610S、ML1630S、ML1710S、ML2150S、ML2250S、ML3470BS、ML3470AS、ML4500S、MLD2850AS、MLT108S、MLT109S、MLT209S、PE220X、Q1338AH、Q1339AH、Q2610AH、Q2612AH～FM-Q2624AH、Q2670AH～Q2673AH、Q2681AH～Q2683AH、Q5942AH、Q5949AH～Q5953AH、Q6000AH～Q6003AH、Q6511AH、Q7516AH、Q7551AH、Q7553AH、SCX4200AS、SCX4725AS、SCX5530BS、SCX5530AS、SF560RS、SO50010E、SO50087E、SO50167E、TN2050B、TN2115B、TN3135B
5.2	珠海天威飞马打印耗材有限公司	鼓粉盒（BRO）	DR-200、DR-250、DR-350、DR-520、DR-6000、TN-04、TN670/4100
		鼓粉盒（CAN）	106/706、120、703、E16、E31/E40、EP-22、EP-26/27/X25、EP-65、FX2、FX3、FX4、FX6、FX7、FX9/FX10/104、GP160、L50、X8/S35
		鼓粉盒（DEL）	1700/LEX E232、1815、2335、3130、3110、M5200、
		鼓粉盒（EPN）	C900、EPL-5700/5900、EPL-6200、S051055
		鼓粉盒（HP Q 系列）	38/39/42/45、4700/4730、92274、92298、C3900、C3903、C3906、C3909、C4127、C4092、C4096、C4129、C4182、C4149～C4152、C4191～C4194、C7115、C8061、C8543、C9720～C9723、C9730～C9733、CB380～CB383、CB390、CB400～CB403、CB435、CB436、CB540～CB543、CC364、CC388、CC530～CC533、CE250～CE253、CE255、CE278、CE285、CE320～CE323、CE505、CM1415、CP4020/4520、CP5225、Q1338、Q1339、Q2610、Q2612、Q2613、Q2624、Q2670～Q2673、Q2680～Q2683、Q5942、Q5949、2500/2550、Q6511、Q6000～Q6003、Q7516、Q7551、Q7553、Q7570、Q7560～Q7563、Q6470～Q6473、Q7580～Q7583

序号	制造商	产品名称	产品型号
5.2	珠海天威飞马打印耗材有限公司	鼓粉盒（LEX）	E120、E210、E232、E310、E321、E322、T430、T630、T640、T650
		鼓粉盒（SAM）	6060/XER P1210、CLP-600、CLP-660A、ML-2150、ML-2850、ML-3560、ML-5000D5、MLD3050、MLD3470、MLD4550、SCX-D5530
		鼓粉盒（XER）	3250、3300、3428、3435、3500、6280、P8E
		其他鼓粉盒	MIN 1200W、OK C3100 DRUM、PAN UG-3309、PAN UG-3350、PAN UG-3380、RIC SP 3300、SHA AL100
5.3	珠海天威飞马打印耗材有限公司	喷墨盒	10N0016、10N0026、10N0217、10N0227、12A1970、12A1980、12A1990、13400HC、15M0120、17G0050、17G0060、18C0031～18C0035、18C0781、18L0032、18L0042、18Y0143、18Y0144、51626A（#26）、51645A（#45）FD、769-0、7Y743、7Y745、BC-02、BC-03、BC-05、BC-20、BX-2、BX-3、BX-20、C1823A（#23）、C6615A（#15）、C6656A（#56）、C6657A（#57）、C6658A（#58）、C85、C8727A（#27）、C8728A（#28）、C8765E（#338）、C8766E（#343）、C8767E（#339）、C8765W（#94）、C8766W（#95）、C8767W（#96）、C8816A（#816）、C8817A（#817）、C9351A（#21）、C9352A（#22）、C9361W（#93）、C9361E（#342）、C9362E（#336）、C9362W（#92）、C9363E（#344）、C9363W（#97）、C9364E（#337）、C9364W（#98）、C9360AN（#102）、C9365AN（#101）、C9369E（#348）、C9369W（#99）、C9368A（#100）、CB304A（#110）、CB335EE（#350）、CB335W（#74）、CB336W（#74XL）、CB337EE（#351）、CB337W（#75）、CB338W（#75XL）、CC660A（#702）、CL-31、CL-38、CL-41、CL-51、CL-52、CL-811、CL-831、CLI-8、CH884/GR277、CH883/GR274、CN594/C926T、CN596/C929T、HP02、HP10、HP11、HP14、HP18、HP21、HP60、HP80、HP81、HP83、HP84、HP85、HP91、HP300、HP363、HP564、HP901、HP920、HP940、M40、M85、M4640、M4646、MK992、MK993、PG-30、PG-37、PG-40、PG-50、PG-810、PG-830、PGI-5、T0529、T0530、UX-C70B
6. 轨道车辆零部件			
6.1	洛阳LYC轴承有限公司	铁道车辆滚动轴承	352226X2-2RZFX、353130BFX

表 B-2　第二批再制造产品目录

序号	制造商	产品名称	产品型号
1. 工程机械零部件			
1.1	三一重工股份有限公司	泵车上装	SY5270THB 37-R、SY5271THB 37-R、SY5290THB 37-R、SY5291THB 37-R、SY5292THB 37-R、SY5295THB 37-R、SY5296THB 37-R、SY5310THB 37-R、SY5311THB 37-R、SY5313THB 43-R、SY5313THB 46-R、SY5360THB 42-R、SY5370THB 42-R、SY5382THB 45Ⅲ-R、SY5382THB 46-R、SY5390THB 42-R、SY5392THB 42-R、SY5400THB 45-R、SY5402THB 45-R、SY5411THB 45-R、SY5411THB 45B-R、SY5412THB 48-R、SY5416THB 48-R、SY5420THB 48-R
1.2		S管总成	SY5375.3.4.1-R、C120/37Ⅱ.3.4A.1-R
1.3		铰链弯管	C12048.3.9.1A-R
1.4		过渡套	C12048.3.4-12-R、SY5375.3.4-1-R
1.5		出料口	C120/37.3.4.1-R、C120/48.3.4A.1A-R
1.6		搅拌叶片	SY5375.3.5.1-R、SY5375.3.5.2-R
1.7		搅拌轴	C120/37A.3.5-1-R、SY5375.3.5B-1-R
1.8		轴承座	C120/37Ⅱ.1.6-1-R、SY5390.1.12.1-4-R
1.9		料斗焊接件	C12037Ⅱ.3.3E.1-R、SY5375.3.3D.1-R
1.10		臂架	C120/37.1.2B-R、C120/37.1.6-R、C120/37.1.10B-R、C120/37.1.14A-R、C120/37Ⅱ.1.2B-R、C120/37Ⅱ.1.6-R、C120/37Ⅱ.1.10-R、C12037Ⅱ.1.14-R、C120/45.1.2-R、C120/45.1.6A-R、C120/45.1.10-R、C120/45.1.14-R、C120/45.1.18-R、SY5390.1.2A-R、SY5390.1.6-R、SY5390.1.10-R、SY5390.1.14-R
1.11		固定转塔	BCM45.2.4-R、C120/37.2C.4-R、C120/37Ⅱ.2.4-R、SY5291B.2.4-R\SY5390.2.4-R、SY5420.2.4-R
1.12		臂架油缸	C120/37.1.1A-R、C120/37.1.3B-R、C120/37.1.7A-R、C120/37.1.11D-R、C120/37Ⅱ.1.1A-R、C120/37Ⅱ.1.3A-R、C120/37Ⅱ.1.7A-R、C120/37Ⅱ.1.11B-R、C120/45.1.1A-R、C120/45.1.15B-R、SY5390.1.1A-R、SY5390.1.3A-R、SY5390.1.7B-R、SY5390.1.11B-R、SY5420.1.3B-R、SY5420.1.7A-R、SY5420.1.11A-R
1.13		连杆	C120/37.1.4-R、C120/37.1.5-R、C120/37.1.8-R、C120/37.1.9-R、C120/37.1.12B-R、C120/37.1.13A-R、C120/37Ⅱ.1.4-R、C120/37Ⅱ.1.8-R、C120/37Ⅱ.1.12-R、C120/37Ⅱ.1-24B-R、C120/38.1.5A-R、C120/38.1.9-R、C120/45.1.4-R、C120/45.1.5-R、C120/45.1.8-R、C120/45.1.9-R、C120/45.1.12-R、C120/45.1.13-R、C120/45.1.16A-R、SY5390.1.4-R、SY5390.1.5-R、SY5390.1.8-R、SY5390.1.9-R、SY5390.1.12-R、SY5390.1.13-R

(续)

序号	制造商	产品名称	产品型号
1.14	三一重工股份有限公司	支腿臂	BCM45.2.11.1-R、BCV48A.2.1.1-R、BCV48.2A.5.1-R、BCV48.2A.11.1-R C120/37.2.1.1A-R、C120/37.2.5.1B-R、C120/37.2.11.1B-R、C120/37Ⅱ.2.1.1-R、C120/37Ⅱ.2.1.1A-R、C120/37Ⅱ.2.5A.1-R、C120/37Ⅱ.2.5A.1A-R、C120/37Ⅱ.2.11A.1-R、C120/37Ⅱ.2.11A.1A-R、C120/37Ⅱ.2.11B.1-R、C120/37Ⅱ.2.12.1-R、C120/37Ⅱ.2.12A.2-R、C120/45.2.1A-R、C120/45.2.1A.1A-R、C120/45.2.12A.2-R、SY5291B.2.1.3-R、SY5291B.2.5.1-R、SY5291B.2.11.1-R、SY5291B.2.12.2-R、SY5390.2.1.1-R、SY5390.2.5.2-R、SY5390.2.11.1-R、SY5390.2.12.5-R、SY5416B.2.1.1-R、SY5416B.2.5.1-R、SY5416B.2.11.1-R、SY5416B.2.12.1-R、SY5420.2.1A.1A-R、SY5420.2.5A.1-R、SY5420.2.5B.1-R、SY5420.2.11A.1-R、SY5420.2.11B.1-R、SY5420.2.12A.2-R
1.15		副梁	C120/37.4.13B-R、C120/37Ⅱ.4A.13-R、SY5390.4.13B-R、SY5420B.4.13-R、SY5416B.4.13-R
1.16		泵车主阀组	C120/37.6.5A.9C-R、SY5375.6.6.26-R
1.17		分动箱	C120/37.5.1C-R、SY4029C-R、SY4129-R、SY5390.5.1A-R
1.18	卡特彼勒再制造工业（上海）有限公司	液压泵	10R3347、10R3476、10R3725、10R5277、10R9069、10R9070、10R9071
1.19		机油泵	0R0920、0R2561、0R3230、0R3233、0R3538、0R3860、0R4345、0R4999、0R8804、0R9250、0R9448、0R9449、0R9697
1.20		水泵	0R0705、0R0781、0R0997、0R1000、0R1002～0R1006、0R1011～0R1014、0R1242、0R4679、0R4680、0R9953、10R0482～10R0484、10R1072、10R1668、10R1669、10R1670、10R1673、10R2129、10R2790、10R4429、10R5406、10R5407、10R6400、10R7551、10R7552、10R7555、10R7556、10R8655、10R8660、10R9395、10R9598、20R0505、20R0586
1.21		活塞连杆缸套总成	0R1571、0R1572、0R1692、0R1694、0R1696、0R1697、0R2694、0R3037、0R3043、0R3660、0R3841、0R4178、0R4446、0R4450、0R4488、0R4515、0R4635、0R4636、0R7858、0R8017、0R8109、0R8189、0R8200、0R8333、0R8717、0R8777、0R8778、0R8913、0R8915、0R8918、0R9393、0R9847、10R1441、10R3304、10R3305、10R3787、10R4029、10R4343、10R4378、10R4401、10R6007、10R6008、10R6011、10R6215、10R7708～10R7710、10R7712、10R7713、10R7717、10R7719、10R7720、10R7723、10R7725～10R7728、10R8410、10R8616、10R8760、10R8763、10R9224、10R99096、20R0193
1.22		气缸盖	0R3674、0R4920、0R8512、0R8515、0R9371、0R9375、10R7683～10R7690、10R7765、10R8843、10R8844、20R0520
1.23		喷油嘴	10R7596、10R7597、10R7598、10R7599

（续）

序号	制造商	产品名称	产品型号
1.24	武汉千里马工程机械再制造有限公司	履带式液压挖掘机	DH60-7RM（注：旧件利用率大于75%）、DH220LC-7RM（注：旧件利用率大于75%）
2. 冶金机械零部件			
2.1	上海宝钢设备检修有限公司	稳定辊（前后）	GMSMSA08WR、GMSMSB08WR、LZA108WR、LZC208WR、LZC308WR、LZC122WR、LZD408HWR、LZD408QWR、LZD508WR、LZD808HWR、LZD808QWR、LZE608WR、LZE708WR、WHDHA08WR、WHDHB08WR、WMGMA08WR、WMGMB08WR、WMGMC08WR、WMGMD08WR、WWHWA08WR、WWHWB08WR、WWHWC08WR、WWHWD08WR、WWHWE08WR、WXABGA08WR、WXABGB08WR、WXAJA08WR、WXAJB08WR、WXAJTA08WR、WXAJTB08WR、WXASA08WR、WXASYA08WR、WXASYB08WR
2.2		沉没辊	GMSMSA08CR、GMSMSB08CR、LZA108CR、LZC122CR、LZC208CR、LZC308CR、LZD408CR、LZD508CR、LZD808CR、LZE608CR、LZE708CR、WHDHA08CR、WHDHB08CR、WMGMA08CR、WMGMB08CR、WMGMC08CR、WMGMD08CR、WWHWA08CR、WWHWB08CR、WWHWC08CR、WWHWD08CR、WWHWE08CR、WXABGA08CR、WXABGB08CR、WXAJA08CR、WXAJB08CR、WXAJTA08CR、WXAJTB08CR、WXASA08CR、WXASYA08CR、WXASYB08CR
2.3		长边铜板	GBY1CCWR、GMS1CCWR、GMS2CCWR、GMS3CCWR、GNG1CCWR、GWG1CCWR、GYG1CCWR、LJA1CCWR、LJA2CCWR、LJB4CCWR、LJB56CCWR、LJC3CCWR、LJD8CCWR、WBT1CCWR、WCD1CCWR、WDF1CCWR、WHD1CCWR、WJD1CCWR、WJN1CCWR、WJQ1CCWR、WJQ2CCWR、WLG1CCWR、WLJ1CCWR、WLZ3CCWR、WLZ4CCWR、WLZ5CCWR、WLZ6CCWR、WLZ78CCWR、WMG1CCWR、WNJ1CCWR、WPX1CCWR、WNJ3CCWR、WQA1CCWR、WSH3CCWR、WSH7CCWR、WSH12CCWR、WTT1CCWR、WTT2CCWR、WXY1CCWR、WXY2CCWR
2.4		短边铜板	GBY1CCN1R、GBY1CCN2R、GMS1CCNR、GMS2CCNR、GMS3CCNR、GNG1CCN1R、GNG1CCN2R、GWG1CCN1R、GWG1CCN2R、GYG1CCNR、LJA1CCNR、LJA2CCNR、LJB4CCNR、LJB56CCNR、LJC3CCN1R、LJC3CCN2R、LJC3CCN3R、LJD8CCNR、WBT1CCN1R、WBT1CCN2、WBT1CCN3R、WCD1CCNR、WDF1CCNR、WHD1CCNR、WJD1CCNR、WJN1CCNR、WJQ1CCNR、WJQ2CCNR、WLJ1CCN1R、WLJ1CCN2R、WLZ3CCNR、WLZ4CCN1R、WLZ4CCN2R、WLZ4CCN3R、WLZ5CCN1R、WLZ5CCN2R、WLZ5CCN3R、WLZ6CCN1R、WLZ6CCN2R、WLZ6CCN3R、WLZ78CCN1R、WLZ78CCN2R、WLZ78CCN3R、WLZ78CCN4R、WMG1CCNR、WNJ1CCNR、WNJ3CCN1R、WNJ3CCN2R、WNJ3CCN3R、WPX1CCNR、WQA1CCNR、WSH3CCN1R、WSH3CCN2R、WSH3CCN3R、WSH7CCN1R、WSH7CCN3R、WSH12CCNR、WTT1CCNR、WTT2CCN1R、WTT2CCN2R、WXY1CCNR、WXY2CCNR

(续)

序号	制造商	产品名称	产品型号
3. 电动机及其零件			
3.1	安徽皖南电机股份有限公司	Y2系列三相异步电动机	Y2-80M1-2/0.75kW/380V RM、Y2-80M2-2/1.1kW/380V RM、Y2-90L-2/2.2kW/380V RM、Y2-90S-2/1.5kW/380V RM、Y2-100L-2/3kW/380V RM、Y2-112M-2/4kW/380V RM、Y2-132S1-2/5.5kW/380V RM、Y2-132S2-2/7.5kW/380V RM、Y2-160L-2/18.5kW/380V RM、Y2-160M1-2/11kW/380V RM、Y2-160M2-2/15kW/380V RM、Y2-180M-2/22kW/380V RM、Y2-200L1-2/30kW/380V RM、Y2-200L2-2/37kW/380V RM、Y2-225M-2/45kW/380V RM、Y2-250M-2/55kW/380V RM、Y2-280M-2/90kW/380V RM、Y2-280S-2/75kW/380V RM、Y2-315L-2/160kW/380V RM、Y2-315L2-2/200kW/380V RM、Y2-315S-2/132kW/380V RM、Y2-315S-2/110kW/380V RM、Y2-355L-2/315kW/380V RM、Y2-355M-2/250kW/380V RM Y2-80M1-4/0.55kW/380V RM、Y2-80M2-4/0.75kW/380V RM、Y2-90L-4/1.5kW/380V RM、Y2-90S-4/1.1kW/380V RM、Y2-100L1-4/2.2kW/380V RM、Y2-100L2-4/3kW/380V RM、Y2-112M-4/4kW/380V RM、Y2-132M-4/7.5kW/380V RM、Y2-132S-4/5.5kW/380V RM、Y2-160L-4/15kW/380V RM、Y2-160M-4/11kW/380V RM、Y2-180L-4/22kW/380V RM、Y2-180M-4/18.5kW/380V RM、Y2-200L-4/30kW/380V RM、Y2-225M-4/45kW/380V RM、Y2-250M-4/55kW/380V RM、Y2-225S-4/37kW/380V RM、Y2-280M-4/90kW/380V RM、Y2-280S-4/75kW/380V RM、Y2-315M-4/132kW/380V RM、Y2-315L1-4/160kW/380V RM、Y2-315L2-4/200kW/380V RM、Y2-315S-4/110kW/380V RM、Y2-355L-4/315kW/380V RM、Y2-355M-4/250kW/380V RM Y2-90S-6/0.75kW/380V RM、Y2-90L-6/1.1kW/380V RM、Y2-100L-6/1.5kW/380V RM、Y2-112M-6/2.2kW/380V RM、Y2-132M1-6/4kW/380V RM、Y2-132M2-6/5.5kW/380V RM、Y2-132S-6/3kW/380V RM、Y2-160L-6/11kW/380V RM、Y2-160M-6/7.5kW/380V RM、Y2-180L-6/15kW/380V RM、Y2-200L1-6/18.5kW/380V RM、Y2-200L2-6/22kW/380V RM、Y2-225M-6/30kW/380V RM、Y2-250M-6/37kW/380V RM、Y2-280M-6/55kW/380V RM、Y2-280S-6/45kW/380V RM、Y2-315L1-6/110kW/380V RM、Y2-315L2-6/132kW/380V RM、Y2-315M-6/90kW/380V RM、Y2-315S-6/75kW/380V RM、Y2-355L-6/250kW/380V RM、Y2-355M1-6/160kW/380V RM、Y2-355M2-6/200kW/380V RM Y2-90L-8/0.55kW/380V RM、Y2-90S-8/0.37kW/380V RM、Y2-100L1-8/0.75kW/380V RM、Y2-100L2-8/1.1kW/380V RM、Y2-112M-8/1.5kW/380V RM、Y2-132M-8/3kW/380V RM、Y2-132S-8/2.2kW/380V RM、Y2-160L-8/7.5kW/380V RM、Y2-160M1-8/4kW/380V RM、Y2-160M2-8/5.5kW/380V RM、Y2-180L-8/11kW/380V RM、Y2-200L-8/15kW/380V RM、Y2-225M-8/22kW/380V RM、Y2-225S-8/18.5kW/380V RM、Y2-250M-8/30kW/380V RM、Y2-280M-8/45kW/380V RM、Y2-280S-8/37kW/380V RM、Y2-315L1-8/90kW/380V RM、Y2-315L2-8/110kW/380V RM、Y2-315M-8/75kW/380V RM、Y2-315S-8/55kW/380V RM、Y2-355L-8/200kW/380V RM、Y2-355M1-8/132kW/380V RM、Y2-355M2-8/160kW/380V RM Y2-315L1-10/75kW/380V RM、Y2-315L2-10/90kW/380V RM、Y2-315M-10/55kW/380V RM、Y2-315S-10/45kW/380V RM、Y2-355L-10/160kW/380V RM、Y2-355M1-10/110kW/380V RM、Y2-355M2-10/132kW/380V RM

（续）

序号	制造商	产品名称	产品型号
3.2	安徽皖南电机股份有限公司	直流电动机	Z4-112/2-1/1.9kW/400V RM、Z4-112/2-1/2.2kW/160V RM、Z4-112/2-1/2.2kW/440V RM、Z4-112/2-1/3kW/440V RM、Z4-112/2-1/5.5kW/400V RM、Z4-112/2-1/5.5kW/440V RM、Z4-112/2-2/3kW/160V RM、Z4-112/2-2/3kW/440V RM、Z4-112/2-2/3.7kW/400V RM、Z4-112/2-2/4kW/440V RM、Z4-112/2-2/7kW/400V RM、Z4-112/2-2/7.5kW/440V RM Z4-112/4-1/3.7kW/400V RM、Z4-112/4-1/4kW/440V RM、Z4-112/4-1/5.5kW/440V RM、Z4-112/4-1/11kW/440V RM、Z4-112/4-2/5kW/400V RM、Z4-112/4-2/5.5kW/440V RM、Z4-112/4-2/6.7kW/400V RM、Z4-112/4-2/7.5kW/440V RM、Z4-112/4-2/15kW/440V RM Z4-132-1/7kW/400V RM、Z4-132-1/7.5kW/440V RM、Z4-132-1/10kW/400V RM、Z4-132-1/11kW/440V RM、Z4-132-1/18.5kW/440V RM、Z4-132-2/10kW/400V RM、Z4-132-2/11kW/440V RM、Z4-132-2/15kW/400V RM、Z4-132-2/15kW/440V RM、Z4-132-2/22kW/440V RM、Z4-132-3/18.5kW/440V RM、Z4-132-3/15kW/440V RM、Z4-132-3/30kW/440V RM Z4-160-11/19.5kW/400V RM、Z4-160-11/22kW/440V RM、Z4-160-31/19.5kW/400V RM、Z4-160-31/22kW/440V RM、Z4-160-31/27kW/400V RM、Z4-160-31/30kW/440V RM、Z4-160-32/49.5kW/400V RM Z4-180-11/15kW/440V RM、Z4-180-11/37kW/440V RM、Z4-180-21/30kW/440V RM、Z4-180-21/45kW/440V RM、Z4-180-31/37kW/440V RM、Z4-180-41/27kW/400V RM、Z4-180-41/30kW/440V RM、Z4-180-41/50kW/400V RM、Z4-180-41/55kW/440V RM、Z4-180-42/81kW/400V RM Z4-200-11/22kW/440V RM、Z4-200-11/40.5kW/400V RM、Z4-200-11/45kW/440V RM、Z4-200-21/67kW/400V RM、Z4-200-21/75kW/440V RM、Z4-200-31/37kW/440V RM、Z4-200-31/45kW/440V RM、Z4-200-31/55kW/440V RM、Z4-200-31/90kW/440V RM Z4-225-11/67kW/400V RM、Z4-225-11/75kW/440V RM、Z4-225-11/110kW/440V RM、Z4-225-21/55kW/440V RM、Z4-225-31/67kW/400V RM、Z4-225-31/90kW/440V RM、Z4-225-31/132kW/440V RM Z4-250-11/99kW/400V RM、Z4-250-11/110kW/440V RM、Z4-250-12/160kW/400V RM、Z4-250-31/49kW/440V RM、Z4-250-31/55kW/440V RM、Z4-250-31/67kW/400V RM、Z4-250-31/75kW/440V RM、Z4-250-31/119kW/400V RM、Z4-250-31/132kW/440V RM、Z4-250-31/200kW/440V RM、Z4-250-41/67kW/400V RM、Z4-250-41/75kW/440V RM、Z4-250-41/99kW/400V RM、Z4-250-41/110kW/440V RM、Z4-250-41/160kW/440V RM、Z4-250-41/198kW/400V RM、Z4-250-41/220kW/440V RM Z4-280-11/226kW/400V RM、Z4-280-11/250kW/440V RM、Z4-280-21/99kW/400V RM、Z4-280-21/110kW/440V RM、Z4-280-21/119kW/400V RM、Z4-280-21/200kW/440V RM、Z4-280-22/253kW/400V RM、Z4-280-22/280kW/440V RM、Z4-280-31/80kW/400V RM、Z4-280-31/90kW/440V RM、Z4-280-32/315kW/440V RM、Z4-280-41/98kW/400V RM、Z4-280-41/110kW/440V RM、Z4-280-41/166kW/400V RM、Z4-280-41/185kW/440V RM、Z4-280-42/250kW/440V RM Z4-315-12/180kW/400V RM、Z4-315-12/355kW/440V RM、Z4-315-21/166kW/400V RM、Z4-315-21/185kW/440V RM、Z4-315-22/315kW/440V RM、Z4-315-31/132kW/440V RM、Z4-315-32/320kW/400V RM、Z4-315-42/400kW/440V RM、Z4-315-42/315kW/440V RM Z4-450-22/520kW/440V RM ZKSL-280-42/250kw/440V RM、ZKSL560-3B/700kW/660V RM、Z500-4A/600kW/440V RM、ZKSL315-12/355kW/440V RM、ZKSL560-4A/800kW/660V RM、ZSN4-315-072/250kW/440V RM、ZH4-160-21-10kW/220V RM、ZKSL710-4B 1500KW/660V RM、Z4EJ-112/2-1/3.5kW 400V RM

(续)

序号	制造商	产品名称	产品型号
3.3		YLV系列低压大功率电机	YLV400-1-4/355kW/380V RM、YLV400-2-4/400kW/380V RM、YLV400-3-4/450kW/380V RM、YLV400-4-4/500kW/380V RM、YLV400-6-4/630kW/380V RM、YLV450-1-4/630kW/380V RM、YLV450-2-4/710kW/380V RM、YLV450-3-4/800kW/380V RM YLV400-1-6/280kW/380V RM、YLV400-2-6/315kW/380V RM、YLV400-3-6/355kW/380V RM、YLV400-4-6/400kW/380V RM、YLV400-5-6/450kW/380V RM、YLV450-2-6/560kW/380V RM YLV400-2-8/250kW/380V RM、YLV400-3-8/280kW/380V RM、YLV400-4-8/315kW/380V RM、YLV400-5-8/355kW/380V RM、YLV400-6-8/400kW/380V RM、YLV450-2-8/450kW/380V RM YLV400-2-10/200kW/380V RM
3.4	安徽皖南电机股份有限公司	YVF2系列变频调速专用三相异步电动机	YVF2-80M1-4/0.55kW/380V RM、YVF2-80M2-4/0.75kW/380V RM、YVF2-90L-4/1.5kW/380V RM、YVF2-90S-4/1.1kW/380V RM、YVF2-100L1-4/2.2kW/380V RM、YVF2-100L2-4/3kW/380V RM、YVF2-112M-4/4kW/380V RM、YVF2-132M-4/7.5kW/380V RM、YVF2-132S-4/5.5kW/380V RM、YVF2-160L-4/15kW/380V RM、YVF2-160M-4/11kW/380V RM、YVF2-180L-4/22kW/380V RM、YVF2-180M-4/18.5kW/380V RM、YVF2-200L-4/30kW/380V RM、YVF2-225M-4/45kW/380V RM、YVF2-225S-4/37kW/380V RM、YVF2-250M-4/55kW/380V RM、YVF2-280M-4/90kW/380V RM、YVF2-280S-4/75kW/380V RM、YVF2-315L1-4/160kW/380V RM、YVF2-315L2-4/200kW/380V RM、YVF2-315M-4/132kW/380V RM、YVF2-315S-4/110kW/380V RM、YVF2-355L-4/315kW/380V RM、YVF2-355M-4/250kW/380V RM
3.5		Y系列三相异步电动机	Y100L-2/3kW 380V RM、Y100L-2/3kW 400V RM、Y100L-2/6kW 380V RM、Y112M-2/4kW 380V RM、Y132S2-2/7.5kW 380V RM、Y160M1-2/11kW 380V RM、Y160M1-2/11kW 415V RM Y100L1-4/2.2kW 380V RM、Y100L2-4/3kW 380V RM、Y100L2-4/3kW 415V RM、Y112M-4/4kW 380V RM、Y132M-4/7.5kW 220V 60HZ RM、Y160L-4/15kW 380V RM、Y160M-4/11kW 380V RM、Y180L-4/22kW 220V 60HZ RM、Y180M-4/18.5kW 380V RM Y112M-6/2.2kW 380V RM、Y112M-6/2.2kW 400V RM、Y132M1-6/4kW 380V RM、Y132M2-6/5.5kW 220V RM、Y132M2-6/5.5kW 440V 60Hz RM、Y132S-6/3kW 460V 60Hz RM、Y160L-6/11kW 220V 60Hz RM、Y160M-6/7.5kW 220V 60Hz RM、Y180L-6/15kW 220V 60Hz RM、Y200L1-6/18.5kW 380V RM Y132S-8/2.2kW 380V RM、Y160M1-8/4kW 380V RM

（续）

序号	制造商	产品名称	产品型号
4. 汽车零部件			
4.1		起动机（ROD）	1100~1148、1243~1349、1400~1409、1500~1509、1600~1609、1700~1709、1800~1809、1900~1909、2100~2109、2200~2209、2300~2319、2400~2449、2500~2549、2600~2649、2700~2749、2800~2849、2900~2949
		起动机（RODJ）	1100~1119、1200~1349、1400~49、1500~1519、1600~1619、1700~1719、1800~1819、1900~1909、1700~1719、2100~2109、2200~2209、2300~2319、2400~2449、2500~2549、2600~2649、2700~2749、2800~2849、2900~2949
		起动机（RODY）	1100~1119、1200~1319、1400~1409、1500~1509、1600~1609、1700~1709、1800~1809、1900~1909、2200~2209、2300~2309、2400~2409、2500~2509、2600~2609、2700~2709、2800~2809、2900~2909
4.2	三立（厦门）汽车配件有限公司	起动机	08N-010-RX、3R530-3708010B、37V66-080-RX、37V66-08010-RX、37V66-08010-A-RX、39V66-08010-A-RX、708N-010-RX、1709-B-RX、2816-C-RX、2818JE-14-RX、3708Q01-010-RX、1113277-RX、3069826-RX、3102763-RX、3282731-RX、3283330-RX、3283565-RX、3283814-RX、3415325-RX、3415530-RX、3415537-RX、3415538-RX、35640170-RX、3901757-RX、3910646-RX、3913789-RX、3916302-RX、3918377-RX、3931622-RX、3934041-RX、3935125-RX、3957593-RX、3964428-RX、3965282-RX、3965952-RX、3968130-RX、3968467-RX、3971603-RX、3971610-RX、3971615-RX、3972862-RX、3974548-RX、3976616-RX、3976618-RX、3977203-RX、3998130-RX、4093888-RX、4093941-RX、4892338-RX、4915325-RX、4929600-RX、4930044-RX、4930605-RX、4932320-RX、4934622-RX、4934655-RX、4935789-RX、4937364-RX、4938332-RX、4942446-RX、4946256-RX、4948058-RX、4982042-RX、4982774-RX、4983067-RX、4983068-RX、4983774-RX、4984042-RX、4988348-RX、4988384-RX、4992135-RX、4994873-RX、5256026-RX、5256416-RX、5256984-RX、5265710-RX、C3068915-RX、C3415325-RX、C3415518-RX、C3415537-RX、C3415538-RX、C3903834-RX、C3906216-RX、C3908226-RX、C3913638-RX、C3921403-RX、C3934041-RX、C3939356-RX、C3967109-RX、C3967110-RX、C3967119-RX、C3967127-RX、C3967128-RX、C3968470-RX、C3972862-RX、C3976616-RX、C3976618-RX、C3977203-RX、C4929600-RX、C4930044-RX、C4930605-RX、C4932320-RX、C4934622-RX、C4934655-RX、C4935789-RX、C4937364-RX、C4942446-RX、C4944701-RX、C4944702-RX、C4944703-RX、C4946256-RX、C4948058-RX、C4983067-RX、C4983068-RX、C4983774-RX、C4984042-RX、C4988348-RX、C4988397-RX、C4988412-RX、C4988581-RX、C4991519-RX、C4992135-RX、C4992261-RX、C4994873-RX、C5255292-RX、C5256026-RX、C5256984-RX、C5263669-RX、C5264732-RX、C5265710-RX、C5266288-RX、C5266289-RX、C5266525-RX~C5266534-RX、C5266536-RX~C5266541-RX、C5266543-RX、C5266546-RX、C5266548-RX、C5266550-RX、C5266551-RX、5271460-RX~C5271462-RX、C5286774-R、C5286775-RX、C5288587-RX、C5288683-RX、C5288826-RX、M105R3004SE-RX、QDG 277-RX、QDJ2801-RX、QDZ263-RX、R630-3708010A、RA70-3708010、RA70-3708010B、RA7000-3708010A、RB30-3708010B、RB7617-3708100、RD30-3708100、RD30-3708010A、RF30FH-3708100B、RF3100-3708100B、RF7200-3708100、RG5800-3708100A、RG5800-3708100B、RG5800-3708100E、RG5800-3708100G、RJ630C-3708100、RJ630C-3708100A、RL3001-3708100B、RL30L2-3708100

（续）

序号	制造商	产品名称	产品型号
4.3	三立（厦门）汽车配件有限公司	交流发电机	21DQ003-RX、3282431-RX、3284392-RX、3415351-RX、3415536-RX、3415538-RX、3415587-RX、3415591-RX、3415609-RX、3415691-RX、3445691-RX、3701N-010-RX、3701V66-RX、37DR10-01010-A-RX、37N-010-RX、37N-01010-RX、37N-01010-Z-RX、37N29B-01010-RX、37Q01-01010-RX、37R65-01010-RX、37S26-01010-RX、37V66-01010-RX、3900178-RX、3910925-RX、3913790-RX、3922529-RX、3935530-RX、3935531-RX、3938600-RX、3967948-RX、3972042-RX、3972529-RX、3974511-RX、3977529-RX、3979372-RX、3999672-RX、39N29B-01010-RX、3GN-01010-RX、4242002-RX、4930018-RX、4930714-RX、4930794-RX、4934900-RX、4934903-RX、4935821-RX、4936876-RX、4936877-RX、4938300-RX、4938600-RX、4939018-RX、4939372-RX、4940433-RX、4942002-RX、4942022-RX、4944738-RX、4946255-RX、4948043-RX、4984043-RX、4985312-RX、4985321-RX、4988274-RX、4993343-RX、4CD3523-RX、5259577-RX、5259578-RX、5267138-RX C2874453-RX、C3415351-RX、C3415536-RX、C3415564-RX、C3415609-RX、C3415691-RX、C3900470-RX、C3938600-RX、C3967947-RX、C3967948-RX、C3968274-RX、C3970003-RX、C3972529-RX、C3974511-RX、C3979372-RX、C3979568-RX、C3999672-RX、C4930794-RX、C4932319-RX、C4933436-RX、C4934903-RX、C4935821-RX、C4936809-RX、C4937007-RX、C4937404-RX、C4938300-RX、C4938600-RX、C4939018-RX、C4940559-RX、C4942002-RX、C4944738-RX、C4946255-RX、C4948043-RX、C4948641-RX、C4959851-RX、C4984043-RX、C4984044-RX、C4988346-RX、C4988347-RX、C4988377-RX、C4988427-RX、C4990546-RX、C5253001-RX、C5262960-RX、C5264733-RX、C5266389-RX、C5266390-RX、C5267512-RX、C5274961-RX、C5282426-RX、C5287123-RX、C5288082-RX、C5288083-RX、C5288588-RX、C5288650-RX、C5289631-RX、C5290546-RX、D3016627-RX、D3282431-RX、D3282516-RX、JFZ2200C-RX、JFZ2710F3-RX、JFZ275-RX、JFZ276-RX、L532-RX、R311-3701100、R311-3701100A、R397-3701100、R670A-3701010A、R1531B-3701010、RA3008-3701100、RA3500-3701100、RB7706-3701010A、RD0708-3701100、RD0708-3701100A、RD30-3701010、RD32-3701010、RD7103-3701010C、RD7103-3701100、RE12Y1-3701100、RF30FH-3701100、RF31D1-3701100、RF3400-3701100A、RF3400-3701100B、RF5000-3701100、RF5000-3701100A、RF50JA-3701100、RG3220-3701100A、RG5606-3701100A、RJF1300～RJF1309、RJF1400～RJF1419、RJF1500～RJF1519、RJF1600～RJF1619、RJF1700～RJF1719、RJF1800～RJF1819、RJF1900～RJF1919、RJF2200～RJF2209、RJF2300～RJF2309、RJF2400～RJF2409、RJF2500～RJF2509、RJF2600～RJF2609、RJF2700～RJF2709、RJF2800～RJF2809、RJF2900～RJF2919、RJFB1300～RJFB1309、RJFB1400～RJFB1409、RJFB1500～09、RJFB1600～09、RJFB1700～RJFB1719、RJFB1800～RJFB1819、RJFB1900～RJFB1949、RJFB2200～RJFB2209、RJFB2300～RJFB2309、RJFB2400～RJFB2409、RJFB2500～RJFB2509、RJFB2600～RJFB2609、RJFB2700～RJFB2709、RJFB2800～RJFB2809、RJFB2900～RJFB2919、RJFW1300～RJFW1309、RJFW1400～09、RJFW1500～RJFW1509、RJFW1600～RJFW1609、RJFW1700～RJFW1709、RJFW1800～RJFW1809、RJFW1900～RJFW1919、RJFW2200～RJFW2209、RJFW2300～RJFW2309、

（续）

序号	制造商	产品名称	产品型号
4.3	三立（厦门）汽车配件有限公司	交流发电机	RJFW2400～RJFW2409、RJFW2500～RJFW2509、RJFW2600～RJFW2609、RJFW2700～RJFW2709、RJFW2800～RJFW2809、RJFW2900～RJFW2949、RJFY1300～RJFY1309、RJFY1400～RJFY1409、RJFY1500～RJFY1509、RJFY1600～RJFY1609、RJFY1700～RJFY1719、RJFY1800～RJFY1819、RJFY1900～RJFY1949、RJFY2200～RJFY2209、RJFY2300～RJFY2309、RJFY2400～RJFY2409、RJFY2500～RJFY2509、RJFY2600～RJFY2609、RJFY2700～RJFY2709、RJFY2800～RJFY2809、RJFY2900～RJFY2919、RJFZ1300～RJFZ1319、RJFZ1400～RJFZ1419、RJFZ1500～RJFZ1549、RJFZ1600～RJFZ1649、RJFZ1700～RJFZ1999、RJFZ2200～RJFZ2219、RJFZ2300～RJFZ2319、RJFZ2400～RJFZ2449、RJFZ2500～RJFZ2549、RJFZ2600～RJFZ2649、RJFZ2700～RJFZ2749、RJFZ2800～RJFZ2849、RJFZ2900～RJFZ2999、RL30L2-3701100A、Z3900284-RX、Z3900520-RX

表 B-3 第三批再制造产品目录

序号	制造商	产品名称	产品型号
1. 机床产品及其零部件			
1.1	重庆机床（集团）有限责任公司	滚齿机	YBA3132、YKX3132、YKZ3120、YX3120、YXA3132
1.2	重庆第二机床厂有限责任公司	卧式车床	C2-6132、C2-6136、C2-6140
1.3	武汉华中自控技术发展有限公司	重型卧式车床	$\phi1250$、$\phi1600$、$\phi2000$、$\phi2500$、$\phi3150$
		落地铣镗床	$\phi160$、$\phi200$、$\phi260$、$\phi315$
		立式车床（包括数控）	$\phi1250$、$\phi1600$、$\phi2000$、$\phi6300$、$\phi8000$、$\phi15000$
		数控龙门铣镗床	1500（工作台宽度）、2000（工作台宽度）、2500（工作台宽度）、3000（工作台宽度）
2. 办公设备及其零件			
2.1	江西亿铂电子科技有限公司	再制造旧碳粉盒（AC-）	B0115CR、B0115KR、B0115MR、B0115YR、CEP26QRGU、D3110XCR、D3110XKR、D3110XMR、D3110XYR、D3130XCR、D3130XYR、H0278CRGU、H0285CRG、H0435CRG、H0436CRG、H2612RU、H2670KR、H2671CR、H2672YR、H2673MR、H3960KRU、H3961CRU、H3962YRU、H3963MRU、H4127XR、H4127XXR、H5950KR、H5950KRU、H5951CR、H5951CRU、H5952YR、H5952YRU、H5953MR、H5953MRU、H6000KR、H6001CR、H6002YR、H6003MR、H6460KR、H6470KR、H6471CR、H6472YR、H6473MR、H7581CR、H7582YR、H7583MR、H8061XCR、H8061XR、H8061XXR、H9720KR、H9721CR、H9722YR、H9723MR、R1000CR、X6180XCR、X6180XKR、X6180XMR、X6180XYR、X6280XKR

（续）

序号	制造商	产品名称	产品型号
2.2	南京田中机电再制造有限公司	静电复印机	E105、E105+、E355、E455、E700、E920、E1035、E1045、E1050、E1350、E1668、E2035、E2045、E3035、E3045、E3220、E3500、E3511、E3520、E3530、E4500、E4570、E6000、E6020、EC6500、E6570、E6870、E7086、E7095、E7105、E7500、E8070、E8500、EC2045、EC2060、EC6060、EC7000、EC8000、EVP7000

3. 工程机械及其零件

3.1	洛阳瑞成轴承有限责任公司	转盘轴承	RM-BL35.1800.0、RM-FA0060500-1A、RM-HE40.2200.00
		推力圆柱滚子	RM-W101-0500-2L、RM-W101-0500-2R
		角接触球轴承	RM-71892BG

4. 电动机及其零件

序号	制造商	产品名称	产品型号
4.1	上海电科电机科技有限公司	YDT系列变极双速高压三相异步电动机	YDT400-6/8（280kW/120kW 6kV）、YDT500-6/8（560kW/250kW 6kV）、YDT4005-6/8（400kW/200kW 6kV）YDT560-8/10（630kW/355kW 6kV IP54）YDT630-10/12（800kW/500kW 6kV）、YDT900-10/12（3800kW/2600kW 6kV）、YDT1100/850-12/14-1430（1100kW/850kW 6kV）、YDT1600/1250-12/14-1730（1600kW/1250kW 6kV）、YDT1800/1150-12/14（1800kW/1150kW 6kV）、YDT800-12/14-W 2000kW/1800kW 6kV、YDT1250-16/18（3800kW/2700kW 6kV）、YDT1600/1150-16/18-1730（1600kW/1150kW 6kV）、YDT2400/2000-16/18-2150（2400kW/2000kW 6kV）、YDT2400/2000-16/18-2150（3000kW/1950kW 6kV）、YDT2800/2000-16/18-1120（2800kW/2000kW 6kV）、YDT3000/1900-16/18-1250（3000kW/1900kW 6kV）、YDT3150/2000-16/18（3150kW/2000kW 6kV）、YDT2900/2100/-16/18-2150（2900kW/2100kW 6kV）YDT3000/2200-18/20（3000kW/2200kW 6kV）
4.2		YX系列高效率高压三相异步电动机	YX400-4/450kW 6kV、YX450-4/630kW 6kV、YX450-4/900kW 6kV、YX500-4/1120kW 6kV、YX500-4/1250kW 6kV、YX630-4/2500kW 6kV YX400-6/400kW 6kV、YX450-6/630kW 6kV、YX500-6/900kW 6kV、YX560-6/1250kW 6kV、YX900-6/5500kW 6kV YX500-8/630kW 6kV、YX500-8/750kW 6kV、YX560-8/1000kW 6kV YX500-10/500kW 6kV、YX500-10/710kW 6kV、YX560-10/800kW 6kV、YX630-10/1120kW 6kV YX560-12/630kW 6kV、YX630-12/800kW 6kV、YX710-16/800kW 6kV、YX710-16/1000kW 6kV YX900-12/2600kW 6kV

（续）

序号	制造商	产品名称	产品型号
5. 内燃机及其零部件			
5.1	中国石油集团济柴动力总厂（再制造事业部）	2000系列柴油机	G12V190PZL-Rm
		3000系列柴油机	A12V190PZL-Rm
		普通配套机	PZ12V190B-Rm
		普通单机	Z12V190B-Rm

表 B-4　第四批再制造产品目录

序号	制造商	产品名称	产品型号
1. 办公设备及其零件			
1.1	天津光电久远科技有限公司	硒鼓	TOH-388A、TOH-436A、TOH-505A、TOH-2612A
1.2	富士施乐爱科制造（苏州）有限公司	废粉回收盒	CWAA0485、CWAA0751
2. 工程机械及其零部件			
2.1	武汉千里马工程机械再制造有限公司	液压挖掘机	DH60-7、DH150LC-7、DH220LC-7
3. 电动机及其零部件			
3.1	浙江金龙电机股份有限公司	JM1系列节能三相异步电动机	JM1-90L-2 Z、JM1-90S-2 Z、JM1-100L-2 Z、JM1-112M-2 Z、JM1-132S1-2 Z、JM1-132S2-2 Z、JM1-160L-2 Z、JM1-160M1-2 Z、JM1-160M2-2 Z、JM1-180M-2 Z、JM1-200L1-2 Z、JM1-200L2-2 Z、JM1-225M-2 Z、JM1-250M-2 Z、JM1-280M-2 Z、JM1-280S-2 Z、JM1-315L1-2 Z、JM1-315L2-2 Z、JM1-315M-2 Z、JM1-315S-2 Z、JM1-355L-2 Z、JM1-355M-2 Z、JM1-801-2 Z、JM1-802-2 Z JM1-90S-4 Z、JM1-90L-4 Z、JM1-100L1-4 Z、JM1-100L2-4 Z、JM1-112M-4 Z、JM1-132M-4 Z、JM1-132S-4 Z、JM1-160L-4 Z、JM1-160M-4 Z、JM1-180L-4 Z、JM1-180M-4 Z、JM1-200L-4-Z、JM1-225M-4 Z、JM1-225S-4-Z、JM1-250M-4 Z、JM1-280M-4 Z、JM1-280S-4 Z、JM1-315L1-4 Z、JM1-315L2-4 Z、JM1-315M-4 Z、JM1-315S-4 Z、JM1-JM1-355L-4 Z、355M-4 Z JM1-112M-6 Z、JM1-132M1-6 Z、JM1-132M2-6 Z、JM1-132S-6 Z、JM1-160L-6 Z、JM1-160M-6 Z、JM1-180L-6 Z、JM1-200L1-6 Z、JM1-200L2-6 Z、JM1-225M-6 Z、JM1-250M-6 Z、JM1-280M-6 Z、JM1-280S-6 Z、JM1-315M-6 Z、JM1-315L2-6 Z、JM1-315S-6 Z、JM1-355M1-6 Z、JM1-355M2-6 Z

(续)

序号	制造商	产品名称	产品型号
3.2		高压交流汽轮发电机	QFW-2-3000kW RM、QFW-2-4500kW RM、QFW-2-5000kW RM、QFW-2-6000kW RM、QFW-2-7000kW RM、QFW-2-8000kW RM、QFW-2-9000kW RM、QFW-2-10000kW RM、QFW-2-12000kW RM、QFW-2-15000kW RM、QFW-2-18000kW RM、QFW-2-20000kW RM、QFW-2-25000kW RM、QFW-2-40000kW RM、QFW-4-10000kW RM、QFW-4-12000kW RM、QFW-4-15000kW RM
3.3	南阳防爆集团股份有限公司	高压交流增安型同步电动机	TAW-14-1000kW-10000V RM TAW-16-900kW-10000V RM、TAW-16-1000kW-10000V RM、TAW-16-1100kW-10000V RM、TAW-16-1300kW-10000V RM、TAW-16-1400kW-10000V RM、TAW-16-1500kW-10000V RM、TAW-16-2700kW-10000V RM TAW-18-800kW-10000V RM、TAW-18-1000kW-10000V RM、TAW-18-1200kW-10000V RM、TAW-18-1700kW-6000V RM、TAW-18-1800kW-10000V RM、TAW-18-2300kW-10000V RM、TAW-18-2500kW-10000V RM、TAW-18-2600kW-6000V RM、TAW-18-2800kW-10000V RM、TAW-18-3300kW-10000V RM、TAW-18-3400kW-10000V RM、TAW-18-3500kW-6000V RM、TAW-18-3800kW-10000V RM TAW-20-1600kW-10000V RM、TAW-20-1900kW-10000V RM、TAW-20-2100kW-10000V RM、TAW-20-2400kW-6000V RM、TAW-20-2900kW-10000V RM、TAW-20-4000kW-10000V RM、TAW-20-6300kW-6000V RM
			TAWKK-16-1200kW-10000V RM、TAWKK-18-1800kW-10000V RM、TAWKK-20-2000kW-6000V RM
3.4		高压交流正压型同步电动机	TZYW-18-1800kW-6000V RM、TZYWKK-18-5000kW-10000V RM、TZYW-20-2800kW-10000V RM
3.5		高压高效交流增安型电动机	YAKK-355-2-280kW-6000V RM、YAKK-400-2-315kW-6000V RM、YAKK-450-2-250kW-10000V RM、YAKK-450-2-280kW-10000V RM、YAKK-450-2-355kW-10000V RM、YAKK-450-2-400kW-10000V RM、YAKK-450-2-500kW-6000V RM、YAKK-450-2-630kW-6000V RM、YAKK-500-2-560kW-10000V RM、YAKK-500-2-630kW-6000V RM、YAKK-500-2-630kW-10000V RM、YAKK-500-2-710kW-10000V RM、YAKK-500-2-900kW-6000V RM、YAKK-560-2-900kW-10000V RM、YAKK-560-2-1000kW-10000V RM、YAKK-560-2-1120kW-6000V RM、YAKK-560-2-1120kW-10000V RM、YAKK-560-2-1250kW-10000V RM、YAKK-630-2-1250kW-10000V RM、YAKK-630-2-1600kW-10000V RM、YAKK-710-2-2240kW-10000V RM

（续）

序号	制造商	产品名称	产品型号
3.5	南阳防爆集团股份有限公司	高压高效交流增安型电动机	YAKK-355-4-185kW-6000V RM、YAKK-355-4-200kW-6000V RM、YAKK-400-4-280kW-6000V RM、YAKK-400-4-315kW-6000V RM、YAKK-450-4-250kW-10000V RM、YAKK-450-4-280kW-10000V RM、YAKK-500-4-630kW-6000V RM、YAKK-560-4-1000kW-6000V RM、YAKK-560-4-1250kW-6000V RM、YAKK-630-4-1120kW-10000V RM、YAKK-630-4-1250kW-10000V RM、YAKK-710-4-3650kW-10000V RM YAKK-450-6-220kW-10000V RM、YAKK-630-6-900kW-10000V RM、YAKK-800-6-2500kW-6000V RM YAKK-500-8-315kW-10000V RM YAKS-500-10-280kW-10000V RM、YAKS-500-10-355kW-10000V RM YAKK-500-12-200kW-10000V RM、YAKK-500-12-220kW-10000V RM、YAKK-500-12-250kW-10000V RM、YAKK-560-12-355kW-10000V RM、YAKK-630-12-400kW-10000V RM、YAKK-630-12-500kW-10000V RM、YAKK-710-12-1120kW-10000V RM、YAKK-800-12-1600kW-10000V RM YAKK-560-14-250kW-10000V RM、YAKK-560-14-280kW-10000V RM、YAKK-560-14-315kW-10000V RM、YAKK-560-14-355kW-10000V RM、YAKK-630-14-355kW-6000V RM、YAKK-630-14-355kW-10000V RM、YAKK-630-14-400kW-10000V RM、YAKK-630-14-450kW-10000V RM、YAKK-630-14-500kW-10000V RM、YAKK-630-14-560kW-10000V RM、YAKK-710-14-630kW-10000V RM、YAKK-710-14-710kW-10000V RM YAKK-630-16-250kW-10000V RM、YAKK-630-16-280kW-6000V RM、YAKK-710-16-450kW-6000V RM、YAKK-710-16-450kW-10000V RM、YAKK-710-16-560kW-10000V RM、YAKK-710-16-630kW-10000V RM、YAKK-710-16-710kW-10000V RM、YAKK-710-16-800kW-6000V RM、YAKK-710-16-800kW-10000V RM、YAKK-800-16-450kW-10000V RM、YAKK-800-16-500kW-6000V RM、YAKK-800-16-500kW-10000V RM、YAKK-800-16-560kW-6000V RM、YAKK-800-16-710kW-6000V RM、YAKK-800-16-710kW-10000V RM、YAKK-800-16-800kW-10000V RM、YAKK-800-16-1100kW-10000V RM、YAKK-800-16-1150kW-6000V RM、YAKK-800-16-1250kW-10000V RM、YAKK-900-16-800kW-6000V RM、YAKK-900-16-1120kW-6000V RM、YAKK-900-16-1400kW-10000V RM、YAKK-1000-16-1550kW-10000V RM YAKK-710-18-450kW-6000V RM、YAKK-710-18-450kW-10000V RM、YAKK-800-18-630kW-10000V RM、YAKK-900-18-710kW-6000V RM、YAKK-900-18-1000kW-10000V RM、YAKK-900-18-1200kW-10000V RM、YAKK-900-18-1400kW-10000V RM、YAKK-1000-18-1600kW-6000V RM、YAKK-1000-18-1800kW-6000V RM、YAKK-1000-18-2240kW-6000V RM、YAKK-1000-18-2300kW-10000V RM

(续)

序号	制造商	产品名称	产品型号
3.5	南阳防爆集团股份有限公司	高压高效交流增安型电动机	YAKS-500-2-630kW-10000V RM、YAKS-560-2-1120kW-6000V RM、YAKS-560-2-1250kW-10000V RM、YAKS-560-2-1600kW-6000V RM、YAKS-560-2-1600kW-10000V RM、YAKS-560-2-1800kW-10000V RM、YAKS-560-2-2000kW-6000V RM、YAKS-630-2-2240kW-6000V RM、YAKS-630-2-1400kW-10000V RM、YAKS-630-2-2400kW-6000V RM、YAKS-630-2-2500kW-6000V RM YAKS-500-4-1400kW-10000V RM、YAKS-560-4-2240kW-10000V RM、YAKS-630-4-1800kW-6000V RM、YAKS-630-4-2000kW-10000V RM、YAKS-710-4-2500kW-10000V RM、YAKS-710-4-3200kW-10000V RM、YAKS-710-4-4900kW-10000V RM YAKS-630-8-1000kW-6000V RM、YAKS-630-8-1120kW-10000V RM YAKS-800-12-1800kW-10000V RM YAKS-710-16-400kW-10000V RM、YAKS-710-16-560kW-10000V RM、YAKS-710-16-710kW-10000V RM、YAKS-710-16-800kW-10000V RM、YAKS-800-16-800kW-10000V RM、YAKS-800-16-1000kW-6000V RM、YAKS-900-16-900kW-6000V RM、YAKS-900-16-1120kW-10000V RM、YAKS-900-16-1150kW-10000V RM YAKS-900-20-710kW-10000V RM
3.6		高压高效交流隔爆型电动机	YB2-400-2-160kW-10000V RM、YB2-400-2-185kW-10000V RM、YB2-400-2-200kW-10000V RM、YB2-400-2-220kW-10000V RM、YB2-400-2-250kW-10000V RM、YB2-400-2-250kW-6000V RM、YB2-400-2-280kW-10000V RM、YB2-400-2-315kW-6000V RM、YB2-400-2-315kW-10000V RM、YB2-400-2-315kW-11000V RM、YB2-400-2-355kW-6000V RM、YB2-400-2-400kW-6000V RM、YB2-400-2-450kW-6000V RM、YB2-450-2-160kW-10000V RM、YB2-450-2-220kW-10000V RM、YB2-450-2-355kW-6000V RM、YB2-450-2-355kW-10000V RM、YB2-450-2-400kW-6000V RM、YB2-450-2-400kW-10000V RM、YB2-450-2-450kW-10000V RM、YB2-450-2-500kW-6000V RM、YB2-450-2-500kW-10000V RM、YB2-450-2-560kW-6000V RM、YB2-450-2-560kW-6600V RM、YB2-450-2-630kW-6000V RM、YB2-450-2-710kW-6000V RM、YB2-500-2-560kW-10000V RM、YB2-500-2-630kW-10000V RM、YB2-500-2-710kW-10000V RM、YB2-500-2-800kW-6000V RM、YB2-500-2-800kW-10000V RM、YB2-500-2-900kW-10000V RM、YB2-500-2-1000kW-6000V RM、YB2-560-2-1000kW-10000V RM、YB2-560-2-1120kW-10000V RM、YB2-560-2-1250kW-10000V RM、YB2-560-2-1400kW-10000V RM、YB2-560-2-1400kW-6000V RM

（续）

序号	制造商	产品名称	产品型号
3.6	南阳防爆集团股份有限公司	高压高效交流隔爆型电动机	YB2-400-4-132kW-10000V RM、YB2-400-4-160kW-10000V RM、YB2-400-4-185kW-10000V RM、YB2-400-4-200kW-10000V RM、YB2-400-4-220kW-10000V RM、YB2-400-4-250kW-10000V RM、YB2-400-4-280kW-10000V RM、YB2-400-4-315kW-6000V RM、YB2-400-4-315kW-10000V RM、YB2-400-4-355kW-6000V RM、YB2-400-4-400kW-3300V RM、YB2-400-4-400kW-6000V RM、YB2-400-4-450kW-6000V RM、YB2-450-4-200kW-10000V RM、YB2-450-4-250kW-10000V RM、YB2-450-4-280kW-10000V RM、YB2-450-4-315kW-10000V RM、YB2-450-4-315kW-6000V RM、YB2-450-4-355kW-6000V RM、YB2-450-4-355kW-10000V RM、YB2-450-4-400kW-6000V RM、YB2-450-4-400kW-10000V RM、YB2-450-4-450kW-6000V RM、YB2-450-4-450kW-10000V RM、YB2-450-4-500kW-6000V RM、YB2-450-4-500kW-10000V RM、YB2-450-4-560kW-6000V RM、YB2-450-4-630kW-6000V RM、YB2-450-4-630kW-3300V RM、YB2-450-4-710kW-6000V RM、YB2-450-4-900kW-6000V RM、YB2-500-4-500kW-6000V RM、YB2-500-4-560kW-10000V RM、YB2-500-4-630kW-10000V RM、YB2-500-4-710kW-10000V RM、YB2-500-4-800kW-6000V RM、YB2-500-4-800kW-10000V RM、YB2-500-4-900kW-6000V RM、YB2-500-4-900kW-10000V RM、YB2-500-4-1000kW-6000V RM、YB2-500-4-1120kW-6000V RM、YB2-560-4-1000kW-10000V RM、YB2-560-4-1120kW-10000V RM、YB2-560-4-1120kW-11000V RM、YB2-560-4-1250kW-6000V RM、YB2-560-4-1250kW-10000V RM、YB2-560-4-1400kW-6000V RM、YB2-560-4-1400kW-10000V RM、YB2-560-4-1600kW-6000V RM、YB2-560-4-1600kW-10000V RM、YB2-560-4-1800kW-6000V RM YB2-400-6-160kW-10000V RM、YB2-400-6-185kW-10000V RM、YB2-400-6-200kW-10000V RM、YB2-400-6-220kW-10000V RM、YB2-400-6-250kW-6000V RM、YB2-400-6-250kW-10000V RM、YB2-450-6-280kW-10000V RM、YB2-450-6-315kW-10000V RM、YB2-450-6-355kW-6000V RM、YB2-450-6-355kW-10000V RM、YB2-450-6-400kW-10000V RM、YB2-450-6-400kW-6000V RM、YB2-450-6-500kW-6000V RM、YB2-450-6-710kW-6000V RM、YB2-450M-6-400kW-6000V RM、YB2-500-6-400kW-10000V RM、YB2-500-6-450kW-10000V RM、YB2-500-6-500kW-10000V RM、YB2-500-6-560kW-6000V RM、YB2-500-6-560kW-10000V RM、YB2-500-6-630kW-6000V RM、YB2-500-6-630kW-10000V RM、YB2-500-6-710kW-10000V RM、YB2-500-6-800kW-6000V RM、YB2-560-6-710kW-10000V RM、YB2-560-6-800kW-10000V RM、YB2-560-6-900kW-10000V RM、YB2-560-6-900kW-10500V RM

（续）

序号	制造商	产品名称	产品型号
3.6	南阳防爆集团股份有限公司	高压高效交流隔爆型电动机	YB2-450-8-160kW-10000V RM、YB2-450-8-185kW-10000V RM、YB2-450-8-200kW-10000V RM、YB2-450-8-250kW-11000V RM、YB2-450-8-280kW-10000V RM、YB2-450-8-315kW-6000V RM、YB2-500-8-315kW-10000V RM、YB2-500-8-450kW-10000V RM、YB2-450-10-185kW-10000V RM、YB2-450-10-200kW-6000V RM、YB2-450-10-220kW-10000V RM、YB2-450-10-250kW-10000V RM、YB2-450-10-280kW-6000V RM、YB2-450-10-280kW-10000V RM、YB2-450-10-355kW-10000V RM、YB2-500-10-280kW-6000V RM、YB2-500-10-280kW-10000V RM、YB2-500-10-450kW-6000V RM、YB2-500-10-450kW-10000V RM、YB2-500-10-500kW-6000V RM、YB2-450-12-200kW-6000V RM、YB2-500-12-280kW-10000V RM
			YB3-400-2-160kW-10000V RM、YB3-400-2-185kW-10000V RM、YB3-400-2-200kW-10000V RM、YB3-400-2-220kW-10000V RM、YB3-400-2-250kW-10000V RM、YB3-400-2-280kW-10000V RM、YB3-400-2-315kW-6000V RM、YB3-400-2-315kW-10000V RM、YB3-400-2-355kW-10000V RM、YB3-400-2-400kW-6000V RM、YB3-400-2-400kW-10000V RM、YB3-400-2-450kW-6000V RM、YB3-450-2-355kW-10000V RM、YB3-450-2-400kW-6000V RM、YB3-450-2-400kW-10000V RM、YB3-450-2-450kW-10000V RM、YB3-450-2-500kW-6000V RM、YB3-450-2-500kW-10000V RM、YB3-450-2-560kW-6000V RM、YB3-450-2-560kW-10000V RM、YB3-450-2-630kW-10000V RM、YB3-450-2-710kW-6000V RM、YB3-500-2-560kW-10000V RM、YB3-500-2-630kW-10000V RM、YB3-500-2-710kW-10000V RM、YB3-500-2-900kW-6000V RM、YB3-500-2-900kW-10000V RM、YB3-500-2-1000kW-6000V RM、YB3-500-2-1000kW-10000V RM、YB3-560-2-1400kW-10000V RM YB3-400-4-185kW-10000V RM、YB3-400-4-200kW-10000V RM、YB3-400-4-220kW-10000V RM、YB3-400-4-250kW-10000V RM、YB3-400-4-280kW-10000V RM、YB3-400-4-315kW-6000V RM、YB3-400-4-315kW-10000V RM、YB3-400-4-355kW-6000V RM、YB3-400-4-355kW-10000V RM、YB3-400-4-400kW-6000V RM、YB3-400-4-400kW-11000V RM、YB3-400-4-450kW-6000V RM、YB3-400-4-450kW-10000V RM、YB3-400-4-500kW-6000V RM、YB3-400-4-560kW-6000V RM、YB3-450-4-355kW-10000V RM、YB3-450-4-400kW-10000V RM、YB3-450-4-450kW-10000V RM、YB3-450-4-500kW-10000V RM、YB3-450-4-560kW-10000V RM、YB3-450-4-630kW-10000V RM、YB3-450-4-800kW-10000V RM、YB3-500-4-560kW-10000V RM、YB3-500-4-630kW-10000V RM、YB3-500-4-710kW-10000V RM、YB3-500-4-800kW-6000V RM、YB3-500-4-800kW-10000V RM、YB3-500-4-900kW-10000V RM、YB3-500-4-1000kW-6000V RM、YB3-560-4-1250kW-6000V RM、YB3-560-4-1250kW-10000V RM

（续）

序号	制造商	产品名称	产品型号
3.6	南阳防爆集团股份有限公司	高压高效交流隔爆型电动机	YB3-400-6-220kW-6000V RM、YB3-400-6-220kW-10000V RM、YB3-400-6-250kW-6000V RM、YB3-400-6-250kW-10000V RM、YB3-400-6-280kW-6000V RM、YB3-400-6-280kW-10000V RM、YB3-400-6-315kW-6000V RM、YB3-450-6-315kW-10000V RM、YB3-450-6-355kW-6000V RM、YB3-450-6-400kW-6000V RM、YB3-450-6-400kW-10000V RM、YB3-450-6-500kW-6000V RM、YB3-500-6-450kW-10000V RM、YB3-500-6-710kW-10000V RM、YB3-560-6-1400kW-10000V RM YB3-400-8-185kW-6000V RM、YB3-400-8-200kW-6000V RM、YB3-400-8-280kW-10000V RM、YB3-500-8-450kW-10000V RM、YB3-500-8-560kW-6000V RM YB3-400-10-185kW-6000V RM、YB3-450-10-220kW-10000V RM、YB3-450-10-250kW-10000V RM、YB3-450-10-280kW-10000V RM、YB3-500-10-250kW-10000V RM、YB3-500-10-355kW-10000V RM、YB3-500-10-400kW-10000V RM、YB3-500-10-500kW-6000V RM、YB3-500-10-560kW-6000V RM
			YB-560-2-500kW-10000V RM、YB-560M-2-500kW-10000V RM、YB-560M-2-560kW-10000V RM、YB-560M-2-630kW-6000V RM、YB-560S-2-450kW-10000V RM、YB-560S-2-560kW-6000V RM、YB-630-2-800kW-10000V RM、YB-630-6-900kW-6000V RM、YB-630-2-900kW-10000V RM、YB-630-2-1120kW-6000V RM、YB-630-2-1250kW-10000V RM、YB-630M-2-800kW-10000V RM、YB-630M-2-900kW-6000V RM、YB-630M-2-900kW-10000V RM、YB-630M-2-1000kW-6000V RM、YB-630S-2-630kW-10000V RM、YB-710-2-1000kW-10000V RM、YB-710-2-1120kW-10000V RM、YB-710-2-1250kW-6000V RM、YB-710-2-1300kW-6000V RM、YB-710-2-1400kW-6000V RM、YB-710-2-1480kW-6000V RM、YB-710-2-1600kW-6000V RM、YB-710M-2-1250kW-10000V RM、YB-710M-2-1600kW-6000V RM、YB-710S-2-1000kW-10000V RM、YB-710S-2-1120kW-10000V RM、YB-710S-2-1250kW-6000V RM、YB-800-2-1800kW-10000V RM、YB-800-2-1965kW-10000V RM、YB-800-2-2400kW-10000V RM、YB-800M-2-2240kW-6000V RM、YB-800S-2-1600kW-10000V RM、YB-800S-2-1700kW-10000V RM、YB-900-2-2600kW-6000V RM YB-560-4-400kW-10000V RM、YB-560-4-450kW-10000V RM、YB-560-4-630kW-6000V RM、YB-560-4-710kW-6000V RM、YB-560M-4-500kW-10000V RM、YB-560M-4-560kW-10000V RM、YB-560M-4-630kW-6000V RM、YB-560M-4-710kW-6000V RM、YB-560S-4-355kW-10000V RM、YB-560S-4-400kW-10000V RM、YB-560S-4-450kW-10000V RM、YB-560S-4-560kW-6000V RM、YB-630M-4-800kW-10000V RM、YB-630M-4-900kW-10000V RM、YB-630M-4-1120kW-6000V RM、YB-630S-4-630kW-10000V RM、YB-630S-4-710kW-10000V RM、YB-630S-4-800kW-6000V RM、YB-710-4-1650kW-6000V RM、YB-710-4-1800kW-6300V RM、YB-710M-4-1250kW-10000V RM、YB-710M-4-1400kW-10000V RM、YB-710S-4-1000kW-10000V RM、YB-710S-4-1120kW-10000V RM、YB-710S-4-1250kW-6000V RM、YB-710S-4-1250kW-3000V RM、YB-710S-4-1400kW-6000V RM、YB-800-4-1600kW-6000/10000V RM、YB-800S-4-1600kW-10000V RM、YB-800S-4-2240kW-6000V RM

（续）

序号	制造商	产品名称	产品型号
3.6	南阳防爆集团股份有限公司	高压高效交流隔爆型电动机	YB-560M-6-560kW-6000V RM、YB-560S-6-315kW-10000V RM、YB-630M-6-560kW-10000V RM、YB-630M-6-710kW-10000V RM、YB-630M-6-900kW-6000V RM、YB-710-6-1000kW-10000V RM、YB-710S-6-800kW-10000V RM、YB-800-6-1250kW-10000V RM、YB-800M-6-1800kW-11000V RM、YB-800S-6-2240kW-10000V RM YB-630-8-450kW-10000V RM、YB-800-8-1250kW-6000V RM、YB-800M-8-1600kW-6000V RM YB560-10-250kW-10000V RM、YB-630-10-315kW-10000V RM、YB-630-10-400kW-10000V RM、YB-630M-10-355kW-10000V RM、YB-630M-10-400kW-10000V RM、YB-630M-10-500kW-6000V RM、YB-630S-10-280kW-6000V RM、YB-630S-10-315kW-10000V RM、YB-710M-10-800kW-6000V RM、YB-800-10-710kW-6000/10000V RM、YB-800M-10-900kW-10000V RM、YB-900-10-1120kW-10000V RM YB-710-12-220kW-10000V RM、YB-710-12-450kW-10000V RM、YB-900-12-1120kW-10000V RM YB-710-14-185kW-6000V RM、YB-710-14-200kW-10000V RM、YB-710-14-220kW-10000V RM、YB-710-14-250kW-6000V RM、YB-710-14-250kW-10000V RM、YB-710-14-280kW-6000V RM、YB-710-14-280kW-10000V RM、YB-710-14-315kW-10000V RM、YB-710-14-355kW-6000V RM、YB-710-14-355kW-10000V RM、YB-710-14-400kW-6000V RM、YB-710-14-400kW-10000V RM、YB-800-14-450kW-10000V RM、YB-800-14-500kW-10000V RM、YB-800-14-560kW-10000V RM YB-800-16-500kW-6000V RM、YB-800-16-500kW-10000V RM、YB-800-16-630kW-6000V RM、YB-800-16-630kW-10000V RM YBBP-400-2-160kW-10000V RM、YBBP-400-2-280kW-10000V RM、YBBP-400-2-315kW-10000V RM、YBBP-400-2-450kW-6000V RM、YBBP-450-2-560kW-6000V RM、YBBP-500-2-560kW-10000V RM、YBBP-560-2-1120kW-10000V RM、YBBP-630M-2-800kW-10000V RM、YBBP-710-2-1000kW-10000V RM、YBBP-710M-2-1250kW-6000V RM、YBBP-710M-2-1400kW-10000V RM、YBBP-710S-2-1120kW-10000V RM YBBP-400-4-185kW-10000V RM、YBBP-400-4-200kW-10000V RM、YBBP-400-4-220kW-10000V RM、YBBP-400-4-250kW-10000V RM、YBBP-400-4-280kW-10000V RM、YBBP-400-4-315kW-6000V RM、YBBP-400-4-315kW-10000V RM、YBBP-400-4-355kW-3300V RM、YBBP-400-4-355kW-6000V RM、YBBP-400-4-400kW-6000V RM、YBBP-400-4-450kW-6000V RM、YBBP-450-4-315kW-10000V RM、YBBP-450-4-355kW-10000V RM、YBBP-450-4-400kW-10000V RM、YBBP-450-4-450kW-10000V RM、YBBP-450-4-500kW-6000V RM、YBBP-450-4-500kW-10000V RM、YBBP-450-4-560kW-6000V RM、YBBP-450-4-630kW-6000V RM、YBBP-450-4-710kW-6000V RM、YBBP-500-4-560kW-10000V RM、YBBP-500-4-710kW-10000V RM、YBBP-500-4-800kW-6000V RM、YBBP-500-4-800kW-10000V RM、YBBP-500-4-1000kW-3300V RM、YBBP-500-4-1000kW-10000V RM、YBBP-560-4-1120kW-10000V RM、YBBP-560-4-1250kW-10000V RM、YBBP-560-4-1400kW-10000V RM、YBBP-560-4-1600kW-6000V RM、YBBP-560-4-1800kW-10000V RM、YBBP-630-4-710kW-10000V RM、YBBP-630-4-800kW-10000V RM、YBBP-630M-4-1120kW-6000V RM、YBBP-630S-4-560kW-10000V RM、YBBP-710-4-1400kW-10000V RM、YBBP-710M-4-1800kW-6000V RM、YBBP-900-4-3150kW-10000V RM

（续）

序号	制造商	产品名称	产品型号
3.6	南阳防爆集团股份有限公司	高压高效交流隔爆型电动机	YBBP-450-6-280kW-10000V RM、YBBP-450-6-355kW-6000V RM、YBBP-450-6-355kW-10000V RM、YBBP-500-6-630kW-10000V RM、YBBP-500-6-710kW-10000V RM、YBBP-710-6-1120kW-10000V RM、YBBP-710M-6-1400kW-6000V RM、YBBP-800M-6-2240kW-6000V RM YBBP-500-8-400kW-6000V RM、YBBP-560-8-630kW-6000V RM、YBBP-800-8-1400kW-10000V RM YBBP-450-10-280kW-10000V RM、YBBP-800M-10-450kW-10000V RM
			YBF-450S-6-250kW-6000V RM、YBF-450S-6-185kW-10000V RM YBF-450-8-160kW-10000V RM、YBF-450-8-200kW-6000V RM、YBF-450M-8-250kW-6000V RM、YBF-450M-8-280kW-6000V RM、YBF-450S-8-200kW-10000V RM、YBF-450S-8-220kW-6000V RM、YBF-560-8-400kW-6000V RM、YBF-560M-8-315kW-10000V RM、YBF-560M-8-355kW-6000V RM、YBF-560M-8-400kW-6000V RM、YBF-560S-8-220kW-10000V RM、YBF-560S-8-315kW-6000V RM、YBF-630-8-710kW-6000V RM、YBF-630M-8-500kW-10000V RM、YBF-630M-8-560kW-6000V RM、YBF-630M-8-630kW-6000V RM、YBF-630S-8-355kW-10000V RM、YBF-630S-8-400kW-10000V RM、YBF-630S-8-450kW-6000V RM、YBF-630S-8-500kW-6000V RM、YBF-710-8-630kW-10000V RM、YBF-710-8-1000kW-10000V RM、YBF-710S-8-630kW-10000V RM、YBF-710S-8-710kW-6000V RM、YBF-710S-8-800kW-6000V RM YBF-450S-10-160kW-6000V RM、YBF-450S-10-250kW-6000V RM、YBF-560-10-250kW-10000V RM、YBF-560M-10-220kW-10000V RM、YBF-560M-10-250kW-10000V RM、YBF-630-10-355kW-6000V RM、YBF-630-10-400kW-10000V RM、YBF-630M-10-355kW-10000V RM、YBF-630M-10-400kW-10000V RM、YBF-630M-10-450kW-6000V RM、YBF-630M-10-560kW-6000V RM、YBF-630S-10-280kW-10000V RM、YBF-630S-10-315kW-10000V RM、YBF-630S-10-400kW-6000V RM、YBF-710-10-500kW-10000V RM、YBF-710M-10-560kW-10000V RM、YBF-710M-10-630kW-10000V RM、YBF-710S-10-450kW-10000V RM、YBF-710S-10-500kW-10000V RM、YBF-710S-10-560kW-6000V RM、YBF-710S-10-630kW-6000V RM、YBF-800S-10-710kW-10000V RM、YBF-800S-10-800kW-10000V RM YBF-630M-12-220kW-10000V RM
			YBS-560-2-800kW-10000V RM、YBS-560-2-900kW-10000V RM、YBS-560-2-1000kW-10000V RM、YBS-560-2-1120kW-6000V RM、YBS-560-2-1400kW-6000V RM、YBS-560-2-1400kW-10000V RM、YBS-560-2-1600kW-6000V RM、YBS-630-2-1600kW-10000V RM、YBS-630-2-2000kW-10000V RM、YBS-630-2-2400kW-10000V RM、YBS-630-2-2700kW-10000V RM、YBS-630-2-2800kW-6000V RM

（续）

序号	制造商	产品名称	产品型号
3.6	南阳防爆集团股份有限公司	高压高效交流隔爆型电动机	YBS-560-4-800kW-10000V RM、YBS-630-4-2000kW-10000V RM、YBS-630-4-2240kW-6000V RM、YBS-630-4-2500kW-6000V RM、YBS-630-4-2500kW-10000V RM、YBS-630-4-3000kW-10000V RM、YBS-710-4-2500kW-10000V RM、YBS-710-4-3400kW-10000V RM YBS-560-6-900kW-6000V RM、YBS-630-6-1600kW-6000V RM YBX3-400-2-250kW-10000V RM、YBX3-560-2-1250kW-10000V RM YBX3-400-4-220kW-10000V RM、YBX3-400-4-250kW-10000V RM、YBX3-400-4-315kW-10000V RM、YBX3-450-4-500kW-6000V RM、YBX3-450-4-800kW-6000V RM、YBX3-500-4-1000kW-6000V RM、YBX3-500-4-630kW-10000V RM、YBX3-500-4-900kW-6000V RM、YBX3-560-4-1600kW-6000V RM YBX3-400-6-280kW-6000V RM、YBX3-500-6-710kW-6000V RM、YBX3-500-6-800kW-6000V RM YBX3-500-8-800kW-10000V RM YBXN-400-2-160kW-10000V RM、YBXN-400-2-185kW-10000V RM、YBXN-400-2-200kW-10000V RM、YBXN-400-2-220kW-10000V RM、YBXN-400-2-250kW-10000V RM、YBXN-400-2-280kW-10000V RM、YBXN-400-2-315kW-10000V RM、YBXN-400-2-355kW-6000V RM、YBXN-400-2-355kW-10000V RMYBXN-400-2-400kW-6000V RM、YBXN-400-2-400kW-10000V RM、YBXN-400-2-450kW-6000V RM、YBXN-450-2-630kW-6000V RM、YBXN-450-2-710kW-6000V RM、YBXN-500-2-800kW-10000V RM、YBXN-560-2-1600kW-6000V RM YBXN-400-4-160kW-10000V RM、YBXN-400-4-185kW-10000V RM、YBXN-400-4-200kW-10000V RM、YBXN-400-4-220kW-10000V RM、YBXN-400-4-250kW-10000V RM、YBXN-400-4-280kW-10000V RM、YBXN-400-4-315kW-6000V RM、YBXN-400-4-315kW-10000V RM、YBXN-400-4-355kW-10000V RM、YBXN-400-4-400kW-6000V RM、YBXN-400-4-400kW-10000V RM、YBXN-400-4-450kW-6000V RM、YBXN-400-4-450kW-10000V RM、YBXN-450-4-450kW-10000V RM、YBXN-450-4-500kW-10000V RM、YBXN-450-4-560kW-10000V RM、YBXN-450-4-710kW-10000V RM、YBXN-500-4-710kW-10000V RM YBXN-400-6-280kW-6000V RM、YBXN-400-6-280kW-10000V RM、YBXN-450-6-400kW-6000V RM、YBXN-450-6-450kW-10000V RM、YBXN-500-6-630kW-10000V RM、YBXN-560-6-1250kW-10000V RM、YBXN-560-6-1600kW-10000V RM YBXN-400-8-220kW-6000V RM YBXN-500-10-280kW-10000V RM

（续）

序号	制造商	产品名称	产品型号
3.7		高压高效交流正压型电动机	YZYKK-500-2-500kW-10000V RM、YZYKK-500-2-710kW-10000V RM、YZYKK-500-2-1000kW-10000V RM、YZYKK-500-2-1250kW-10000V RM、YZYKK-560-2-1600kW-10000V RM、YZYKK-560-2-1900kW-10000V RM、YZYKS-500-2-1000kW-10000V RM、YZYKS-500-2-1250kW-10000V RM、YZYKS-560-2-1650kW-10000V RM、YZYKS-560-2-1800kW-10000V RM、YZYKS-560-2-2000kW-6000V RM、YZYKS-560-2-2000kW-10000V RM、YZYKS-630-2-2500kW-10000V RM、YZYKS-630-2-2600kW-10000V RM、YZYKS-630-2-2800kW-10000V RM、YZYKS-630-2-3150kW-10000V RM YZYKK-560-4-1400kW-6000V RM、YZYKS-560-4-2240kW-10000V RM、YZYKS-560-4-2500kW-10000V RM、YZYKK-630-4-2000kW-10000V RM、YZYKS-710-4-4000kW-10000V RM、YZYKS-710-4-5000kW-6000V RM、YZYKS-710-4-5500kW-10000V RM、YZYKS-900-4-7800kW-10000V RM YZYKK-710-6-3000kW-10000V RM YZYKK-710-12-1250kW-10000V RM YZYKK-710-16-630kW-6000V RM、YZYKK-800-16-710kW-10000V RM、YZYKK-800-16-800kW-6000V RM、YZYKS-1000-16-2300kW-10000V RM、YZYKS-630-16-355kW-10000V RM、YZYKS-800-16-630kW-10000V RM
3.8	南阳防爆集团股份有限公司	低压高效交流隔爆型电动机	YB3E-132S-2-5.5kW-380/660V RM、YB3E-132S-2-7.5kW-380/660V RM、YB3E-160L-2-18.5kW-380/660V RM、YB3E-160M-2-11kW-380/660V RM、YB3E-160M-2-15kW-380/660V RM、YB3E-180M-2-22kW-380/660V RM、YB3E-200L-2-30kW-380/660V RM、YB3E-200L-2-37kW-380/660V RM、YB3E-225M-2-45kW-380/660V RM、YB3E-250M-2-55kW-380/660V RM、YB3E-280M-2-90kW-380/660V RM、YB3E-280S-2-75kW-380/660V RM、YB3E-315L-2-160kW-380/660V RM、YB3E-315L-2-185kW-380/660V RM、YB3E-315M-2-132kW-380/660/1140V RM、YB3E-315M-2-132kW-400V RM、YB3E-315S-2-110kW-380/660V RM、YB3E-355M-2-220kW-380V RM YB3E-160L-4-15kW-380/660V RM、YB3E-160M-4-11kW-660V RM、YB3E-180L-4-22kW-660V RM、YB3E-180M-4-18.5kW-660V RM、YB3E-200L-4-30kW-380/660V RM、YB3E-225M-4-45kW-380/660V RM、YB3E-225S-4-37kW-380/660V RM、YB3E-250M-4-55kW-380/660V RM、YB3E-280M-4-90kW-380/660V RM、YB3E-280S-4-75kW-380/660V RM、YB3E-315L-4-160kW-380/660V RM、YB3E-315L-4-185kW-380/660V RM、YB3E-355S-4-185kW-380/660V RM YB3E-160M-6-11kW-660V RM、YB3E-225M-6-30kW-380V RM、YB3E-225M-6-30kW-660V RM、YB3E-250M-6-37kW-380/660V RM、YB3E-280M-6-55kW-380/660V RM、YB3E-280S-6-45kW-380V RM、YB3E-355S-6-160kW-660V RM YB3E-180L-8-11kW-660V RM、YB3E-225M-8-22kW-380V RM、YB3E-225M-8-22kW-660V RM、YB3E-315L-8-90kW-660V RM

(续)

序号	制造商	产品名称	产品型号
3.8		低压高效交流隔爆型电动机	YBX3-225M-2-45kW-380/660V RM、YBX3-250M-2-55kW-380/660V RM、YBX3-280M-2-90kW-380/660V RM、YBX3-280M-2-90kW-400/460V RM、YBX3-280S-2-75kW-380/660V RM、YBX3-315L-2-185kW-400/460V RM、YBX3-315M-2-132kW-380/660V RM、YBX3-315S-2-110kW-380/660V RM、YBX3-355M-2-250kW-380/660V RM YBX3-225S-4-37kW-380/660V RM、YBX3-225S-4-37kW-690V RM、YBX3-250M-4-55kW-380/660V RM、YBX3-280M-4-90kW-380/660V RM、YBX3-280M-4-90kW-400/460V RM、YBX3-280S-4-75kW-380/660V RM、YBX3-315S-4-110kW-380/660V RM、YBX3-355M-4-220kW-380/660V RM YBX3-225M-6-30kW-380/660V RM、YBX3-250M-6-37kW-380/660V RM YBX3-225M-8-22kW-380/660V RM YBX3-355M-10-110kW-660V RM
3.9	南阳防爆集团股份有限公司	低压交流隔爆型电动机	YB3-315L-2-132kW-380/660V RM、YB3-315L-2-160kW-380/660V RM、YB3-315L-2-185kW-380/660/1140V RM、YB3-315L-2-200kW-380/660V RM、YB3-315L-2-200kW-660/1140V RM、YB3-225M-2-45kW-380/660V RM、YB3-225M-2-45kW-460V RM、YB3-225M-2-45kW-480V RM、YB3-250M-2-55kW-380/660V RM、YB3-250M-2-55kW-400V RM、YB3-280M-2-90kW-380/660V RM、YB3-280S-2-55kW-380V RM、YB3-280S-2-75kW-380/660V RM、YB3-280S-2-75kW-400V RM、YB3-315M-2-132kW-380/660/1140V RM、YB3-315S-2-110kW-380/660/1140V RM、YB3-355L-2-280kW-380/660/1140V RM、YB3-355L-2-315kW-380/660/1140V RM、YB3-355M-2-220kW-380/660/1140V RM、YB3-355M-2-250kW-380/660V RM、YB3-355S-2-185kW-380/660V RM、YB3-355S-2-200kW-380/660/1140V RM YB3-280S-4-75kW-600V RM、YB3-315L-4-160kW-380/660/1140V RM、YB3-315L-4-185kW-380/660/1140V RM、YB3-315L-4-200kW-380/660/1140V RM、YB3-315L-4-220kW-380/660V RM、YB3-225M-4-45kW-380/660V RM、YB3-225M-4-45kW-660/1140V RM、YB3-225S-4-30kW-380/660V RM、YB3-225S-4-37kW-380/660/1140V RM、YB3-225S-4-37kW-460V RM、YB3-225S-4-37kW-480V RM、YB3-225S-4-45kW-380V RM、YB3-250M-4-45kW-380V RM、YB3-250M-4-55kW-380/660/1140V RM、YB3-250M-4-55kW-460V RM、YB3-250M-4-55kW-660V RM、YB3-280M-4-75kW-380/660V RM、YB3-280M-4-90kW-380/660V RM、YB3-280M-4-90kW-400V RM、YB3-280M-4-90kW-460V RM、YB3-280S-4-55kW-380V RM、YB3-280S-4-75kW-380/660/1140V RM、YB3-280S-4-75kW-400V RM、YB3-315M-4-110kW-380/660V RM、YB3-315M-4-132kW-380/660V RM、YB3-315M-4-132kW-400/460/1140V RM、YB3-315S-4-110kW-380/660/1140V RM、YB3-315S-4-110kW-1140V RM、YB3-315S-4-110kW-460V RM、YB3-355L-4-220kW-660/1140V RM、YB3-355L-4-250kW-660/1140V RM、YB3-355L-4-280kW-380/660/1140V RM、YB3-355L-4-315kW-380/660/1140V RM、YB3-355L-4-315kW-1140V RM、YB3-355L-4-355kW-380/660/1140V RM、YB3-355M-4-220kW-380/660/1140V RM、YB3-355M-4-220kW-1140V RM、YB3-355M-4-250kW-380/660/1140V RM、YB3-355S-4-185kW-380/660/1140V RM、YB3-355S-4-200kW-380/660/1140V RM、YB3-400-4-355kW-380/660V RM、YB3-400-4-400kW-380V RM、YB3-400-4-560kW-380V RM

（续）

序号	制造商	产品名称	产品型号
3.9	南阳防爆集团股份有限公司	低压交流隔爆型电动机	YB3-280S-6-45kW-380/660/1140V RM、YB3-315L-6-110kW-380/660/1140V RM、YB3-315L-6-132kW-380/660V RM、YB3-315L-6-132kW-440VRM、YB3-225M-6-30kW-380/660V RM、YB3-250M-6-30kW-380/660V RM、YB3-250M-6-37kW-380/660/1140V RM、YB3-280M-6-55kW-380/660V RM、YB3-280M-6-55kW-480V RM、YB3-315M-6-90kW-380/660/1140V RM、YB3-315S-6-55kW-380/660V RM、YB3-315S-6-75kW-380/660/1140V RM、YB3-315S-6-75kW-400V RM、YB3-355L-6-220kW-380/660/1140V RM、YB3-355L-6-250kW-380/660/1140V RM、YB3-355M-6-160kW-380V RM、YB3-355M-6-185kW-380/660/1140V RM、YB3-355M-6-200kW-380/660V RM、YB3-355M-6-250kW-380V RM、YB3-355S-6-160kW-380/660V RM、YB3-400-6-400kW-380/660V RM YB3-280S-8-37kW-380/660V RM、YB3-225M-8-22kW-380/660V RM、YB3-225S-8-18.5kW-380/660V RM、YB3-250M-8-30kW-380/660V RM、YB3-280M-8-45kW-380/660V RM、YB3-315L-8-90kW-380/660/1140V RM、YB3-315L-8-110kW-380/660/1140V RM、YB3-315M-8-75kW-380/660/1140V RM、YB3-315S-8-55kW-380/660/1140V RM、YB3-355L-8-185kW-380/660V RM、YB3-355L-8-200kW-380/660/1140V RM、YB3-355M-8-160kW-380/660/1140V RM、YB3-355S-8-132kW-380/660V RM、YB3-400-8-280kW-380/660V RM、YB3-400M-8-250kW-380V RM YB3-315L-10-75kW-380V RM、YB3-315L-10-75kW-660/1140V RM、YB3-315L-10-90kW-380V RM、YB3-250M-10-15kW-380/660V RM、YB3-250M-10-22kW-380V RM、YB3-280M-10-37kW-380/660V RM、YB3-280S-10-30kW-380V RM、YB3-315M-10-55kW-380/660V RM、YB3-315M-10-55kW-415/720V RM、YB3-315S-10-45kW-380/660V RM、YB3-355L-10-160kW-380V RM、YB3-355L-10-160kW-660/1140V RM、YB3-355L-10-185kW-380/660/1140V RM、YB3-355M-10-110kW-380/660V RM、YB3-355M-10-132kW-380/660/1140V RM YB3-315L-12-55kW-380V RM、YB3-315L-12-75kW-380V RM、YB3-250M-12-11kW-380V RM、YB3-250M-12-15kW-380V RM、YB3-280M-12-30kW-380V RM、YB3-280S-12-22kW-380/660V RM、YB3-315M-12-45kW-380/660V RM、YB3-355L-12-132kW-380V RM、YB3-355L-12-160kW-380V RM、YB3-355M-12-90kW-380V RM、YB3-355M-12-110kW-380V RM、YB3-355M-12-110kW-660V RM YB3-315L-14-45kW-380V RM、YB3-315S-14-30kW-380V RM、YB3-355L-14-160kW-380V RM、YB3-355M-14-110kW-380V RM、YB3-355M-14-132kW-380V RM、YB3-355S-14-75kW-380V RM YB3-355M-16-75kW-380V RM、YB3-355M-16-90kW-380V RM

(续)

序号	制造商	产品名称	产品型号
3.9	南阳防爆集团股份有限公司	低压交流隔爆型电动机	YBBP-225M-2-37kW-380V RM、YBBP-225M-2-45kW-380/660V RM、YBBP-250M-2-55kW-380/660V RM、YBBP-250M-2-55kW-1140V RM、YBBP-280M-2-75kW-380V RM、YBBP-280M-2-90kW-380/660V RM、YBBP-280M-2-90kW-440V RM、YBBP-280S-2-75kW-380/660/1140V RM、YBBP-280S-2-75kW-400V RM、YBBP-315L-2-160kW-380/660V RM、YBBP-315L-2-185kW-380V RM、YBBP-315L-2-200kW-380V RM、YBBP-315M-2-110kW-380V RM、YBBP-315M-2-132kW-380V RM、YBBP-315M-2-132kW-1140V RM、YBBP-315S-2-90kW-380V RM、YBBP-315S-2-110kW-380/660V RM、YBBP-355L-2-280kW-380V RM、YBBP-355L-2-315kW-380VRM、YBBP-355M-2-220kW-380/660V RM、YBBP-355M-2-250kW-380V RM、YBBP-355S-2-185kW-380V RM、YBBP-400S-2-355kW-380V RM、YBBP-450L-2-450kW-380V RM、YBBP-450S-2-450kW-660V RM YBBP-225M-4-37kW-380/420V RM、YBBP-225M-4-45kW-380/660V RM、YBBP-225M-4-45kW-400V RM、YBBP-225M-4-45kW-440V RM、YBBP-225M-4-45kW-460V RM、YBBP-225M-4-45kW-600V RM、YBBP-225S-4-37kW-380/660V RM、YBBP-225S-4-37kW-400V RM、YBBP-250M-4-45kW-380V RM、YBBP-250M-4-55kW-380/660/1140V RM、YBBP-280M-4-75kW-380V RM、YBBP-280M-4-90kW-380/660/1140V RM、YBBP-315L-4-132kW-380V RM、YBBP-315L-4-160kW-380/660/1140V RM、YBBP-315L-4-160kW-690V RM、YBBP-315L-4-185kW-380/660/1140V RM、YBBP-315L-4-200kW-380/660/1140V RM、YBBP-315M-4-132kW-380/660/1140V RM、YBBP-315S-4-90kW-380V RM、YBBP-315S-4-110kW-380/660/1140V RM、YBBP-315S-4-110kW-400V RM、YBBP-355L-4-280kW-380/660/1140V RM、YBBP-355L-4-315kW-380/660/1140V RM、YBBP-355L-4-355kW-660/1140V RM、YBBP-355M-4-220kW-380/660/1140V RM、YBBP-355M-4-250kW-380/660/1140V RM、YBBP-355S-4-185kW-380/660V RM、YBBP-355S-4-200kW-660/1140V RM、YBBP-400L-4-450kW-660/1140V RM、YBBP-400M-4-400kW-660/1140V RM、YBBP-400M-4-400kW-690V RM、YBBP-400S-4-355kW-380/660/1140V RM、YBBP-450-4-500kW-660/1140V RM、YBBP-450-4-560kW-660/1140V RM、YBBP-450L-4-560kW-660/1140V RM、YBBP-450L-4-560kW-690V RM、YBBP-450L-4-630kW-660/1140V RM、YBBP-450L-4-630kW-690V RM、YBBP-450M-4-500kW-660/1140V RM、YBBP-450M-4-500kW-690V RM、YBBP-450S-4-450kW-380V RM、YBBP-450S-4-450kW-660/1140V RM、YBBP-450S-4-450kW-690V RM、YBBP-500-4-800kW-660/1140V RM、YBBP-500-4-1000kW-660/1140V RM

(续)

序号	制造商	产品名称	产品型号
3.9	南阳防爆集团股份有限公司	低压交流隔爆型电动机	YBBP-225M-6-30kW-380/660V RM、YBBP-250M-6-37kW-380/660/1140V RM、YBBP-280M-6-55kW-380/660/1140V RM、YBBP-280M-6-55kW-400V RM、YBBP-280S-6-37kW-380/660V RM、YBBP-280S-6-45kW-380/660/1140V RM、YBBP-315L-6-110kW-380/660/1140V RM、YBBP-315L-6-132kW-380/660/1140V RM、YBBP-315M-6-90kW-380V RM、YBBP-315M-6-90kW-660/1140V RM、YBBP-315S-6-75kW-380/660/1140V RM、YBBP-355L-6-220kW-380/660V RM、YBBP-355L-6-250kW-380V RM、YBBP-355L-6-250kW-660/1140V RM、YBBP-355M-6-185kW-380V RM、YBBP-355M-6-185kW-660/1140V RM、YBBP-355M-6-200kW-380/660/1140V RM、YBBP-355S-6-132kW-400V RM、YBBP-355S-6-160kW-380V RM、YBBP-355S-6-160kW-660/1140V RM、YBBP-400-6-280kW-380/660V RM、YBBP-400-6-315kW-660/1140V RM、YBBP-400L-6-355kW-660/1140V RM、YBBP-400M-6-315kW-660/1140V RM、YBBP-400S-6-280kW-380/660/1140V RM、YBBP-400S-6-315kW-380/660V RM、YBBP-450L-6-450kW-380V RM、YBBP-500-6-800kW-690V RM、YBBP-630-6-800kW-690V RM YBBP-225M-8-22kW-380V RM、YBBP-225S-8-18.5kW-380/660V RM、YBBP-250M-8-30kW-380V RM、YBBP-280M-8-45kW-380/660V RM、YBBP-280M-8-45kW-400V RM、YBBP-280S-8-37kW-380/660V RM、YBBP-315L-8-110kW-380V RM、YBBP-315L-8-110kW-660/1140V RM、YBBP-315M-8-75kW-380/660/1140V RM、YBBP-315S-8-55kW-380/660/1140V RM、YBBP-355L-8-185kW-380/660/1140V RM、YBBP-355L-8-200kW-660/1140V RM、YBBP-355M-8-160kW-380/660/1140V RM、YBBP-355S-8-132kW-380/660/1140V RM、YBBP-400-8-250kW-660/1140V RM、YBBP-400L-8-280kW-400V RM、YBBP-400L-8-280kW-660/1140V RM、YBBP-400M-8-250kW-660/1140V RM、YBBP-400S-8-220kW-660/1140V RM、YBBP-450L-8-400kW-660/1140V RM、YBBP-450L-8-450kW-660/1140V RM、YBBP-450M-8-355kW-660/1140V RM、YBBP-450S-8-315kW-660/1140V RM、YBBP-500-8-450kW-660/1140V RM、YBBP-500-8-560kW-1140V RM、YBBP-560-8-1000kW-1140V RM YBBP-280S-10-30kW-380/660V RM、YBBP-315L-10-75kW-380/660V RM、YBBP-315M-10-55kW-380V RM、YBBP-355L-10-160kW-380V RM、YBBP-355M-10-110kW-380/660V RM、YBBP-355M-10-132kW-380/660/1140V RM、YBBP-400L-10-250kW-660V RM、YBBP-400M-10-220kW-380V RM、YBBP-400S-10-200kW-380/660V RM、YBBP-450L-10-315kW-660/1140V RM、YBBP-450L-10-355kW-660/1140V RM、YBBP-450L-10-400kW-660/1140V RM、YBBP-450M-10-280kW-380/660/1140V RM、YBBP-450S-10-250kW-380V RM、YBBP-500-10-400kW-660V RM、YBBP-500-10-450kW-660/1140V RM、YBBP-560-10-560kW-660/1140V RM YBBP-250M-12-11kW-380V RM、YBBP-250M-12-15kW-380/660V RM、YBBP-250M-12-18.5kW-380/660V RM、YBBP-280S-12-22kW-380/660V RM、YBBP-450L-12-280kW-660/1140V RM、YBBP-500-12-355kW-660/1140V RM、YBBP-500-12-500kW-660/1140V RM、YBBP-560-12-630kW-660/1140V RM YBBP-400S-14-160kW-660V RM、YBBP-450L-14-280kW-380V RM

（续）

序号	制造商	产品名称	产品型号
3.10	南阳防爆集团股份有限公司	高压高效交流普通型电动机	Y2-450-2-400kW-10000V RM、Y2-500-2-560kW-10000V RM、Y2-500-2-1000kW-6000V RM、Y2-500-2-1120kW-6000V RM、Y2-560-2-1400kW-10000V RM Y2-450-4-450kW-10000V RM、Y2-450-4-500kW-10000V RM、Y2-500-4-900kW-10000V RM、Y2-560-4-1250kW-10000V RM Y2-450-6-400kW-6000V RM、Y2-450-6-500kW-10000V RM、Y2-500-6-450kW-10000V RM、Y2-500-6-560kW-10000V RM、Y2-500-6-630kW-6000V RM、Y2-560-6-1250kW-10000V RM
			Y3-500-2-710kW-10000V RM Y3-400-4-200kW-10000V RM、Y3-400-4-400kW-6000V RM、Y3-450-4-400kW-10000V RM、Y3-450-4-560kW-6000V RM
			Y-355-2-220kW-6000V RM、Y-355-2-250kW-6000V RM、Y-355-2-280kW-6000V RM、Y-400-2-220kW-6000/10000V RM、Y-400-2-250kW-6000/10000V RM、Y-400-2-280kW-10000V RM、Y-400-2-315kW-10000V RM、Y-400-2-630kW-6000V RM、Y-450-2-250kW-10000V RM、Y-450-2-315kW-10000V RM、Y-450-2-355kW-10000V RM、Y-450-2-400kW-10000V RM、Y-450-2-450kW-10000V RM、Y-450-2-500kW-10000V RM、Y-450-2-560kW-10000V RM、Y-450-2-630kW-10000V RM、Y-450-2-10000kW-10000V RM、Y-450M-2-450kW-10000V RM、Y-500-2-900kW-10000V RM、Y-500-2-1120kW-10000V RM、Y-500-2-1400kW-10000V RM、Y-560-2-1800kW-10000V RM Y-355-4-250kW-6000V RM、Y-355-4-280kW-6000V RM、Y-355-4-315kW-6000V RM、Y-400-4-315kW-10000V RM、Y-400-4-400kW-6000V RM、Y-400-4-450kW-6000V RM、Y-400-4-500kW-6000V RM、Y-400-4-560kW-6000V RM、Y-450-4-200kW-10000V RM、Y-450-4-220kW-10000V RM、Y-450-4-280kW-10000V RM、Y-450-4-315kW-10000V RM、Y-450-4-355kW-10000V RM、Y-450-4-630kW-10000V RM、Y-500-4-710kW-10000V RM、Y-500-4-900kW-10000V RM、Y-500-4-1000kW-3300V RM Y-450-6-220kW-10000V RM、Y-450-6-450kW-6000V RM、Y-450-6-500kW-6000V RM、Y-500-6-450kW-10000V RM、Y-500-6-500kW-10000V RM、Y-500-6-630kW-10000V RM、Y-500-6-800kW-10000V RM、Y-500-6-900kW-6000V RM、Y-560-6-1120kW-10000V RM、Y-800-6-2800kW-10000V RM Y-500-8-315kW-10000V RM、Y-630-8-1600kW-6000V RM Y-500-10-450kW-6000V RM

（续）

序号	制造商	产品名称	产品型号
3.10	南阳防爆集团股份有限公司	高压高效交流普通型电动机	YKK-400-2-450kW-6000V RM、YKK-450-2-185kW-10000V RM、YKK-450-2-200kW-10000V RM、YKK-450-2-220kW-10000V RM、YKK-450-2-250kW-10000V RM、YKK-450-2-280kW-10000V RM、YKK-450-2-315kW-10000V RM、YKK-450-2-355kW-10000V RM、YKK-450-2-400kW-10000V RM、YKK-450-2-450kW-10000V RM、YKK-450-2-500kW-10000V RM、YKK-450-2-560kW-10000V RM、YKK-450-2-630kW-6000V RM、YKK-450-2-630kW-10000V RM、YKK-450-2-800kW-6000V RM、YKK-500-2-500kW-10000V RM、YKK-500-2-630kW-10000V RM、YKK-500-2-710kW-10000V RM、YKK-500-2-800kW-10000V RM、YKK-500-2-800kW-11000V RM、YKK-500-2-900kW-6000V RM、YKK-500-2-900kW-10000V RM、YKK-500-2-1000kW-10000V RM、YKK-500-2-1000kW-11000V RM、YKK-500-2-1120kW-6600V RM、YKK-500-2-1120kW-10000V RM、YKK-500-2-1250kW-6000V RM、YKK-500-2-1400kW-6000V RM、YKK-500-2-1400kW-10000V RM、YKK-500-2-1600kW-6600V RM、YKK-560-2-900kW-10000V RM、YKK-560-2-1120kW-10000V RM、YKK-560-2-1250kW-10000V RM、YKK-560-2-1600kW-10000V RM、YKK-560-2-1600kW-11000V RM、YKK-560-2-1800kW-10000V RM、YKK-560-2-2000kW-10000V RM、YKK-560-2-2240kW-10000V RM YKK-400-4-185kW-10000V RM、YKK-400-4-200kW-10000V RM、YKK-400-4-220kW-10000V RM、YKK-400-4-250kW-10000V RM、YKK-400-4-280kW-10000V RM、YKK-400-4-315kW-6000V RM、YKK-400-4-315kW-10000V RM、YKK-400-4-355kW-3300V RM、YKK-400-4-355kW-6000V RM、YKK-400-4-400kW-6000V RM、YKK-400-4-450kW-6000V RM、YKK-400-4-500kW-6000V RM、YKK-450-4-160kW-10000V RM、YKK-450-4-200kW-10000V RM、YKK-450-4-220kW-10000V RM、YKK-450-4-250kW-10000V RM、YKK-450-4-280kW-10000V RM、YKK-450-4-315kW-6000/10000V RM、YKK-450-4-315kW-10000V RM、YKK-450-4-355kW-10000V RM、YKK-450-4-400kW-10000V RM、YKK-450-4-450kW-10000V RM、YKK-450-4-500kW-6000V RM、YKK-450-4-500kW-10000V RM、YKK-450-4-630kW-6000V RM、YKK-450-4-630kW-10000V RM、YKK-500-4-500kW-10000V RM、YKK-500-4-560kW-10000V RM、YKK-500-4-630kW-10000V RM、YKK-500-4-710kW-10000V RM、YKK-500-4-800kW-4160V RM、YKK-500-4-800kW-6000V RM、YKK-500-4-800kW-10000V RM、YKK-500-4-900kW-6000V RM、YKK-500-4-900kW-10000V RM、YKK-500-4-1000kW-4160V RM、YKK-500-4-1000kW-6000V RM、YKK-500-4-1120kW-4160V RM、YKK-500-4-1250kW-6000V RM、YKK-560-4-1000kW-10000V RM、YKK-560-4-1120kW-10000V RM、YKK-560-4-1250kW-10000V RM、YKK-560-4-1600kW-10000V RM、YKK-630-4-1400kW-10000V RM、YKK-630-4-1900kW-10000V RM、YKK-630-4-2800kW-6000V RM、YKK-710-4-2500kW-10000V RM

（续）

序号	制造商	产品名称	产品型号
3.10	南阳防爆集团股份有限公司	高压高效交流普通型电动机	YKK-400-6-200kW-6000V RM、YKK-400-6-220kW-6000V RM、YKK-400-6-250kW-6000V RM、YKK-400-6-280kW-6000V RM、YKK-400-6-355kW-6000V RM、YKK-450-6-160kW-10000V RM、YKK-450-6-185kW-10000V RM、YKK-450-6-200kW-10000V RM、YKK-450-6-220kW-10000V RM、YKK-450-6-250kW-10000V RM、YKK-450-6-280kW-10000V RM、YKK-450-6-315kW-10000V RM、YKK-450-6-355kW-6000V RM、YKK-450-6-355kW-10000V RM、YKK-450-6-400kW-6000V RM、YKK-450-6-400kW-10000V RM、YKK-450-6-450kW-10000V RM、YKK-500-6-355kW-10000V RM、YKK-500-6-400kW-10000V RM、YKK-500-6-450kW-10000V RM、YKK-500-6-500kW-10000V RM、YKK-500-6-560kW-6000V RM、YKK-500-6-560kW-10000V RM、YKK-500-6-630kW-6000V RM、YKK-500-6-630kW-10000V RM、YKK-500-6-710kW-6000V RM、YKK-500-6-710kW-10000V RM、YKK-500-6-800kW-3000V RM、YKK-500-6-800kW-6000V RM、YKK-500-6-900kW-10000V RM、YKK-500-6-1000kW-10000V RM、YKK-500-6-1250kW-10000V RM、YKK-500-6-1400kW-10000V RM、YKK-560-6-630kW-10000V RM、YKK-560-6-710kW-10000V RM、YKK-560-6-800kW-10000V RM、YKK-560-6-900kW-6000V RM、YKK-560-6-900kW-10000V RM、YKK-560-6-1000kW-6000V RM、YKK-560-6-1000kW-10000V RM、YKK-560-6-1120kW-6000V RM、YKK-630-6-1000kW-10000V RM、YKK-630-6-1120kW-10000V RM、YKK-630-6-1250kW-6000V RM、YKK-630-6-1250kW-10000V RM、YKK-630-6-1400kW-4160V RM、YKK-630-6-1400kW-6000V RM、YKK-630-6-1400kW-10000V RM、YKK-630-6-1600kW-6000V RM、YKK-630-6-1600kW-10000V RM、YKK-710-6-1800kW-6000V RM、YKK-710-6-1800kW-10000V RM、YKK-710-6-2000kW-10000V RM、YKK-710-6-2240kW-10000V RM YKK-450-8-220kW-10000V RM、YKK-450-8-250kW-6000V RM、YKK-450-8-280kW-6000V RM、YKK-500-8-315kW-10000V RM、YKK-500-8-355kW-10000V RM、YKK-500-8-400kW-6000V RM、YKK-500-8-400kW-10000V RM、YKK-500-8-450kW-6000V RM、YKK-560-8-500kW-10000V RM、YKK-560-8-560kW-10000V RM、YKK-560-8-630kW-6000V RM、YKK-560-8-630kW-10000V RM、YKK-560-8-1000kW-6000V RM、YKK-630-8-800kW-10000V RM、YKK-630-8-900kW-6000V RM、YKK-630-8-900kW-10000V RM、YKK-630-8-1000kW-6000V RM、YKK-630-8-1250kW-6000V RM、YKK-710-8-1250kW-10000V RM、YKK-710-8-1400kW-10000V RM、YKK-710-8-1600kW-6000V RM、YKK-710-8-1600kW-10000V RM、YKK-710-8-1700kW-10000V RM、YKK-710-8-1800kW-10000V RM、YKK-710-8-1800kW-4160V RM、YKK-800-8-1600kW-10000V RM、YKK-800-8-2240kW-10000V RM、YKK-800-8-2500kW-10000V RM、YKK-800-8-2800kW-10000V RM、YKK-900-8-3150kW-10000V RM YKK-450-10-280kW-6000V RM、YKK-500-10-355kW-10000V RM、YKK-560-10-560kW-10000V RM、YKK-560-10-630kW-6000V RM、YKK-630-10-1120kW-6000V RM、YKK-710-10-1250kW-10000V RM、YKK-800-10-1800kW-10000V RM、YKK-800-10-2000kW-10000V RM、YKK-800-10-2240kW-10000V RM、YKK-800-10-2500kW-10000V RM

附 录

（续）

序号	制造商	产品名称	产品型号
3.10	南阳防爆集团股份有限公司	高压高效交流普通型电动机	YKK-560-12-500kW-10000V RM、YKK-710-12-800kW-10000V RM、YKK-800-12-1120kW-10000V RM、YKK-800-12-1250kW-6000V RM YKK-500-14-200kW-10000V RM
			YKS-450-2-800kW-6000V RM、YKS-450-2-900kW-10000V RM、YKS-450-2-1000kW-6000V RM、YKS-500-2-1000kW-10000V RM、YKS-500-2-1120kW-10000V RM、YKS-500-2-1250kW-6000V RM、YKS-500-2-1250kW-10000V RM、YKS-500-2-1450kW-10000V RMYKS-500-2-1600kW-6000V RM、YKS-560-2-1600kW-10000V RM、YKS-560-2-1800kW-10000V RM、YKS-560-2-2000kW-10000V RM、YKS-560-2-2300kW-6000V RM、YKS-630-2-3400kW-10000V RM、YKS-630-2-3550kW-10000V RM、YKS-630-2-4500kW-10000V RM YKS-450-4-355kW-10000V RM、YKS-450-4-450kW-10000V RM、YKS-450-4-500kW-10000V RM、YKS-355-4-250kW-6000V RM、YKS-1000-4-1100kW-10000V RM、YKS-500-4-800kW-10000V RM、YKS-500-4-900kW-10000V RM、YKS-560-4-1400kW-10000V RM、YKS-630-4-2800kW-10000V RM、YKS-630-4-3550kW-6000V RM、YKS-710-4-2800kW-10000V RM、YKS-710-4-3500kW-10000V RM、YKS-710-4-4700kW-10000V RM、YKS-710-4-4800kW-10000V RM、YKS-710-4-5000kW-10000V RM、YKS-710-4-5600kW-10000V RM、YKS-710-4-6000kW-10000V RM、YKS-800-4-5600kW-10000V RM、YKS-900-4-6800kW-10000V RM、YKS-900-4-7500kW-10000V RM、YKS-900-4-8000kW-10000V RM YKS-450-6-560kW-10000V RM、YKS-500-6-710kW-10000V RM YKS-630-8-1400kW-6000V RM、YKS-630-8-1600kW-6000V RM、YKS-710-8-1800kW-10000V RM、YKS-900-8-3150kW-10000V RM YKS-710-10-1600kW-10000V RM、YKS-900-10-2800kW-10000V RM
			YXN-450-2-560kW-10000V RM、YXN-450-2-630kW-10000V RM YXN-355-4-200kW-6000V RM、YXN-355-4-250kW-6000V RM、YXN-355-4-280kW-6000V RM、YXN-355-4-355kW-3300V RM、YXN-355-4-355kW-6000V RM、YXN-400-4-450kW-6000V RM、YXN-400-4-500kW-6000V RM、YXN-450-4-710kW-6000V RM、YXN-500-4-1000kW-6000V RM YXN-400-6-355kW-10000V RM、YXN-450-6-400kW-10000V RM、YXN-500-6-710kW-6000V RM、YXN-560-6-1250kW-6000V RM、YXN-560-6-1400kW-6000V RM YXN-450-8-355kW-10000V RM、YXN-500-8-630kW-10000V RM、YXN-500-8-800kW-10000V RM、YXN-560-8-900kW-10000V RM YXN-500-10-630kW-10000V RM

（续）

序号	制造商	产品名称	产品型号
3.11	南阳防爆集团股份有限公司	低压高效交流普通型电动机	YX3E-200L-2-30kW-380V RM、YX3E-200L-2-37kW-380V RM、YX3E-200L-2-37kW-690V RM、YX3E-225M-2-45kW-380/660V RM、YX3E-250M-2-55kW-380V RM、YX3E-280S-2-75kW-380V RM、YX3E-315L-2-160kW-380/660V RM、YX3E-315M-2-132kW-380V RM YX3E-200L-4-30kW-380V RM、YX3E-225M-4-45kW-380/660V RM、YX3E-225S-4-37kW-380V RM、YX3E-250M-4-55kW-380V RM、YX3E-280M-4-90kW-380V RM、YX3E-280S-4-75kW-380V RM、YX3E-315L-4-160kW-380V RM、YX3E-315L-4-185kW-380V RM、YX3E-315M-4-132kW-380/660V RM、YX3E-315S-4-110kW-380V RM、YX3E-315S-4-110kW-690V RM、YX3E-355M-4-220kW-380V RM、YX3E-355M-4-250kW-380V RM YX3E-200L-6-22kW-380V RM、YX3E-225M-6-30kW-380V RM、YX3E-315L-6-110kW-380V RM、YX3E-315L-6-132kW-380V RM、YX3E-315M-6-90kW-380V RM YX3E-280M-8-45kW-380V RM、YX3E-400L-8-355kW-690V RM YP-225M-2-45kW-380/660V RM、YP-225M-2-45kW-690V RM、YP-250M-2-55kW-380V RM、YP-280M-2-90kW-380V RM、YP-280S-2-75kW-380V RM、YP-315L-2-160kW-380V RM、YP-315L-2-185kW-380V RM、YP-315L-2-200kW-380V RM YP-225M-4-45kW-380/660V RM、YP-225M-4-55kW-380V RM、YP-225S-4-37kW-380/660V RM、YP-225S-4-37kW-400V RM、YP-250M-4-55kW-380/660V RM、YP-250M-4-55kW-400V RM、YP-280M-4-90kW-380V RM、YP-280S-4-75kW-380/660V RM、YP-315L-4-132kW-380V RM、YP-315L-4-160kW-380/660V RM、YP-315L-4-185kW-380V RM、YP-315L-4-185kW-380/660V RM、YP-315M-4-110kW-380V RM、YP-315M-4-132kW-380/660V RM YP-225M-6-30kW-380V RM、YP-250M-6-37kW-380V RM、YP-280M-6-55kW-380/660V RM、YP-280S-6-45kW-380V RM YP-250M-8-30kW-380V RM、YP-280M-8-45kW-380V RM、YP-280S-8-37kW-380V RM YP-280M-10-37kW-380V RM、YP-315L-10-75kW-380V RM

(续)

序号	制造商	产品名称	产品型号
3.11	南阳防爆集团股份有限公司	低压高效交流普通型电动机	YXN-225M-2-45kW-380/660V RM、YXN-225M-2-45kW-400V RM、YXN-225M-2-45kW-690V RM、YXN-225M-2-55kW-380V RM、YXN-250M-2-55kW-380/660V RM、YXN-250M-2-75kW-380V RM、YXN-280M-2-90kW-380/660V RM、YXN-280M-2-90kW-400V RM、YXN-280S-2-75kW-380/660V RM、YXN-280S-2-75kW-400V RM、YXN-280S-2-75kW-690V RM、YXN-315L-2-132kW-380V RM、YXN-315L-2-160kW-380V RM、YXN-315L-2-185kW-380/660V RM、YXN-315L-2-200kW-380V RM、YXN-315M-2-132kW-380/660V RM、YXN-315S-2-110kW-380/660V RM、YXN-315S-2-110kW-415V RM、YXN-355L-2-250kW-400V RM、YXN-355L-2-250kW-660/1140V RM、YXN-355L-2-280kW-380V RM、YXN-355M-2-220kW-380/660V RM、YXN-355M-2-250kW-380V RM YXN-225M-4-45kW-380/660V RM、YXN-225M-4-45kW-400/460V RM、YXN-225S-4-37kW-380/660V RM、YXN-225S-4-37kW-400V RM、YXN-250M-4-45kW-380/660V RM、YXN-250M-4-55kW-380/660V RM、YXN-250M-4-55kW-400/460V RM、YXN-280M-4-90kW-380/660/1140V RM、YXN-280M-4-90kW-460V RM、YXN-280S-4-75kW-380/660/1140V RM、YXN-280S-4-75kW-400/460V RM、YXN-280S-4-75kW-415V RM、YXN-315L-4-160kW-380/660V RM、YXN-315L-4-160kW-460V RM、YXN-315L-4-185kW-380/660V RM、YXN-315L-4-185kW-460V RM、YXN-315L-4-200kW-380/660/1140V RM、YXN-315L-4-250kW-660V RM、YXN-315M-4-132kW-380/660V RM、YXN-315M-4-132kW-415V RM、YXN-315M-4-132kW-1140V RM、YXN-315M-4-160kW-380/660V RM、YXN-315S-4-110kW-380/660V RM、YXN-355L-4-280kW-380V RM、YXN-355L-4-315kW-380V RM、YXN-355L-4-315kW-400V RM、YXN-355L-4-355kW-380/660V RM、YXN-355M-4-220kW-380V RM、YXN-355M-4-220kW-660/1140V RM、YXN-355M-4-250kW-380/660V RM、YXN-400L-4-355kW-380/660V RM YXN-200L-6-18.5kW-380V RM、YXN-225M-6-30kW-380/660/1140V RM、YXN-250M-6-37kW-380/660V RM、YXN-250M-6-45kW-380/660V RM、YXN-280M-6-55kW-380/660V RM、YXN-280M-6-75kW-380V RM、YXN-280S-6-45kW-380/660V RM、YXN-315L-6-110kW-380/660V RM、YXN-315L-6-132kW-380/660V RM、YXN-315M-6-90kW-380/660V RM、YXN-315M-6-110kW-380/660V RM、YXN-315S-6-75kW-380/660V RM、YXN-355L-6-200kW-380/660V RM、YXN-355L-6-220kW-380/660V RM、YXN-355L-6-250kW-380/660V RM、YXN-355L-6-280kW-380V RM、YXN-355L-6-280kW-660/1140V RM、YXN-355M-6-160kW-380/660V RM、YXN-355M-6-185kW-380/660V RM、YXN-355M-6-200kW-660V RM YXN-225M-8-22kW-380/660V RM、YXN-225S-8-18.5kW-380/660V RM、YXN-250M-8-30kW-380/660V RM、YXN-250M-8-30kW-400V RM、YXN-250M-8-30kW-660V RM、YXN-280M-8-45kW-380V RM、YXN-280M-8-45kW-660V RM、YXN-280S-8-37kW-380/660V RM、YXN-280S-8-37kW-660V RM、YXN-315L-8-90kW-380/660V RM、YXN-315L-8-110kW-380/660V RM、YXN-315M-8-75kW-380/660V RM、YXN-315M-8-75kW-660V RM、YXN-315S-8-55kW-380/660V RM、YXN-355L-8-160kW-380/660V RM、YXN-355L-8-185kW-660V RM、YXN-355L-8-200kW-380V RM、YXN-355L-8-220kW-660V RM、YXN-355M-8-132kW-380/660V RM、YXN-355M-8-160kW-380V RM、YXN-355M-8-160kW-660V RM、YXN-400-8-250kW-380V RM

(续)

序号	制造商	产品名称	产品型号
3.11	南阳防爆集团股份有限公司	低压高效交流普通型电动机	YXN-225M-10-18.5kW-380V RM、YXN-280M-10-37kW-380V RM、YXN-280S-10-22kW-380V RM、YXN-315L-10-75kW-380/660V RM、YXN-315L-10-90kW-660V RM、YXN-355L-10-160kW-660V RM、YXN-355L-10-185kW-380V RM、YXN-355S-10-90kW-660V RM YXN-280S-12-22kW-380V RM、YXN-355L-12-110kW-380V RM、YXN-400-12-220kW-380V RM、YXN-400L-12-185kW-380V RM、YXN-400L-12-250kW-380V RM YXN-315M-14-37kW-380V RM
3.12	南阳防爆集团股份有限公司	对旋轴流通风机	FBCDZ NO.16 RM、FBCDZ NO.19 RM、FBCDZ NO.20 RM、FBCDZ NO.22 RM～FBCDZ NO.26 RM、FBCDZ NO.28 RM～FBCDZ NO.32 RM、FBCDZ NO.34 RM、FBCDZ NO.36 RM
3.13		对旋轴流局部通风机	FBD NO.5.0 RM、FBD NO.5.3 RM、FBD NO.5.6 RM、FBD NO.6.0 RM、FBDY NO.6.3 RM、FBDY NO.7.1 RM、FBDY NO.8.0 RM
3.14	广东省东莞电机有限公司	YE3（RM）系列超高效率三相异步电动机（机座号200～355）	YE3-200L1-2-RM、YE3-200L2-2-RM、YE3-225M-2-RM、YE3-250M-2-RM、YE3-280M-2-RM、YE3-280S-2-RM、YE3-315L1-2-RM、YE3-315L2-2-RM、YE3-315M-2-RM、YE3-315S-2-RM、YE3-355L-2-RM、YE3-355M-2-RM、YE3-3551-2-RM、YE3-3552-2-RM YE3-200L-4-RM、YE3-225S-4-RM、YE3-225M-4-RM、YE3-250M-4-RM、YE3-280M-4-RM、YE3-280S-4-RM、YE3-315L1-4-RM、YE3-315L2-4-RM、YE3-315M-4-RM、YE3-315S-4-RM、YE3-355L-4-RM、YE3-355M-4-RM、YE3-3551-4-RM、YE3-3552-4-RM YE3-225M-6-RM、YE3-250M-6-RM、YE3-280M-6-RM、YE3-280S-6-RM、YE3-315L1-6-RM、YE3-315L2-6-RM、YE3-315M-6-RM、YE3-315S-6-RM、YE3-355L-6-RM、YE3-355M1-6-RM、YE3-355M2-6-RM、YE3-3552-6-RM
3.15	广东省东莞电机有限公司	YX系列高效率高压三相异步电动机（6000V，机座号355～630）	YX3555-2-RM、YX4002-2-RM、YX4501-2-RM、YX4504-2-RM、YX5002-2-RM YX4003-4-RM、YX4004-4-RM、YX4005-4-RM、YX4501-4-RM、YX4502-4-RM、YX4503-4-RM、YX4504-4-RM、YX5001-4-RM、YX5003-4-RM、YX5601-4-RM、YX5603-4-RM YX4004-6-RM、YX4005-6-RM、YX4501-6-RM、YX4502-6-RM、YX4503-6-RM、YX4504-6-RM、YX5001-6-RM、YX5004-6-RM、YX5602-6-RM、YX6301-6-RM、YX6303-6-RM YX4504-8-RM、YX5002-8-RM、YX5004-8-RM、YX5603-8-RM

附 录

（续）

序号	制造商	产品名称	产品型号
3.16	广东省东莞电机有限公司	YX系列高效率高压三相异步电动机（10000V，机座号450～630）	YX4501-2-RM、YX4503-2-RM、YX4504-2-RM、YX4505-2-RM、YX5002-2-RM、YX5003-2-RM、YX5004-2-RM、YX5601-2-RM、YX6301-2-RM、YX6302-2-RM YX4502-4-RM、YX4504-4-RM、YX4505-4-RM、YX4506-4-RM、YX5003-4-RM、YX5004-4-RM、YX5602-4-RM、YX6302-4-RM YX4504-6-RM、YX4505-6-RM、YX4506-6-RM、YX5003-6-RM、YX5004-6-RM、YX5601-6-RM、YX5602-6-RM、YX5604-6-RM YX5003-8-RM、YX5005-8-RM、YX5006-8-RM、YX5602-8-RM、YX5603-8-RM、YX6302-8-RM、YX6303-8-RM YX5602-10-RM、YX6301-10-RM、YX6303-10-RM
3.17	广东省东莞电机有限公司	YXKK系列高效率高压三相异步电动机（6000V，机座号400～630）	YXKK4002-2-RM、YXKK4003-2-RM、YXKK4004-2-RM、YXKK4005-2-RM、YXKK4504-2-RM、YXKK4505-2-RM、YXKK5002-2-RM、YXKK5003-2-RM、YXKK5602-2-RM、YXKK5603-2-RM、YXKK6302-2-RM、YXKK6303-2-RM YXKK4006-4-RM、YXKK4502-4-RM、YXKK5001-4-RM、YXKK5002-4-RM、YXKK5004-4-RM、YXKK5601-4-RM、YXKK6301-4-RM、YXKK6302-4-RM、YXKK6303-4-RM YXKK4502-6-RM、YXKK4503-6-RM、YXKK4504-6-RM、YXKK5002-6-RM、YXKK5003-6-RM、YXKK5601-6-RM、YXKK5602-6-RM、YXKK6302-6-RM、YXKK6303-6-RM YXKK5002-8-RMYXKK5003-8-RM、YXKK5603-8-RM、YXKK6301-8-RM、YXKK6303-8-RM、YXKK6304-8-RM YXKK5602-10-RM、YXKK6301-10-RM、YXKK6304-10-RM
3.18	广东省东莞电机有限公司	YXKK系列高效率高压三相异步电动机（10000V，机座号450～630）	YXKK4502-2-RM、YXKK4504-2-RM、YXKK5002-2-RM、YXKK5003-2-RM、YXKK5005-2-RM、YXKK5601-2-RM、YXKK5603-2-RM、YXKK6303-2-RM YXKK4502-4-RM、YXKK4504-4-RM、YXKK5002-4-RM、YXKK5004-4-RM、YXKK5601-4-RM、YXKK5603-4-RM、YXKK6303-4-RM YXKK4502-6-RM、YXKK5001-6-RM、YXKK5003-6-RM、YXKK5005-6-RM、YXKK5601-6-RM、YXKK5602-6-RM、YXKK6301-6-RM、YXKK6302-6-RM YXKK5002-8-RM、YXKK5003-8-RM、YXKK5004-8-RM、YXKK5603-8-RM、YXKK5604-8-RM、YXKK6302-8-RM、YXKK6303-8-RM YXKK5603-10-RM、YXKK5605-10-RM、YXKK6302-10-RM

（续）

序号	制造商	产品名称	产品型号
3.19	西安泰富西玛电机有限公司	高效率三相异步电动机	RYX3-160L-2、RYX3-160M1-2、RYX3-160M2-2、RYX3-180M-2、RYX3-225M-2、RYX3-280S-2、RYX3-315L2-2、RYX3-315M-2、RYX3-355L-2 RYX3-160L-4、RYX3-180L-4、RYX3-180M-4、RYX3-250M-4、RYX3-280M-4、RYX3-280S-4、RYX3-315L1-4、RYX3-315L2-4、RYX3-315M-4、RYX3-315S-4 RYX3-160L-6、RYX3-160M-6、RYX3-180L-6、RYX3-200L1-6、RYX3-200L2-6、RYX3-225M-6、RYX3-250M-6、RYX3-280S-6、RYX3-315L1-6、RYX3-315L2-6、RYX3-315M-6、RYX3-315S-6 RYE2-132S1-2、RYE2-132S2-2、RYE2-160L-2、RYE2-160M1-2、RYE2-160M2-2、RYE2-180M-2、RYE2-200L1-2、RYE2-200L2-2、RYE2-225M-2、RYE2-280M-2、RYE2-280S-2、RYE2-315L1-2、RYE2-315L2-2 RYE2-132M-4、RYE2-132S-4、RYE2-160L-4、RYE2-160M-4、RYE2-180L-4、RYE2-180M-4、RYE2-200L-4、RYE2-225M-4、RYE2-225S-4、RYE2-250M-4、RYE2-280M-4、RYE2-280S-4、RYE2-315L1-4、RYE2-315L2-4、RYE2-315M-4、RYE2-315S-4 RYE2-132M1-6、RYE2-160L-6、RYE2-160M-6、RYE2-200L2-6、RYE2-225M-6、RYE2-250M-6、RYE2-280S-6、RYE2-315S-6
3.20		绕线转子三相异步电动机	RYR280M-6、RYR280S-6、RYR280M-8
3.21		变频调速三相异步电动机	RYJTG315L1-2A、RYJTG315L2-2A RYJTG160M-4、RYJTG180M-4、RYJTG200L-4、RYJTG225M-4、RYJTG225S-4、RYJTG250M-4、RYJTG280M-4、RYJTG315L1-4、RYJTG315L2-4、RYJTG315M-4、RYJTG315S-4、RYJTG355M3-4 RYJTG160M-6、RYJTG200L1-6、RYJTG280M-6、RYJTG280S-6、RYJTG315L1-6、RYJTG315S-6 RYJTG180L-8、RYJTG225M-8、RYJTG315M-8、RYJTG315S-8、RYJTG315L2-10A RYVF2-280S-2A RYVF2-225M-4、RYVF2-280S-4、RYVF2-315L2-4、RYVF2-315M-4 RYVF2-180L-6
3.22		变极多速三相异步电动机	RYD160M-4/2-9kW/11kW、RYD180L-8/4-11kW/17kW、RYD200L1-8/4-14kW/22kW、RYD250M-8/4-30kW/42kW、RYD280M-8/4-47kW/67kW、RYD280M-8/4-55kW/75kW、RYD280M-8/6/4-34kW/37kW/50kW

表 B-5　第五批再制造产品目录

序号	制造商	产品名称	产品型号
1. 工程机械及其零部件			
1.1	北京南车时代机车车辆机械有限公司	旋挖钻机	TR138D、TR160D、TR180D、TR200D、TR220D、TR250D、TR280D、TR300D、TR360D、TR400D
1.2	厦门厦工机械股份有限公司	双变总成	XG932、XG951、XG953、XG955、XG956、XG962、XG942
		超越离合器	52C0036
		主传动	41C0053、41C0069
1.3	山东临工工程机械有限公司	双变总成	TT918-R、TT933-R、TT936-R、TT946-R、TT953-R、TT956-R、TT958-R、TT959-R
		前车架	FF918-R、FF933-R、FF936-R、FF946-R、FF953-R、FF956-R、FF958-R、FF959-R、FF968-R、FF978-R
		驱动桥壳	AFC504-R、AFC506-R、AFC507-R、AFC510-R、AFC512-R、AFC513-R、ARC504-R、ARC506-R、ARC507-R、ARC510-R、ARC512-R、ARC513-R
		动臂	LA918-R、LA933-R、LA936-R、LA946-R、LA953-R、LA956-R、LA958-R、LA959-R、LA968-R、LA978-R LH918-R、LH933-R、LH936-R、LH946-R、LH953-R、LH956-R、LH958-R、LH959-R、LH968-R、LH978-R LR918-R、LR933-R、LR936-R、LR946-R、LR953-R、LR956-R、LR958-R、LR959-R、LR968-R、LR978-R LQ918-R、LQ933-R、LQ936-R、LQ946-R、LQ953-R、LQ956-R、LQ958-R、LQ959-R、LQ968-R、LQ978-R
		后车架	FR918-R、FR933-R、FR936-R、FR946-R、FR953-R、FR956-R、FR958-R、FR959-R、FR968-R、FR978-R
1.4	青岛迈劲工程机械制造有限公司	发动机	4TNV-REM-94L、6BT-REM-5.9、6CT-REM-8.3、M-REM-11
		液压泵	MP2D25、MP2D28、M3V112DT、M3V140DT、M3V180DT
1.5	荆州裕德机械制造有限公司	循环球式动力转向器	C45Z、D39Z、D50Z、D55Z、D61Z、D64Z、E09Z、K06Z、K30Z、K33Z、K38Z、P06Z、Z06Z、Z10、Z14Z
		齿轮齿条式动力转向器	H17Z、H27Z、H48Z、H50Z、Q01Z、Q08AZ、Q11Z、Q30Z、Q65Z、Q76Z、T01Z、T09Z、Q14Z、T15Z、T28Z、T32Z、T45Z、T53Z、T98Z

(续)

序号	制造商	产品名称	产品型号
2. 电动机及其零部件			
2.1		YXSL 系列立式水泵专用鼠笼型高效三相异步电动机（机座号 450~630）	YXSL450-8-130kW 380V RM、YXSL450-8-95kW 380V RM、YXSL450-8-110kW 380V RM YXSL450-10-80kW 380V RM、YXSL450-10-95kW 380V RM、YXSL450-10-115kW 380V RM、YXSL500-10-155kW 380V RM、YXSL560-10-330kW 380V RM YXSL500-12-110kW 380V RM、YXSL500-12-130kW 380V RM、YXSL560-12-155kW 380V RM、YXSL560-12-185kW 380V RM、YXSL560-12-280kW 380V RM、YXSL630-12-330kW 380V RM
2.2	河北新四达电机制造有限公司	YXSQ 系列矿山专用鼠笼型高效三相异步电动机（机座号 375~630）	YXSQ3751-4-112kW 3KV RM、YXSQ3753-4-150kW 380V RM、YXSQ4501-4-160kW 3.3kV RM、YXSQ4502-4-190kW 3.3KV RM、YXSQ4502-4-200kW 3.3kV RM、YXSQ4502-4-225kW 380V RM、YXSQ4503-4-260kW 380V RM、YXSQ4504-4-300kW 380V RM、YXSQ5001-4-315kW 3.3kV RM、YXSQ5002-4-350kW 3kV RM、YXSQ5002-4-360kW 3.3kV RM、YXSQ5602-4-500kW 3.3kV RM、YXSQ5604-4-500kW 6kV RM YXSQ450-6-240kW 460V 60Hz RM、YXSQ3752-6-75kW 3.3KV RM、YXSQ3753-6-95kW 380V RM、YXSQ3754-6-115kW 380V RM、YXSQ4502-6-132kW 3.3kV RM、YXSQ4502-6-155kW 380V RM、YXSQ4503-6-185kW 380V RM、YXSQ4504-6-215kW 380V RM、YXSQ5001-6-240kW 380V RM、YXSQ5001-6-240kW 460V RM、YXSQ5002-6-280kW 380V RM、YXSQ5002-6-320kW 380V RM、YXSQ5003-6-240kW 10kV RM、YXSQ5602-4-500kW 3.3kV 60Hz RM、YXSQ6301-6-315kW 6.3kV RM、YXSQ6302-6-550kW 6kV RM YXSQ450-8-180kW 380V RM、YXSQ3752-8-60kW 380V RM、YXSQ3753-8-70kW 380V RM、YXSQ3754-8-80kW 380V RM、YXSQ4502-8-110kW 380V RM、YXSQ4503-8-130kW 380V RM、YXSQ4503-8-132kW 380V RM、YXSQ4504-8-132kW 3.3kV RM、YXSQ4504-8-155kW 380V RM、YXSQ4504-8-190kW 380V RM、YXSQ5001-8-180kW 380V RM、YXSQ5001-8-280kW 380V RM、YXSQ5002-8-210kW 380V RM、YXSQ5002-8-280kW 440V RM、YXSQ5003-8-245kW 380V RM、YXSQ5003-8-400kW 380V RM、YXSQ5602-8-200kW 6kV RM、YXSQ5602-8-260kW 3kV RM、YXSQ5602-8-320kW 3.3kV RM、YXSQ5603-8-320kW 3.3kV RM、YXSQ5604-8-380kW 6kV RM YXSQ3754-10-65kW 380V RM、YXSQ4504-10-130kW 380V RM、YXSQ5003-10-180kW 380V RM、YXSQ5003-10-200kW 380V RM、YXSQ5604-10-260kW 6kV RM、YXSQ6303-10-400kW 6kV RM YXSQ5003-12-110kW 380V RM、YXSQ5604-12-210kW 3kV RM、YXSQ5604-12-280kW 380V RM、YXSQ5604-12-300kW 6kV RM、YXSQ5604-12-320kW 10kV RM、YXSQ5604-12-330kW 380V RM、YXSQ6301-12-300kW 380V RM、YXSQ6303-12-280kW 6kV RM、YXSQ6303-12-280kW 10kV RM、YXSQ6303-12-330kW 6kV RM、YXSQ6304-12-320kW 10kV RM

(续)

序号	制造商	产品名称	产品型号
2.3	河北新四达电机制造有限公司	YX系列高效率高压三相异步电动机（机座号355~710）	YX4003-2-250kW 10kV RM、YX710-2-2000kW 10kV RM、YX355-4-160kW 3.3kV RM、YX355-4-220kW 6kV RM、YX450-4-280kW 10kV RM、YX450-4B-250kW 10kV RM、YX3554-4-250kW 3.3kV 60HzRM、YX355-4-280kW 6kV RM、YX3554-4-250kW 3.3kV 50Hz RM、YX3556-4-315kW 6kV 60Hz RM、YX4001-4-355kW 6kV 60Hz RM、YX4001-4-400kW 6kV RM、YX4002-4-280kW 6kV RM、YX4003-4-315kW 6kV RM、YX4501-4-355kW 10kV RM、YX4502-4-500kW 6kV RM、YX4503-4-400kW 10kV RM、YX4504-4-450kW 10kV RM、YX4504-4-500kW 10kV RM、YX4506-4-560kW 10kV RM、YX5003-4-1000kW 10kV RM、YX6302-4-2000kW 10kV RM YX630-6-1000kW 10kV RM、YX710-6-1600kW 10kV RM、YX4003-6-250kW 10kV RM、YX4005-6-280kW 6kV RM、YX4501-6-220kW 10kV RM、YX4502-6-250kW 10kV RM、YX4502-6-355kW 6kV RM、YX4502-6-500kW 10kV RM、YX4504-6-315kW 10kV RM、YX4505-6-500kW 10kV RM、YX4506-6-400kW 10kV RM、YX5002-6-560kW 10kV RM、YX5001-6-500kW 10kV RM、YX5001-6-560kW 6kV RM、YX5003-6-630kW 10kV RM、YX5004-6-630kW 10kV RM YX355M2-8-132kW 3.3kV 50Hz RM、YX450-8-355kW 6kV RM、YX4502-8-250kW 6kV RM、YX4504-8-500kW 6kV RM、YX5002-8-355kW 10kV RM、YX5003-8-500kW 10kV RM、YX5005-8-400kW 10kV RM、YX5006-8-500kW 10kV RM、YX5601-8-630kW 10kV RM、YX6301-8-900kW 10kV RM、YX6302-8-1000kW 10kV RM、YX6303-8-1120kW 10kV RM、YX7106-8-1250kW 10kV RM、YX7109-8-1600kW 10kV RM YX630-10-1200kW 6kV RM YX400-12-75kW 3.3kV 50Hz RM、YX5604-12-500kW 6kV RM
2.4	江苏环球特种电机有限公司	YE2系列高效率三相异步电动机	YE2-80-2-1.1kWRM、YE2-90L-2-2.2kWRM、YE2-90S-2-1.5kWRM、YE2-100-2-3kWRM、YE2-112-2-4kWRM、YE2-132S-2-5.5kWRM、YE2-132S-2-7.5kWRM、YE2-160L-2-18.5kWRM、YE2-160M-2-11kWRM、YE2-160M-2-15kWRM、YE2-180M-2-22kWRM、YE2-200-2-30kWRM、YE2-200-2-37kWRM、YE2-225M-2-45kWRM、YE2-250-2-55kWRM、YE2-280M-2-90kWRM、YE2-280S-2-75kWRM、YE2-315L-2-200kWRM、YE2-315M-2-132kWRM YE2-90L-4-1.5kWRM、YE2-90S-4-1.1kWRM、YE2-100-4-2.2kWRM、YE2-100-4-3kWRM、YE2-112-4-4kWRM、YE2-132M-4-7.5kWRM、YE2-132S-4-5.5kWRM、YE2-160L-4-15kWRM、YE2-160M-4-11kWRM、YE2-180L-4-22kWRM、YE2-180M-4-18.5kWRM、YE2-200-4-30kWRM、YE2-225M-4-45kWRM、YE2-225S-4-37kWRM、YE2-250-4-55kWRM、YE2-280M-4-90kWRM、YE2-280S-4-75kWRM、YE2-315L-4-160kWRM、YE2-315L-4-200kWRM、YE2-315S-4-110kWRM YE2-132M-6-5.5kWRM、YE2-160L-6-11kWRM、YE2-160M-6-7.5kWRM、YE2-180L-6-15kWRM、YE2-200-6-18.5kWRM、YE2-200-6-22kWRM、YE2-225M-6-30kWRM、YE2-225M-6-30kWRM、YE2-250-6-37kWRM、YE2-280S-6-45kWRM、YE2-315L-6-132kWRM、YE2-315M-6-90kWRM、YE2-315M-6-110kWRM

（续）

序号	制造商	产品名称	产品型号
2.5	江苏环球特种电机有限公司	YE3系列超高效率三相异步电动机	YE3-90L-2-2.2kWRM、YE3-90S-2-1.5kWRM、YE3-100-2-3kWRM、YE3-112-2-4kWRM、YE3-132S-2-5.5kWRM、YE3-132S-2-7.5kWRM、YE3-160L-2-18.5kWRM、YE3-160M-2-15kWRM、YE3-200-2-37kWRM、YE3-225M-2-45kWRM、YE3-250-2-55kWRM、YE3-280M-2-90kWRM、YE3-315S-2-110kWRM YE3-80-4-0.75kWRM、YE3-90L-4-1.5kWRM、YE3-90S-4-1.1kWRM、YE3-100-4-2.2kWRM、YE3-100-4-3kWRM、YE3-112-4-4kWRM、YE3-132M-4-7.5kWRM、YE3-132S-4-5.5kWRM、YE3-160L-4-15kWRM、YE3-160M-4-11kWRM、YE3-180L-4-22kWRM、YE3-180M-4-18.5kWRM、YE3-200-4-30kWRM、YE3-225S-4-37kWRM、YE3-250-4-55kWRM YE3-90L-6-1.1kWRM、YE3-90S-6-0.75kWRM、YE3-100-6-1.5kWRM、YE3-112-6-2.2kWRM、YE3-132S-6-3kWRM、YE3-160L-6-11kWRM、YE3-180L-6-15kWRM
2.6		YX系列高压（6KV.10KV）高效率三相异步电动机	YX400-4-450kWRM、YX5004-4-1400kWRM、YX5602-4-1800kWRM、YX6303-4-2800kWRM
2.7		YB3系列隔爆型高效率三相异步电动机	YB3-90L-2-2.2kWRM、YB3-100-2-3kWRM、YB3-112-2-4kWRM、YB3-132S-2-5.5kWRM、YB3-132S-2-7.5kWRM、YB3-160M-2-15kWRM YB3-100-4-2.2kWRM、YB3-112-4-4kWRM、YB3-132M-4-7.5kWRM、YB3-132S-4-5.5kWRM、YB3-200-4-30kWRM YB3-132M-6-4kWRM、YB3-132M-6-5.5kWRM、YB3-160L-6-11kWRM、YB3-160M-6-7.5kWRM、YB3-180L-6-15kWRM、YB3-200-6-22kWRM
2.8	江苏大中电机股份有限公司	YE2系列（IP55）超高效率三相异步电动机	YE2-80M1-2RM、YE2-80M2-2RM、YE2-90D-2RM、YE2-90L-2RM、YE2-100L-2RM、YE2-112M-2RM、YE2-132S1-2RM、YE2-132S2-2RM、YE2-160L-2RM、YE2-160M1-2RM、YE2-160M2-2RM、YE2-180M-2RM、YE2-200L1-2RM、YE2-200L2-2RM、YE2-225M-2RM、YE2-250M-2RM、YE2-280M-2RM、YE2-280S-2RM、YE2-315L1-2RM、YE2-315L2-2RM、YE2-315M-2RM、YE2-315S-2RM、YE2-355L-2RM、YE2-355M-2RM YE2-80M2-4RM、YE2-90L-4RM、YE2-90S-4RM、YE2-100L1-4RM、YE2-100L2-4RM、YE2-112M-4RM、YE2-132M-4RM、YE2-132S-4RM、YE2-160L-4RM、YE2-160M-4RM、YE2-180L-4RM、YE2-180M-4RM、YE2-200L-4RM、YE2-225M-4RM、YE2-225S-4RM、YE2-250M-4RM、YE2-280M-4RM、YE2-280S-4RM、YE2-315L1-4RM、YE2-315L2-4RM、YE2-315M-4RM、YE2-315S-4RM、YE2-355L-4RM、YE2-355M-4RM YE2-90L-6RM、YE2-90S-6RM、YE2-100L-6RM、YE2-112M-6RM、YE2-132M1-6RM、YE2-132M-6RM、YE2-132S-6RM、YE2-160L-6RM、YE2-160M-6RM、YE2-180L-6RM、YE2-200L1-6RM、YE2-200L2-6RM、YE2-225M-6RM、YE2-250M-6RM、YE2-280M-6RM、YE2-280S-6RM、YE2-315L1-6RM、YE2-315L2-6RM、YE2-315M-6RM、YE2-315S-6RM、YE2-355L-6RM、YE2-355M1-6RM、YE2-355M2-6RM

（续）

序号	制造商	产品名称	产品型号
2.9	江苏大中电机股份有限公司	YE3系列（IP55）超高效率三相异步电动机	YE3-80M1-2RM、YE3-80M2-2RM、YE3-90L-2RM、YE3-90D-2RM、YE3-100L-2RM、YE3-112M-2RM、YE3-132S1-2RM、YE3-132S2-2RM、YE3-160L-2RM、YE3-160M1-2RM、YE3-160M2-2RM、YE3-180M-2RM、YE3-200L1-2RM、YE3-200L2-2RM、YE3-225M-2RM、YE3-250M-2RM、YE3-280M-2RM、YE3-280S-2RM、YE3-315L1-2RM、YE3-315L2-2RM、YE3-315M-2RM、YE3-315S-2RM、YE3-355L-2RM、YE3-355M-2RM YE3-80M2-4RM、YE3-90L-4RM、YE3-90S-4RM、YE3-100L1-4RM、YE3-100L2-4RM、YE3-112M-4RM、YE3-132M-4RM、YE3-132S-4RM、YE3-160L-4RM、YE3-160M-4RM、YE3-180L-4RM、YE3-180M-4RM、YE3-200L-4RM、YE3-225M-4RM、YE3-225S-4RM、YE3-250M-4RM、YE3-280M-4RM、YE3-280S-4RM、YE3-315L1-4RM、YE3-315L2-4RM、YE3-315M-4RM、YE3-315S-4RM、YE3-355L-4RM、YE3-355M-4RM YE3-90L-6RM、YE3-90S-6RM、YE3-100L-6RM、YE3-112M-6RM、YE3-132M1-6RM、YE3-132M-6RM、YE3-132S-6RM、YE3-160L-6RM、YE3-160M-6RM、YE3-180L-6RM、YE3-200L1-6RM、YE3-200L2-6RM、YE3-225M-6RM、YE3-250M-6RM、YE3-280M-6RM、YE3-280S-6RM、YE3-315L1-6RM、YE3-315L2-6RM、YE3-315M-6RM、YE3-315S-6RM、YE3-355L-6RM、YE3-355M1-6RM、YE3-355M2-6RM
2.10		Y2VP系列（IP55）变频调速专用三相异步电动机	Y2VP-90L-2RM、Y2VP-90S-2RM、Y2VP-100L-2RM、Y2VP-112M-2RM、Y2VP-132S1-2RM、Y2VP-132S2-2RM、Y2VP-160L-2RM、Y2VP-160M1-2RM、Y2VP-160M2-2RM、Y2VP-180M-2RM、Y2VP-200L1-2RM、Y2VP-200L2-2RM、Y2VP-225M-2RM、Y2VP-250M-2RM、Y2VP-280M-2RM、Y2VP-280S-2RM、Y2VP-315L1-2RM、Y2VP-315L2-2RM、Y2VP-315M-2RM、Y2VP-315S-2RM、Y2VP-355L-2RM、Y2VP-355M-2RM、Y2VP-801-2RM Y2VP-90L-4RM、Y2VP-90S-4RM、Y2VP-100L1-4RM、Y2VP-100L2-4RM、Y2VP-112M-4RM、Y2VP-132M-4RM、Y2VP-132S-4RM、Y2VP-160L-4RM、Y2VP-160M-4RM、Y2VP-180L-4RM、Y2VP-180M-4RM、Y2VP-200L-4RM、Y2VP-225M-4RM、Y2VP-225S-4RM、Y2VP-250M-4RM、Y2VP-280M-4RM、Y2VP-280S-4RM、Y2VP-315L1-4RM、Y2VP-315L2-4RM、Y2VP-315M-4RM、Y2VP-315S-4RM、Y2VP-355L-4RM、Y2VP-355M-4RM、Y2VP-801-4RM、Y2VP-802-4RM Y2VP-90L-6RM、Y2VP-90S-6RM、Y2VP-100L-6RM、Y2VP-112M-6RM、Y2VP-132M1-6RM、Y2VP-132M2-6RM、Y2VP-132S-6RM、Y2VP-160L-6RM、Y2VP-160M-6RM、Y2VP-180L-6RM、Y2VP-200L1-6RM、Y2VP-200L2-6RM、Y2VP-225M-6RM、Y2VP-250M-6RM、Y2VP-280M-6RM、Y2VP-280S-6RM、Y2VP-315L1-6RM、Y2VP-315L2-6RM、Y2VP-315M-6RM、Y2VP-315S-6RM、Y2VP-355L-6RM、Y2VP-355M1-6RM、Y2VP-355M2-6RM Y2VP-132M-8RM、Y2VP-132S-8RM、Y2VP-160L-8RM、Y2VP-160M1-8RM、Y2VP-160M2-8RM、Y2VP-180L-8RM、Y2VP-200L-8RM、Y2VP-225M-8RM、Y2VP-225S-8RM、Y2VP-250M-8RM、Y2VP-280M-8RM、Y2VP-280S-8RM、Y2VP-315L1-8RM、Y2VP-315L2-8RM、Y2VP-315M-8RM、Y2VP-315S-8RM、Y2VP-355L-8RM、Y2VP-355M1-8RM、Y2VP-355M2-8RM

（续）

序号	制造商	产品名称	产品型号
2.11	江苏大中电机股份有限公司	YB3系列隔爆型三相异步电动机	YB3-80M1-2RM、YB3-80M2-2RM、YB3-90D-2RM、YB3-90L-2RM、YB3-100L-2RM、YB3-112M-2RM、YB3-132S1-2RM、YB3-132S2-2RM、YB3-160L-2RM、YB3-160M1-2RM、YB3-160M2-2RM、YB3-180M-2RM、YB3-200L1-2RM、YB3-200L2-2RM、YB3-225M-2RM、YB3-250M-2RM、YB3-280M-2RM、YB3-280S-2RM、YB3-315M-2RM、YB3-315S-2RM、YB3-315L1-2RM、YB3-315L2-2RM、YB3-355L-2RM、YB3-355M-2RM YB3-80M2-4RM、YB3-90L-4RM、YB3-90S-4RM、YB3-100L1-4RM、YB3-100L2-4RM、YB3-112M-4RM、YB3-132M-4RM、YB3-132S-4RM、YB3-160L-4RM、YB3-160M-4RM、YB3-180L-4RM、YB3-180M-4RM、YB3-200L-4RM、YB3-225M-4RM、YB3-225S-4RM、YB3-250M-4RM、YB3-280M-4RM、YB3-280S-4RM、YB3-315L1-4RM、YB3-315L2-4RM、YB3-315M-4RM、YB3-315S-4RM、YB3-355L-4RM、YB3-355M-4RM YB3-90L-6RM、YB3-90S-6RM、YB3-100L-6RM、YB3-112M-6RM、YB3-132M1-6RM、YB3-132M-6RM、YB3-132S-6RM、YB3-160L-6RM、YB3-160M-6RM、YB3-180L-6RM、YB3-200L1-6RM、YB3-200L2-6RM、YB3-225M-6RM、YB3-250M-6RM、YB3-280M-6RM、YB3-280S-6RM、YB3-315L1-6RM、YB3-315L2-6RM、YB3-315M-6RM、YB3-315S-6RM、YB3-355L-6RM、YB3-355M1-6RM、YB3-355M2-6RM
2.12		YBBP系列隔爆型变频调速三相异步电动机	YBBP-80M1-2RM、YBBP-80M2-2RM、YBBP-90D-2RM、YBBP-90L-2RM、YBBP-100L-2RM、YBBP-112M-2RM、YBBP-132S1-2RM、YBBP-132S2-2RM、YBBP-160L-2RM、YBBP-160M1-2RM、YBBP-160M2-2RM、YBBP-180M-2RM、YBBP-200L1-2RM、YBBP-200L2-2RM、YBBP-225M-2RM、YBBP-250M-2RM、YBBP-280M-2RM、YBBP-280S-2RM、YBBP-315M-2RM、YBBP-315S-2RM、YBBP-315L1-2RM、YBBP-315L2-2RM、YBBP-355L-2RM、YBBP-355M-2RM YBBP-80M2-4RM、YBBP-90L-4RM、YBBP-90S-4RM、YBBP-100L1-4RM、YBBP-100L2-4RM、YBBP-112M-4RM、YBBP-132M-4RM、YBBP-132S-4RM、YBBP-160L-4RM、YBBP-160M-4RM、YBBP-180L-4RM、YBBP-180M-4RM、YBBP-200L-4RM、YBBP-225M-4RM、YBBP-225S-4RM、YBBP-250M-4RM、YBBP-280M-4RM、YBBP-280S-4RM、YBBP-315L1-4RM、YBBP-315L2-4RM、YBBP-315M-4RM、YBBP-315S-4RM、YBBP-355L-4RM、YBBP-355M-4RM YBBP-90L-6RM、YBBP-90S-6RM、YBBP-100L-6RM、YBBP-112M-6RM、YBBP-132M-6RM、YBBP-132M1-6RM、YBBP-132S-6RM、YBBP-160L-6RM、YBBP-160M-6RM、YBBP-180L-6RM、YBBP-200L1-6RM、YBBP-200L2-6RM、YBBP-225M-6RM、YBBP-250M-6RM、YBBP-280M-6RM、YBBP-280S-6RM、YBBP-315L1-6RM、YBBP-315L2-6RM、YBBP-315M-6RM、YBBP-315S-6RM、YBBP-355L-6RM、YBBP-355M1-6RM、YBBP-355M2-6RM

（续）

序号	制造商	产品名称	产品型号
2.13	江苏大中电机股份有限公司	YBX3系列高效率三相异步电动机	YBX3-80M1-2RM、YBX3-80M2-2RM、YBX3-90D-2RM、YBX3-90L-2RM、YBX3-100L-2RM、YBX3-112M-2RM、YBX3-132S1-2RM、YBX3-132S2-2RM、YBX3-160L-2RM、YBX3-160M1-2RM、YBX3-160M2-2RM、YBX3-180M-2RM、YBX3-200L1-2RM、YBX3-200L2-2RM、YBX3-225M-2RM、YBX3-250M-2RM、YBX3-280M-2RM、YBX3-280S-2RM、YBX3-315L1-2RM、YBX3-315L2-2RM、YBX3-315S-2RM、YBX3-355L-2RM、YBX3-355M-2RM YBX3-80M2-4RM、YBX3-90L-4RM、YBX3-90S-4RM、YBX3-100L1-4RM、YBX3-100L2-4RM、YBX3-112M-4RM、YBX3-132M-4RM、YBX3-132S-4RM、YBX3-160L-4RM、YBX3-160M-4RM、YBX3-180L-4RM、YBX3-180M-4RM、YBX3-200L-4RM、YBX3-225M-4RM、YBX3-225S-4RM、YBX3-250M-4RM、YBX3-280S-4RM、YBX3-315L1-4RM、YBX3-315L2-4RM、YBX3-315M-4RM、YBX3-315S-4RM、YBX3-355L-4RM、YBX3-355M-4RM YBX3-90L-6RM、YBX3-90S-6RM、YBX3-100L-6RM、YBX3-112M-6RM、YBX3-132M-6RM、YBX3-132M1-6RM、YBX3-132S-6RM、YBX3-160L-6RM、YBX3-160M-6RM、YBX3-180L-6RM、YBX3-200L1-6RM、YBX3-200L2-6RM、YBX3-225M-6RM、YBX3-250M-6RM、YBX3-280M-6RM、YBX3-280S-6RM、YBX3-315L1-6RM、YBX3-315L2-6RM、YBX3-315M-6RM、YBX3-315S-6RM、YBX3-355L-6RM、YBX3-355M1-6RM、YBX3-355M2-6RM
2.14	浙江特种电机有限公司	YSFE2系列风机水泵专用高效率三相异步电动机	YSFE2-100L-2-Z、YSFE2-112M1-2-Z、YSFE2-112M2-2-Z、YSFE2-132M-2-Z、YSFE2-132S1-2-Z、YSFE2-132S2-2-Z、YSFE2-132S3-2-Z、YSFE2-160L-2-Z、YSFE2-160M1-2-Z、YSFE2-160M2-2-Z、YSFE2-180L-2-Z、YSFE2-180M-2-Z、YSFE2-200L1-2-Z、YSFE2-200L2-2-Z、YSFE2-225M-2-Z、YSFE2-250M1-2-Z、YSFE2-250M2-2-Z、YSFE2-280M-2-Z、YSFE2-280S1-2-Z、YSFE2-280S2-2-Z、YSFE2-315L1-2-Z、YSFE2-315L2-2-Z、YSFE2-315M1-2-Z、YSFE2-315S1-2-Z、YSFE2-315S2-2-Z、YSFE2-355M1-2-Z YSFE2-90L-4-Z、YSFE2-100L1-4-Z、YSFE2-100L2-4-Z、YSFE2-112M1-4-Z、YSFE2-112M2-4-Z、YSFE2-132M1-4-Z、YSFE2-132M2-4-Z、YSFE2-132S1-4-Z、YSFE2-132S2-4-Z、YSFE2-160L-4-Z、YSFE2-160M1-4-Z、YSFE2-160M2-4-Z、YSFE2-180L-4-Z、YSFE2-180M-4-Z、YSFE2-200L1-4-Z、YSFE2-200L2-4-Z、YSFE2-225M-4-Z、YSFE2-250M1-4-Z、YSFE2-250M2-4-Z、YSFE2-280M-4-Z、YSFE2-280S1-4-Z、YSFE2-280S2-4-Z、YSFE2-315L1-4-Z、YSFE2-315L2-4-Z、YSFE2-315L3-4-Z、YSFE2-315L4-4-Z、YSFE2-315M1-4-Z、YSFE2-315M2-4-Z、YSFE2-315S1-4-Z、YSFE2-315S2-4-Z、YSFE2-355M1-4-Z、YSFE2-355M2-4-Z YSFE2-90L-6-Z、YSFE2-112M-6-Z、YSFE2-132M1-6-Z、YSFE2-132M2-6-Z、YSFE2-132M3-6-Z、YSFE2-132S-6-Z、YSFE2-160L1-6-Z、YSFE2-160L2-6-Z、YSFE2-160M1-6-Z、YSFE2-160M2-6-Z、YSFE2-180L-6-Z、YSFE2-200L1-6-Z、YSFE2-200L2-6-Z、YSFE2-225M-6-Z、YSFE2-250M-6-Z、YSFE2-280M1-6-Z、YSFE2-280M2-6-Z、YSFE2-280S-6-Z、YSFE2-315L1-6-Z、YSFE2-315L2-6-Z、YSFE2-315L3-6-Z、YSFE2-315L4-6-Z、YSFE2-315M-6-Z、YSFE2-315M1-6-Z、YSFE2-315M2-6-Z、YSFE2-315M3-6-Z、YSFE2-315M4-6-Z、YSFE2-315S1-6-Z、YSFE2-315S2-6-Z、YSFE2-355L1-6-Z、YSFE2-355L2-6-Z

（续）

序号	制造商	产品名称	产品型号
2.15	文登奥文电机有限公司	三相异步电动机	AW2-160L-2（Z）、AW2-160M1-2（Z）、AW2-160M2-2（Z）、AW2-180M-2（Z）、AW2-200L1-2（Z）、AW2-200L2-2（Z）、AW2-225M-2（Z）、AW2-250M-2（Z）、AW2-280M-2（Z）、AW2-280S-2（Z）、AW2-315L1-2（Z）、AW2-315L2-2（Z）、AW2-315M-2（Z）、AW2-315S-2（Z）、AW2-355L-2（Z）、AW2-355M-2（Z） AW2-160L-4（Z）、AW2-160M-4（Z）、AW2-180L-4（Z）、AW2-180M-4（Z）、AW2-200L-4（Z）、AW2-225M-4（Z）、AW2-225S-4（Z）、AW2-250M-4（Z）、AW2-280M-4（Z）、AW2-280S-4（Z）、AW2-315L1-4（Z）、AW2-315L2-4（Z）、AW2-315M-4（Z）、AW2-315S-4（Z）、AW2-355L-4（Z）、AW2-355M-4（Z） AW2-160L-6（Z）、AW2-160M-6（Z）、AW2-180L-6（Z）、AW2-200L1-6（Z）、AW2-225M-6（Z）、AW2-200L2-6（Z）、AW2-250M-6（Z）、AW2-280M-6（Z）、AW2-280S-6（Z）、AW2-315L1-6（Z）、AW2-315L2-6（Z）、AW2-315M-6（Z）、AW2-315S-6（Z）、AW2-355L-6（Z）、AW2-355M-6（Z）、AW2-355M1-6（Z）、AW2-355M2-6（Z）、AW2-355M3-6（Z） AW3-160L-2（Z）、AW3-160M1-2（Z）、AW3-160M2-2（Z）、AW3-180M-2（Z）、AW3-200L1-2（Z）、AW3-200L2-2（Z）、AW3-225M-2（Z）、AW3-250M-2（Z）、AW3-280M-2（Z）、AW3-280S-2（Z）、AW3-315L1-2（Z）、AW3-315L2-2（Z）、AW3-315M-2（Z）、AW3-315S-2（Z）、AW3-355L-2（Z）、AW3-355M-2（Z） AW3-160L-4（Z）、AW3-160M-4（Z）、AW3-180L-4（Z）、AW3-180M-4（Z）、AW3-200L-4（Z）、AW3-225M-4（Z）、AW3-225S-4（Z）、AW3-250M-4（Z）、AW3-280M-4（Z）、AW3-280S-4（Z）、AW3-315L1-4（Z）、AW3-315L2-4（Z）、AW3-315M-4（Z）、AW3-315S-4（Z）、AW3-355L-4（Z）、AW3-355M-4（Z） AW3-160L-6（Z）、AW3-160M-6（Z）、AW3-180L-6（Z）、AW3-200L1-6（Z）、AW3-200L2-6（Z）、AW3-225M-6（Z）、AW3-250M-6（Z）、AW3-280M-6（Z）、AW3-280S-6（Z）、AW3-315L1-6（Z）、AW3-315L2-6（Z）、AW3-315M-6（Z）、AW3-315S-6（Z）、AW3-355L-6（Z）、AW3-355M-6（Z）、AW3-355M1-6（Z）、AW3-355M2-6（Z）、AW3-355M3-6（Z）
2.16	开封盛达电机科技股份有限公司	水泵风机专用高效率三相异步电动机	YSFE2-160L-2 RM、YSFE2-180M-2 RM、YSFE2-225M-2 RM、YSFE2-250M2-2 RM、YSFE2-280S2-2 RM、YSFE2-315S2-2 RM YSFE2-132M2-4 RM、YSFE2-160M2-4 RM、YSFE2-180L-4 RM、YSFE2-200L2-4 RM、YSFE2-250M2-4 RM、YSFE2-280M-4 RM、YSFE2-315L2-4 RM、YSFE2-315M2-4 RM YSFE2-132M4-6 RM、YSFE2-160M2-6 RM、YSFE2-225M-6 RM、YSFE2-250M-6 RM、YSFE2-280M2-6 RM、YSFE2-315L2-6 RM、YSFE2-315L4-6 RM、YSFE2-315M-6 RM

（续）

序号	制造商	产品名称	产品型号
2.17	开封盛达电机科技股份有限公司	高效率三相异步电动机	YE2-160M2-2 RM、YE2-180M-2 RM、YE2-225M-2 RM、YE2-280S-2 RM、YE2-315S-2 RM YE2-160M-4 RM、YE2-180L-4 RM、YE2-180M-4 RM、YE2-200L-4 RM、YE2-225M-4 RM、YE2-250M-4 RM、YE2-280M-4 RM、YE2-315L1-4 RM、YE2-315M-4 RM、YE2-315S-4 RM YE2-132M2-6 RM、YE2-180L-6 RM、YE2-200L2-6 RM、YE2-225M-6 RM、YE2-250M-6 RM、YE2-280M-6 RM、YE2-315L1-6 RM、YE2-315M-6 RM、YE2-315S-6 RM
2.18	河南豫通电机股份公司	YSFE2系列水泵风机专用高效率三相异步电动机	YSFE2-RM-100L-2、YSFE2-RM-112M2-2、YSFE2-RM-132S2-2、YSFE2-RM-132S4-2、YSFE2-RM-160L-2、YSFE2-RM-160M1-2、YSFE2-RM-160M2-2、YSFE2-RM-180M-2、YSFE2-RM-200L1-2、YSFE2-RM-200L2-2、YSFE2-RM-225M-2、YSFE2-RM-250M2-2、YSFE2-RM-280M-2、YSFE2-RM-280S2-2、YSFE2-RM-315L2-2、YSFE2-RM-315L3-2、YSFE2-RM-315M2-2、YSFE2-RM-315S2-2、YSFE2-RM-355L1-2、YSFE2-RM-355M1-2、YSFE2-RM-355M2-2 YSFE2-RM-100L1-4、YSFE2-RM-100L2-4、YSFE2-RM-132M2-4、YSFE2-RM-132S2-4、YSFE2-RM-160L-4、YSFE2-RM-160M2-4、YSFE2-RM-180L-4、YSFE2-RM-180M-4、YSFE2-RM-200L2-4、YSFE2-RM-225M-4、YSFE2-RM-225S-4、YSFE2-RM-250M2-4、YSFE2-RM-280M-4、YSFE2-RM-280S2-4、YSFE2-RM-315L2-4、YSFE2-RM-315L3-4、YSFE2-RM-315M2-4、YSFE2-RM-315S2-4、YSFE2-RM-355L1-4、YSFE2-RM-355M1-4、YSFE2-RM-355M2-4 YSFE2-RM-180L-6、YSFE2-RM-200L1-6、YSFE2-RM-200L2-6、YSFE2-RM-225M-6、YSFE2-RM-250M-6、YSFE2-RM-280M2-6、YSFE2-RM-280S-6、YSFE2-RM-315L2-6、YSFE2-RM-315M-6、YSFE2-RM-315S2-6、YSFE2-RM-355L1-6、YSFE2-RM-355M2-6、YSFE2-RM-355M3-6、YSFE2-RM-355M4-6
2.19		YB3系列隔爆型三相异步电动机	YB3-RM-132S1-2、YB3-RM-160M2-2、YB3-RM-180M-2、YB3-RM-315L-2 YB3-RM-180L-4、YB3-RM-200L-4、YB3-RM-250M-4、YB3-RM-280M-4、YB3-RM-280S-4、YB3-RM-315L2-4＼YB3-RM-315M-4、YB3-RM-315S-4 YB3-RM-200L1-6、YB3-RM-200L2-6、YB3-RM-225M-6、YB3-RM-250M-6、YB3-RM-280M-6
2.20	广西绿地球电机有限公司	YSFE2系列风机水泵专用高效率三相异步电动机	YSFE2-132S1-2-RM、YSFE2-225M-2-RM、YSFE2-280S-2-RM、YSFE2-315S-2-RM YSFE2-160L-4-RM、YSFE2-180L-4-RM、YSFE2-200L-4-RM、YSFE2-250M-4-RM、YSFE2-280M-4-RM、YSFE2-355M1-4-RM YSFE2-132M2-6-RM、YSFE2-200L2-6-RM、YSFE2-225M-6-RM、YSFE2-250M-6-RM、YSFE2-280M-6-RM、YSFE2-315L1-6-RM、YSFE2-355L1-6-RM、YSFE2-355M2-6-RM

(续)

序号	制造商	产品名称	产品型号
2.21	成都东方实业（集团）邛崃电机有限公司	YSE2系列水泵专用高效率三相异步电动机（机座号80~355）	132S2-2-RM、225M-2-RM、280S2-2-RM、315S-2-RM、160M2-4-RM、250M-4-RM、280S-4-RM、280M-6-RM、315S2-6-RM
		YFE2系列风机专用高效率三相异步电动机（机座号80~400）	132S1-2-RM、225M-2-RM、250M-2-RM、250M-4-RM、280M-4-RM、280S2-4-RM、315L1-6-RM、315S2-6-RM
3. 机床产品及其零部件			
3.1	沈阳精新再制造有限公司	车床	CA6136-z/750、CA6136-z/1000、CA6140A-z/750、CA6140A-z/1000、CA6140A-z/1500、CA6140A-z/2000、CA6140B/A-z/1000、CA6140B/A-z/1500、CA6140B/A-z/2000、CA6150A-z/1000、CA6150A-z/1500、CA6150A-z/2000、CA6150B/A-z/1000、CA6150B/A-z/1500、CA6150B/A-z/2000、CAK3665di-z、CAK3665ni-z、CAK3665nj-z、CAK4085di-z、CAK4085ni-z、CAK4085nj-z、CAK50135nj-z、CAK5085di-z、CAK5085dj-z、CAK5085ni-z、CAK5085nj-z、CK6140-z/1000、CK6140-z/1500、CK6150-z/1000、CK6150-z/1500、CK6163-z/1500、CW6163B-z/1500、CW6163B-z/3000、CW6163B-z/4000、CW6163B-z/5000、CW6180B-z/1500、CW6180B-z/3000、CW6180B-z/5000、CW6280B/1500、CW61100B-z/1500、CW61100B-z/3000、CW61100B-z/5000、HTC2050-z
3.2		钻床	Z3050×16/1-z、Z3063×20/1-z、Z3080×25-z、Z3550-z、Z30100×31-z、Z30125×40-z
3.3		镗床	TPX6111B-z、TPX6111B/2-z、TPX6111B/3-z、TPX6113-z、TPX6113/2-z、TPX6211×59-z、TPX6213×56-z、TPX6213×67-z、TPX6213×78-z、TPX6213×90-z、TPX6213×110-z、HT200A-z、HT200B-z
3.4		立式加工中心	VMC0850B-z、VMC850B-z、VMC850e-z、VMC850P-z、VMC1056B-z、VMC1165B-z、VMC1165C-z、VMC1165sB-z、VMC1165sC-z

（续）

序号	制造商	产品名称	产品型号
4. 办公设备及其零件			
4.1	富士施乐爱科制造（苏州）有限公司	鼓粉组件	CT350285、CT350310、CT350314、CT350413、CT350489、CT350580、CT350737、CT350765、CT350769、CT350922、CT350938、CT350941
5. 汽车产品及其零部件			
5.1	张家港富瑞特特种装备股份有限公司	油改气发动机	FR6A220GN、FR6A280GN、FR6A300GN、FR6A320GN、FR6A340GN、FR6A380GN

表 B-6 第六批再制造产品目录

序号	制造商	产品名称	产品型号
1. 工程机械及其零部件			
1.1	徐州工程机械集团有限公司	伸臂	QAY200.02.1.1-RM、QAY260.02.1.1-RM、QAY300.02.1.1-RM、QAY400.02.1.1-RM、QY8D.02.1.1-RM、QY12.02.1.1-RM、QY16.02.1.1-RM、QY20.02.1-RM、QY25K.02.1.1-RM、QY50K.02.3.1-RM、QY70K.02.1.1-RM、QY80K.02.1.1-RM、QY90K.02.1.1-RM、QY100K.02.1.1-RM、QY110K.02.1.1-RM、QY130K.02.1.1-RM XCA40_E.02.1.1-RM、XCA60_E.02.1.1-RM、XCA100.02.1.1-RM、XCA160.02.1.1-RM、XCA220.02.1.1-RM、XCA350.02.1.1-RM XCT8.02.1.1-RM、XCT12.02.1.1-RM、XCT16.02.1.1-RM、XCT20.02.1.1-RM、XCT25.02.1.1-RM、XCT25E.02.1.1-RM、XCT35.02.1.1-RM、XCT55.02.1.1-RM、XCT55L6.02.1.1-RM、XCT75L5.02.1.1-RM、XCT75L6.02.1.1-RM、XCT80.02.1.1-RM、XCT90.02.1.1-RM、XCT100.02.1.1-RM、XCT110.02.1.1-RM、XCT130.02.1.1-RM、XCT160.02.1.1-RM、XCT220.02.1.1-RM
1.2		转台	QAY200.05.1-RM、QAY300.05.1-RM、QAY400.05.1-RM、QY8D.05.1.1-RM、QY12.05.1-RM、QY16.05.1-RM、QY20.05.1-RM、QY20B.05.1-RM、QY25K.05.1-RM、QY50K.05.1-RM、QY70K.05.1-RM、QY80K.05.1-RM、QY90K.05.1-RM、QY100K.05.1-RM、QY110K.05.1-RM XCT8.05.1-RM、XCT12.05.2-RM、XCT16.05.3-RM、XCT20.05.4-RM、XCT40U.05.5-RM、XCT25.05.6-RM、XCT25E.05.7-RM、XCT35.05.8-RM、XCT55.05.9-RM、XCT55L6.05.10-RM、XCT70.05.13-RM、XCT75L5.05.11-RM、XCT75L6.05.12-RM、XCT80.05.1-RM、XCT90.05.14-RM、XCT100.05.15-RM、XCT110.05.16-RM、XCT130.05.18-RM、XCT160.05.19-RM、XCT220.05.17-RM、XCT220.05.20-RM

（续）

序号	制造商	产品名称	产品型号
1.3	徐州工程机械集团有限公司	车架	XDA30.59.1-RM、XDA40_E.59.1-RM、XDA60_E.59.1-RM、XDA100.59.1-RM、XDA130.59.1-RM、XDA160.59.1-RM、XDA220.59.1-RM、XDA300.59.1-RM、XDA350.59.1-RM、XDA550.59.1-RM、XDT80K.59.1-RM、XTD8.59.1-RM、XTD12.59.1-RM、XTD16.59.1-RM、XTD20.59.1-RM、XTD25.59.1-RM、XTD25E.59.1-RM、XTD35.59.1-RM、XTD40U.59.1-RM、XTD55.59.1-RM、XTD55L6.59.1-RM、XTD70.59.1-RM、XTD75L5.59.1-RM、XTD75L6.59.1-RM、XTD90.59.1-RM、XTD100.59.1-RM、XTD110.59.1-RM、XTD130.59.1-RM、XTD160.59.1-RM、XTD220.59.1-RM、XZ12.59.1-RM、XZ20.59.1-RM、XZ25K.59.1-RM、XZ50K.59.1-RM、XZ70K.59.1-RM、XZ80K.59.1-RM、XZ90K.59.1-RM、XZ100K.59.1-RM、XZ110K.59.1-RM、XZ130K.59.1-RM、XZA200.59.1-RM、XZA300.59.1-RM、XZA400.59.1-RM
1.4		回转支承	QAY160.06-RM、QAY180.06-RM、QAY200.06-RM、QAY240.06-RM、QAY260.06-RM、QAY300.06-RM、QAY350.06-RM、QAY400.06-RM、QY8C.06-RM、QY12.06-RM、QY16D.06-RM、QY20B.06-RM、QY25K.06-RM、QY35K.06-RM、QY50K.06-RM、QY80.06-RM、QY100K.06-RM、QY110K.06-RM、QY130K.06-RM
1.5		平衡梁	XZ16K.58-RM、XZ25KJ.58.9-RM、XZ75KN.55-RM、XZ100K.58-RM
1.6		中心回转体	CDZ53.45-RM、DG34C.45-RM、DG53C.45-RM、DG68C.45-RM、DG88.45-RM、EC60.14.1-RM、GKS22.45-RM、GKS28.45-RM、GTBZ26.45-RM、PM140.45-RM、QY8D.70-RM、RT25.70-RM、WY.70-RM、WY.94-RM、YT32.45-RM
1.7		平衡阀	803000034-RM、803000048-RM、803000056-RM、803000071-RM、803000074-RM、803000075-RM、803000134-RM、803000300-RM、803000357-RM、803000386-RM、803000480-RM、803001572-RM、803001647-RM、803001656-RM、803001777-RM、803001968-RM、803001981-RM、803007440-RM、803071333-RM、803073058-RM、803075273-RM、803077897-RM、803081178-RM、803169870-RM、803171807-RM
1.8		多路阀	803000037-RM、803000400-RM、803000420-RM、803000422-RM、803000485-RM、803002832-RM、803007093-RM、803010143-RM、803048307-RM、803068157-RM、803068158-RM、803070281-RM、803081608-RM、803383844-RM

（续）

序号	制造商	产品名称	产品型号
1.9	徐州工程机械集团有限公司	回转缓冲阀	803001793-RM、803002095-RM、803002831-RM、803007080-RM、803011905-RM
1.10		双向锁	803000079-RM、803000192-RM、803000435-RM、803000575-RM、803002474-RM、803007092-RM、803048340-RM、803274247-RM、803386207-RM
1.11		先导控制阀	803000365-RM、803001723-RM、803002472-RM、803002473-RM、803002516-RM、803048319-RM、803048320-RM、803077890-RM、803080444-RM、803182202-RM、803303492-RM
1.12		其他阀类	800900042-RM、803000127-RM、803000639-RM、803000641-RM、803001568-RM、803001827-RM、803001828-RM、803001978-RM、803002006-RM、803002376-RM、803002414-RM、803002517-RM、803007008-RM、803075367-RM、803075368-RM、803077008-RM、803077295-RM
1.13		油泵	803000039-RM、803000065-RM、803000161-RM、803000307-RM、803001844-RM、803002269-RM、803002451-RM、803002776-RM、803006891-RM、803009686-RM、803044725-RM、803045619-RM、803068892-RM、803071449-RM、803079879-RM、803079883-RM、803081151-RM、803081326-RM
1.14		转向油泵	130301479-RM、803000035-RM、803000179-RM、803000191-RM、803000377-RM、803000410-RM、803000545-RM、803009843-RM、803066693-RM、803071674-RM、803071675-RM、803073004-RM、803075789-RM、803077820-RM、803077821-RM、803079200-RM、803079204-RM、803079971-RM、803080035-RM、803081212-RM、803081214-RM
1.15		马达	110301341-RM、800300023-RM、800300059-RM、800351177-RM、803000077-RM、803000137-RM、803000240-RM、803000264-RM、803000408-RM、803000453-RM、803000455-RM、803000484-RM、803001685-RM、803001757-RM、803001813-RM、803001894-RM、803002146-RM、803002147-RM、803002549-RM、803007407-RM、803009703-RM、803044633-RM、803044634-RM、803045278-RM、803048359-RM、803069200-RM、803077892-RM、803078324-RM、803081202-RM、803383852-RM

(续)

序号	制造商	产品名称	产品型号
1.16	徐州工程机械集团有限公司	起重机油缸	QAY25.16-RM、QAY50.16.1-RM、QAY50.16.2-RM、QAY55.16-RM、QY8D.16-RM、QY12.16-RM、QAY25.28-RM、QAY50.28-RM、QAY55.28-RM、QAY160.28-RM、QAY200.28-RM、QAY220.28-RM、QAY240.28-RM、QAY260.28-RM、QAY300.28-RM、QAY350.28-RM、QAY400.28-RM、QAY500.28-RM、QAY650.28-RM、QAY800.28-RM、QAY1000.28-RM、QAY1200.28-RM、QAY25.68-RM、QAY50.68-RM、QAY55.68-RM、QAY350.68A-RM、QAY800.68-RM、QAY1000.68-RM、QAY1200.68-RM QY16D.16-RM、QY20.16-RM、QY25K.16-RM、QY35K.16-RM、QY40K.16.1-RM、QY50K.16.1-RM、QY70K.16-RM、QY80K.16-RM、QY90K.16-RM、QY100K.16-RM、QY110K.16-RM、QY160K.16-RM、XCT220.16-RM、QY8D.28-RM、QY12.28-RM、QY16D.28-RM、QY20.28-RM、QY25K.28-RM、QY35K.28-RM、QY50.28.1-RM、QY50.28.2-RM、QY65K.28-RM、QY70K.28-RM、QY80K.28-RM、QY90K.28-RM、QY100K.28-RM、QY110K.28-RM、QY130K.28-RM、QY160K.28-RM、QY8D.68-RM、QY16C.68-RM、QY25K.68-RM、QY35K5.68-RM、QY50K.68-RM、QY60K.68-RM、QY70K.68-RM、QY8C.69-RM、QY16C.69-RM、QY20.69-RM、QY25K.69-RM、QY65K.69-RM、QY70K.69-RM、QY50K.76-RM、QY60K.76-RM XCT220.28-RM、XCT220.68-RM
1.17		装载机液压油缸	XGYG01-001-RM、XGYG01-004-RM、XGYG01-042-RM、XGYG01-118-RM、XGYG01-119-RM、XGYG01-125-RM、XGYG01-127-RM、XGYG01-128-RM、XGYG01-129-RM、XGYG01-137-RM、XGYG01-138-RM、XGYG01-139-RM、XGYG01-141-RM、XGYG01-142-RM、XGYG01-144-RM、XGYG01-145-RM、XGYG01-146-RM、XGYG01-147-RM、XGYG03-012-RM、XGYG07-057-RM、XGYG07-058-RM、XGYG07-059-RM、XGYG07-061-RM、XGYG07-062-RM、XGYG10-005-RM、XGYG10-006-RM、XGYG11-030-RM、Z5G7.1.1-RM、Z5G7.1.3-RM、Z5G7.1.24-RM、Z5GH.7.2.6-RM、Z5GH.7.2.12-RM
1.18		泵车液压油缸	HB37.68-RM、HB40.32-RM、HB37.28-RM、HB37.29-RM、HB37.30-RM、HB37.31-RM、HB37.69-RM、HB40.28-RM、HB40.69-RM、HB41.31-RM、HB44.69-RM、HB46.31-RM、HB48.30-RM、HB48.31-RM、HB48.32-RM、HB48.67-RM、HB48.68-RM、HB48.69-RM、HB48AIII.33-RM、HB48C.16-RM、HB52A.29-RM、HB52A.31-RM、HB52A.32-RM、HB52A.68-RM、HB52A.69-RM、HB52A.70-RM、HB56.17-RM、HB56A.28-RM、HB56A.29-RM、HB56A.30-RM

（续）

序号	制造商	产品名称	产品型号
1.19	徐州工程机械集团有限公司	基础液压油缸	XR200-YG01-RM～XR200-YG05-RM、XR220D-YG01-RM～XR250-YG03-RM、XR280-YG01-RM、XR280-YG02-RM、XR300D-YG01-RM、XR420D-YG02-RM、XZ320.12.7.1-RM、XZA180.13.3-RM、XZA180.14.3-RM、XZA800.12.3-RM
1.20		履带吊液压油缸	QUY55.53.2-RM、QUY80.16.1-RM、QUY80.16.2-RM、QUY260.16.1-RM、QUY450.16.6-RM、QUY650.16.1-RM、QUY2000.16.12-RM
1.21	泰安大地强夯重工科技有限公司	履带式强夯机	QH3000R、QH4000R。
1.22	陕西天元智能再制造股份有限公司	油田用往复式注水泵柱塞杆	TY-ZSG
		油田用往复式注水泵组合阀	TY-ZHF
1.23	中铁工程装备集团有限公司	土压平衡盾构	$4m \leq \phi < 6m$、$6m \leq \phi < 7m$、$9m \leq \phi < 12m$
		泥水平衡盾构	$6m \leq \phi < 7m$
		硬岩掘进机（TBM）	$6m \leq \phi < 7m$
1.24	大连华锐重工特种备件制造有限公司	助卷辊	RWRD380
		夹送辊	RPRD300-450、RPRD460-600、RPRD850-950。
		层流辊	RRRD200-350
		稳定辊	RSRWD200-400
		沉没辊	RSRCD600-800
2. 电动机及其零部件			
2.1	六安市微特电机有限责任公司	YE2-Z系列高效率三相异步电动机	YE2-Z-100L-2、YE2-Z-112M-2、YE2-Z-132S1-2、YE2-Z-132S2-2、YE2-Z-160L-2、YE2-Z-160M1-2、YE2-Z-160M2-2、YE2-Z-180M-2、YE2-Z-200L1-2、YE2-Z-200L2-2、YE2-Z-250M-2、YE2-Z-280M-2、YE2-Z-280S-2、YE2-Z-315L1-2 YE2-Z-90L-4、YE2-Z-100L1-4、YE2-Z-100L2-4、YE2-Z-112M-4、YE2-Z-132M-4、YE2-Z-132S-4、YE2-Z-160L-4、YE2-Z-160M-4、YE2-Z-180L-4、YE2-Z-180M-4、YE2-Z-200L-4、YE2-Z-225M-4、YE2-Z-225S-4、YE2-Z-250M-4、YE2-Z-280M-4、YE2-Z-280S-4、YE2-Z-315L1-4、YE2-Z-315L2-4、YE2-Z-315M-4、YE2-Z-315S-4、YE2-Z-355M1-4、YE2-Z-355M2-4 YE2-Z-112M-6、YE2-Z-132M1-6、YE2-Z-160M-6、YE2-Z-200L2-6、YE2-Z-225M-6、YE2-Z-250M-6、YE2-Z-280M-6、YE2-Z-280S-6、YE2-Z-315L1-6、YE2-Z-315S-6、YE2-Z-355M1-6

(续)

序号	制造商	产品名称	产品型号
2.2	瑞昌市森奥达科技有限公司	AB系列三相同步永磁电机	AB160L-2、A B160M2-2、AB180M-2、AB200L1-2、AB200L2-2、AB225M-2、AB250M-2、AB280M-2、AB280S-2、AB315L1-2、AB315L2-2、AB315M-2、AB315S-2 AB112S-4、AB132L-4、AB132M-4、AB132S-4、AB160L-4、AB180L-4、AB180M-4、AB200L-4、AB225M-4、AB225S-4、AB250M-4、AB280M-4、AB280S-4、AB315L1-4、AB315L2-4、AB315M-4、AB315S-4 AB180L-6、AB200L1-6、AB200L2-6、AB225M-6、AB250M-6、AB280M-6、AB280S-6、AB215S-6、AB215L1-6、AB315L2-6、AB315M-6
2.3	湖北华博三六电机有限公司	SF系列水轮发电机	SF630-24/2150-RM 6.3KV、SFW100-10/740-RM 400V、SFW400-8/850-RM、SFW400-10/990-RM 400V、SFW400-16/1430-RM 400V、SFW500-6/1180-RM、SFW500-12/1430-RM 6.3kV、SFW630-12/1430-RM 400V、SFW800-6/1180-RM。SFW1000-16/1250-RM 6.3kV、SFW1250-6/1180-RM、
3. 汽车产品及其零部件			
3.1	重庆雨翔示辉变速箱有限公司	4速自动变速箱	4F27E
		6速自动变速箱	6F15、6F35
3.2	潍柴动力(潍坊)再制造有限公司	柴油发动机	WD10D235E10、WD10G178E25、WD10G220E21、WD10G220E23、WD12.336、WD12.375、WD12.420、WD615.50、WP10.270E32、WP10.290、WP10.290E32、WP10.300N、WP10.310、WP10.310E32、WP10.336、WP10.336N、WP10.340E32、WP10.375、WP10.380E32
3.3	中国重汽集团济南复强动力有限公司	发动机	D12.38、D12.42 WD615.47、WD615.47A、WD615.61AG26B、WD615.62、WD615.67G3-28、WD615.69、WD615.69A、WD615.87、WD615.87A、WD615.93、WD615.93E、WD615.95、WD615.95E、WD615.96E WT615.93、WT615.95
3.4	广西汽车集团有限公司	减速器总成	N109(N44)、N109L(L44)
		左半轴总成	N109
		右半轴总成	N109

(续)

序号	制造商	产品名称	产品型号
4. 其他专用机械设备及其零件			
4.1	山东豪迈机械科技股份有限公司	PC 轿车胎轮胎活络模具	PC 25 系列：PC 275/25R20-Rm ~ PC 305/25R26-Rm PC 30 系列：PC 225/30R20-Rm ~ PC 325/30R26-Rm PC 35 系列：PC 215/35R18-Rm ~ PC 325/35R28-Rm PC 40 系列：PC 205/40R16-Rm ~ PC 305/40R22-Rm PC 45 系列：PC 195/45R14-Rm ~ PC 305/45R22-Rm PC 50 系列：PC 175/50R13-Rm ~ PC 295/50R20-Rm PC 55 系列：PC 165/55R12-Rm ~ PC 275/55R20-Rm PC 60 系列：PC 155/60R12-Rm ~ PC 285/60R20-Rm PC 65 系列：PC 145/65R12-Rm ~ PC 275/65R17-Rm PC 70 系列：PC 135/70R12-Rm ~ PC 275/70R17-Rm PC 75 系列：PC 165/75R13-Rm ~ PC 265/75R16-Rm PC 80 系列：PC 135/80R12-Rm ~ PC 215/80R16-Rm
4.2		LT 轻型载重汽车胎轮胎活络模具	LT5°轮辋：LT 145R12-Rm ~ LT 215R16-Rm LT 60 系列，5°轮辋：LT 195/60R15-Rm ~ LT 225/60R15-Rm LT 65 系列，5°轮辋：LT 185/65R15-Rm ~ LT 275/65R18-Rm LT 70 系列，5°轮辋：LT 165/70R14-Rm ~ LT 315/70R17-Rm LT 75 系列，5°轮辋：LT 175/75R16-Rm ~ LT 315/75R16-Rm LT 85 系列，5°轮辋：LT 215/85R16-Rm ~ LT 255/85R16-Rm
4.3		TB 载重汽车胎轮胎活络模具	TB 65 系列，15°轮辋：TB 385/65R22.5-Rm ~ TB 445/65R22.5-Rm TB 70 系列，15°轮辋：TB 225/70R19.5-Rm ~ TB 315/70R22.5-Rm TB 75 系列，15°轮辋：TB 215/75R17.5-Rm ~ TB 315/75R24.5-Rm TB 80 系列，15°轮辋：TB 275/80R22.5-Rm ~ TB 315/80R22.5-Rm
4.4		ID 工业车辆胎轮胎活络模具	ID 70 系列：ID 180/70R8-Rm ~ ID 315/70R15-Rm ID 75 系列：ID 125/75R8-Rm ~ ID 250/75R15-Rm ID 80 系列：ID 395/80R25-Rm ~ ID 685/80R25-Rm ID 95 系列：ID 385/95R24-Rm ~ ID 575/95R25-Rm
4.5		OTR 工程机械胎轮胎活络模具	OTR 65 系列：OTR 25/65R25-Rm ~ OTR 875/65R51-Rm OTR 80 系列：OTR 53/80R63-Rm ~ OTR 59/80R63-Rm
4.6		MC 摩托车胎轮胎活络模具	MC 60/50R15-Rm ~ MC 190/100R19-Rm

表 B-7　第七批再制造产品目录

序号	制造商	产品名称	产品型号
1. 工程机械及其零部件			
1.1	秦皇岛天业通联重工股份有限公司	土压平衡盾构机	4m≤φ<6m、6m≤φ<7m
		泥水平衡盾构机	6m≤φ<7m
		硬岩掘进机	4m≤φ<8m
1.2	国机重工（常州）机械再制造科技有限公司	液压挖掘机	ZG3225LC-9R
1.3	中铁隧道局集团有限公司	土压平衡盾构机	6m≤φ<7m
1.4	陕西天元智能再制造股份有限公司	透平膨胀机组用动叶片	GYA-DYP
		透平膨胀机组用静叶片	GYA-JYP
		透平膨胀机组用承缸	GYA-CG
		透平膨胀机组用主轴	GYA-ZZ
		石油及天然气工业撬装往复压缩机活塞组件（活塞、活塞杆）	DPC-2803、ZTY-470
		石油及天然气工业撬装往复压缩机十字头	DS304.5、DS304.8、YS304.5、YS304.8
		石油用闸阀	Z43Y-200 DN50、Z43Y-200 DN65、Z43Y-200 DN80、Z43Y-200 DN100、Z43Y-250 DN50、Z43Y-250 DN65、Z43Y-250 DN80、Z43Y-250 DN100、Z43F-260 DN80

（续）

序号	制造商	产品名称	产品型号
1.4	陕西天元智能再制造股份有限公司	石油用截止阀	J46Y-200 DN65、J46Y-250 DN50、J46Y-250 DN65、J46Y-250 DN80、J46Y-250 DN100
		煤矿用采煤机齿轨轮	GYA-CGL
		煤矿用采煤机导向滑靴	GYA-DH
		煤矿用采煤机支撑滑靴	GYA-ZH
		煤矿用刮板运输机链轮组件	GYA-LL
2. 电动机及其零部件			
2.1	贵州永安电机有限公司	Y3系列三相异步电动机	Y3-90L-2/2.2kW RM、Y3-90S-2/1.5kW RM、Y3-100L-2/3.0kW RM、Y3-112M-2/4.0kW RM、Y3-132S1-2/5.5kW RM、Y3-132S2-2/7.5kW RM、Y3-160L-2/18.5kW RM、Y3-160M1-2/11kW RM、Y3-160M2-2/15kW RM、Y3-180M-2/22kW RM、Y3-200L1-2/30kW RM、Y3-200L2-2/37kW RM、Y3-225M-2/45kW RM、Y3-250M-2/55kW RM、Y3-280M-2/90kW RM、Y3-280S-2/75kW RM、Y3-315M1-2/132kW RM、Y3-315M2-2/160kW RM、Y3-315S-2/110kW RM、Y3-801-2/0.75kW RM、Y3-802-2/1.1kW RM Y3-90L-4/1.5kW RM、Y3-90S-4/1.1kW RM、Y3-100L1-4/2.2kW RM、Y3-100L2-4/3.0kW RM、Y3-112M-4/4.0kW RM、Y3-132M-4/7.5kW RM、Y3-132S-4/5.5kW RM、Y3-160L-4/15kW RM、Y3-160M-4/11kW RM、Y3-180L-4/22kW RM、Y3-200L-4/30kW RM、Y3-180M-4/18.5kW RM、Y3-225M-4/45kW RM、Y3-225S-4/37kW RM、Y3-250M-4/55kW RM、Y3-280M-4/90kW RM、Y3-280S-4/75kW RM、Y3-315M1-4/132kW RM、Y3-315M2-4/160kW RM、Y3-315S-4/110kW RM、Y3-801-4/0.55kW RM、Y3-802-4/0.75kW RM Y3-90L-6/1.1kW RM、Y3-90S-6/0.75kW RM、Y3-100L-6/1.5kW RM、Y3-112M-6/2.2kW RM、Y3-132M1-6/4.0kW RM、Y3-132M2-6/5.5kW RM、Y3-132S-6/3.0kW RM、Y3-160L-6/11kW RM、Y3-160M-6/7.5kW RM、Y3-180L-6/15kW RM、Y3-200L1-6/18.5kW RM、Y3-200L2-6/22kW RM、Y3-225M-6/30kW RM、Y3-250M-6/37kW RM、Y3-280M-6/55kW RM、Y3-280S-6/45kW RM、Y3-315M1-6/90kW RM、Y3-315M2-6/110kW RM、Y3-315M3-6/132kW RM、Y3-315S-6/75kW RM Y3-132M-8/3.0kW RM、Y3-132S-8/2.2kW RM、Y3-160L-8/7.5kW RM、Y3-160M1-8/4.0kW RM、Y3-160M2-8/5.5kW RM、Y3-180L-8/11kW RM、Y3-200L-8/15kW RM、Y3-225M-8/22kW RM、Y3-225S-8/18.5kW RM、Y3-250M-8/30kW RM、Y3-280M-8/45kW RM、Y3-280S-8/37kW RM、Y3-315M1-8/75kW RM、Y3-315M2-8/90kW RM、Y3-315M3-8/110kW RM、Y3-315S-8/55kW RM

(续)

序号	制造商	产品名称	产品型号
3. 办公设备及其零件			
3.1	富士施乐爱科制造（苏州）有限公司	静电成像鼓粉组件	CT350947、CT350948、CT350949、CT350950
		静电成像墨粉盒	CT200554、CT202105、CT202106、CT202107、CT202108、CT202203
		静电成像废粉回收盒	CWAA0552、CWAA0900
		静电成像定影器清洁组件	CWAA0551
		静电复印机和数字式多功能一体机	ApeosPort-ⅣC2270、ApeosPort-ⅣC2275、ApeosPort-ⅣC3370、ApeosPort-ⅣC3373、ApeosPort-ⅣC3375、ApeosPort-ⅣC4470、ApeosPort-ⅣC4475、ApeosPort-ⅣC5570、ApeosPort-ⅣC5575、DocuCentre-ⅣC2270、DocuCentre-ⅣC2275、DocuCentre-ⅣC3370、DocuCentre-ⅣC3373、DocuCentre-ⅣC3375、DocuCentre-ⅣC4470、DocuCentre-ⅣC4475、DocuCentre-ⅣC5570、DocuCentre-ⅣC5575
4. 汽车产品及其零部件			
4.1	常州汉科汽车科技有限公司	铝合金左前车门壳	HK-ADLF、HK-BMLF、HK-BSLF、HK-MBLF、HK-QLF
		铝合金右前车门壳	HK-ADRF、HK-BMRF、HK-BSRF、HK-MBRF、HK-QRF
4.2	常州汉科汽车科技有限公司	铝合金左后车门壳	HK-ADLR、HK-BMLR、HK-BSLR、HK-MBLR、HK-QLR
		铝合金右后车门壳	HK-ADRR、HK-BMRR、HK-BSRR、HK-MBRR、HK-QRR
		铝合金后尾车门壳	HK-ADB、HK-BMB、HK-BSB、HK-MBB、HK-QB
		铝合金左车门壳	HK-ADL、HK-BML、HK-BSL、HK-MBL、HK-QL
		铝合金右车门壳	HK-ADR、HK-BMR、HK-BSR、HK-MBR、HK-QR

附录 C 机电产品再制造技术与装备目录

表 C-1 再制造成形与加工技术

序号	名称	适用领域	主要内容	解决的主要问题	类别
1	激光熔覆成形技术	汽车工业、机械工业、石化工业、冶金工业等领域铁基零部件裂纹、掉块、腐蚀、磨损、变形等部位	在被涂覆基体表面上,以不同的填料方式放置选择的涂层材料,经激光辐照使之和基体表面薄层同时熔化,快速凝固后形成稀释度极低、与基体金属形成冶金结合的涂层,从而显著改善基体材料表面的耐磨、耐蚀、耐热、抗氧化等性能,实现金属零部件表面或三维损伤的再制造成形	解决激光三维成形的尺寸精度控制以及性能提升技术问题。对比换件维修而言,三维损伤激光熔覆再制造成形只需消耗弥补三维损伤部位等体积的材料,节材效果显著,成本较低,具有良好的经济、资源和环境效益	产业化示范
2	等离子熔覆成形技术	汽车工业、机械工业、石化工业、冶金工业等领域金属零部件裂纹、掉块、腐蚀、磨损、变形等部位	利用高温等离子体电弧作为热源,熔化由送粉器输送的合金粉末,在被修复工件表面重新制备一层高质量,低稀释率,具有优异耐高温、耐磨、耐腐蚀的强化层,实现金属零部件表面或三维损伤的再制造成形	通过等离子熔覆成形技术制备零件的工作层,在恢复零件尺寸的同时进一步提升零件的表面服役性能,实现产品的再制造。设备简单可靠,成形效率高	产业化示范
3	堆焊熔覆成形技术	工业机械重载装备的中型、大型金属结构件	堆焊熔覆再制造成形技术的关键是根据零部件的失效特征设计合适的堆焊材料和自动化成形工艺,并且结合工业机器人的高精度、高灵活性,以及优质高效的数字化脉冲焊接设备,有效地保证了再制造产品的质量	堆焊熔覆成形技术制备的高性能堆焊层,在恢复零件尺寸的同时进一步提升零件的表面服役性能,使再制造后零部件服役寿命不低于新品。再制造的成本仅为新品的1/10左右,且节能、节材效果明显	产业化示范

(续)

序号	名称	适用领域	主要内容	解决的主要问题	类别
4	高速电弧喷涂技术	汽车工业、机械工业、石化工业、冶金工业等领域金属零部件腐蚀、磨损、变形等部位	通过机器人夹持高速电弧喷涂枪，控制喷枪在空间进行各种运动，使得喷枪能够按照设定的程序自动实现喷涂作业，采用高压空气流作为雾化气流，获得性能优异的喷涂涂层	采用机器人自动化高速电弧喷涂技术对报废的零部件实施再制造，根据零件表面的失效特征设计合适的喷涂材料及工艺，在零件表面制备的高性能涂层，恢复了零件尺寸的同时进一步提升零件的表面服役性能，使再制造后零部件服役寿命不低于新品	产业化示范
5	高效能超声速等离子喷涂技术	汽车工业、机械工业、石化工业、冶金工业等领域金属零部件腐蚀、磨损、变形等部位	以高温的超声速等离子射流为热源，借助等离子射流来加热、加速喷涂材料，使喷涂材料达到熔融或半熔融状态，并高速撞击经预处理的零件表面，经扁平凝固后形成性能优异的喷涂涂层	根据零件表面的失效特征设计合适的喷涂材料及工艺，使零部件表面得到强化，恢复零件尺寸并提高零件表面的耐磨、耐蚀、耐高温氧化等性能，提高零件的使用寿命	产业化示范
6	超声速火焰喷涂技术	冶金工业、石化工业、造纸等领域需耐磨、耐蚀、耐高温设备	经过高温、高速将金属及其合金、金属陶瓷粉末熔化成熔融状，冲击经预处理的零件表面，使其表面能致密、均匀地附着一层喷涂涂层，且涂层与基体结合强度高	超声速火焰喷涂制备涂层厚度、耐磨性、耐蚀性方面均优于电镀硬铬层，而且性价比也高于电镀硬铬层，是替代电镀硬铬技术的优先技术	应用推广
7	纳米复合电刷镀技术	坦克、舰船、飞机、汽车、机床等军用装备和民用装备重要零部件	金属离子在电场力的作用下扩散到工件表面，形成复合镀层的金属基质相；纳米金属颗粒沉积到工件表面，成为复合镀层的颗粒增强相，纳米颗粒与金属发生共沉积，形成复合刷镀层	将纳米技术与传统的电刷镀技术结合起来，在金属基镀液中加入纳米陶瓷颗粒，制备了纳米颗粒复合电刷镀液及镀层，研究其使用性能发现，该技术在耐磨、耐蚀、耐高温、抗疲劳性能等方面相对于传统电刷镀技术都有大幅提升，可用于装备损伤零部件的再制造	应用推广

附 录

(续)

序号	名称	适用领域	主要内容	解决的主要问题	类别
8	铁基合金镀铁再制造技术	各种类型的柴油机及相关机械的曲轴、直轴等贵重零部件	在无刻蚀镀铁技术的基础上,在单金属镀铁液中加入适量的镍、钴等合金元素,获得Fe、Ni、Co合金镀层,使其比单金属镀铁层具有更好的力学性能。并在镀铁前后采取有效的处理方法,保证修复后工件的使用寿命,达到再制造标准要求	可实现铁、镍、钴三元合金共沉积,得到铁基合金镀层。一次镀厚能力强,并能反复施镀,解决了大型零部件一次镀厚能力的难题,提高生产效率,大大降低了生产成本,在国内外实现了舰船、机车大型曲轴等关键零部件的铁基合金镀铁的批量再制造,使用安全可靠,且工期短,费用低	应用推广
9	金属表面强化减摩自修复技术	各类机械设备的发动机、减速器、轴承及使用润滑油的机械摩擦磨损部位,适用处于边界润滑条件下的齿轮传动装置	主要是以润滑油、脂为载体,将自主开发的微纳米减摩自修复材料输送到摩擦副表面,利用摩擦过程中产生的瞬间高温、高压作用,使自修复材料表面的不饱和键与摩擦表面的金属离子形成化学键结合,形成一层类金属陶瓷表面改性强化修复层,实现金属磨损表面的原位修复,并可显著降低摩擦表面的粗糙度,改善设备的润滑状态	主要解决机械设备运行中的磨损自修复问题,以及我国机械设备精度不高、噪声较大、渗漏油等问题,提高和保持机械设备的使用精度,延长其使用寿命,降低维修费用,节约资源和能源,提高机械设备的可靠性。该技术可广泛用于机械摩擦磨损部位,实现金属零部件运行中的不解体修复,减少机械设备运行能耗5%~15%	产业化示范
10	类激光高能脉冲精密冷补技术	机械零部件划伤、点蚀等表面微区损伤,沟槽、薄壁等特型表面以及裂纹、缺损等部位	该技术利用瞬时高能量集中的电脉冲在电极和工件之间形成电弧,在氩气保护下,使焊补材料和工件迅速熔结在一起,实现热影响区相对较小的冶金结合	用以实现机械零部件表面微区损伤、特型表面以及特种失效的再制造难题,是一种高精度、高结合强度、热影响区较小的新型焊补技术,其焊补质量可达到激光焊的效果。特别适用于划伤点蚀、沟槽薄壁、裂纹缺损以及形状复杂、位置特殊的表面失效再制造	产业化示范

239

(续)

序号	名称	适用领域	主要内容	解决的主要问题	类别
11	金属零部件表面粘涂修复技术	各类金属零部件内外沟槽、内孔磨损,以及难以焊补的诸多零部件各种缺陷	表面粘涂技术是将添加特殊材料的粘胶剂涂敷于零件表面,以赋予表面特殊功能(如耐磨、耐蚀、绝缘、导电、保湿、防辐射)的一项表面新技术。表面粘涂是在零件表面形成功能涂层,达到并超越原技术性能指标	对设备零部件出现的磨损、沟槽、不良划痕等进行粘涂修复,可以恢复零部件精度,还使其性能大幅度提高,使用寿命增加2~3倍	应用推广
12	再制造零部件表面喷丸强化技术	承受交变载荷,主要以疲劳失效或腐蚀疲劳失效的再制造零部件表面	喷丸强化就是高速运动的弹丸流连续向零件表面喷射的过程。弹丸流的喷射如同无数小锤向金属表面捶击,使金属表面产生极为强烈的塑性形变,形成表面硬化层	具有强化效果显著、成本低、能源消耗少、适应性好、用途广泛等特点。此技术已被公认为经济、有效的防治金属零部件过早疲劳失效的技术	产业化示范

表 C-2 再制造拆解与清洗技术

序号	名称	适用领域	主要内容	解决的主要问题	类别
1	拆解信息管理系统	工程机械	通过先进的信息化手段,解决拆解过程中物流信息难于管理的问题,从而提高生产效率	解决拆解过程中物流信息难于管理的问题,实现拆解物料的信息化管理及跟踪	研究开发
2	工程机械结构件销轴与轴套无损拆解技术	工程机械结构件	使用专用接头连接销轴注油孔和油泵油管,利用油泵产生压力并形成油膜,实现拆解工作,并使用托架支撑被拆工件,避免被拆件掉落发生危险或工件损坏	可避免因人工用钢管或拉马冲击拆解而导致轴套及销轴表面拉伤或端面尺寸变形,降低劳动强度,并可保证零件尺寸不发生变化	研究开发
3	液压缸活塞杆无损拆解技术	液压缸	通过研究拆卸时无冲击、拆卸后不损伤螺纹的拆卸技术与装备,实现保护活塞杆螺纹的无损拆解	避免因手工拆解造成的活塞杆螺纹损伤	研究开发

（续）

序号	名称	适用领域	主要内容	解决的主要问题	类别
4	泵车支腿、转塔无损拆解技术	混凝土泵车	可实现泵车支腿和转塔连接轴的拆解，泵车臂架系统中各连接轴的拆解，支腿液压缸与支腿连接轴的拆解	解决泵车支腿和转塔连接处因锈蚀、变形等原因无法正常拆解的难题，并提高拆解效率	研究开发
5	电机轴承拆解技术	电机轴承	采用专业的拆解设备，将轴上的轴承完好拆解，防止轴承的损坏	可避免因电机轴承拆解不当等原因而造成的轴承报废，实现电机轴承无损拆解	研究开发
6	高效喷砂绿色清洗与表面预处理技术	工程机械	基于传统喷砂技术原理，通过机器人或变位机夹持（或手持）喷枪按照设定路径行走，在压缩空气的作用下，磨料（或磨料与水的混合物）通过喷枪以高速喷射到待处理表面，通过改变磨料成分、组成、粒径、配比和喷砂工艺，可分别或同时实现待处理表面的污染物去除、表面粗糙度控制、残余应力优化、润湿性改善和表面适当强化等预处理过程	实现废旧零部件表面清洗、预处理和强化过程的一体化，提高再制造的质量和效率，降低再制造成本。同时减少预处理过程对环境、人员和清洗表面的负面作用，具有显著的经济和环境效益	产业化示范
7	高温高压清洗技术	工程机械	利用电动机带动的柱塞泵经加压至高压后，由高压喷枪喷出。在整个清洗过程中能够将零部件表面的水泥垢、油垢等脏污通过冲蚀、剥蚀、切除、打击进行去除	高温高压清洗技术为物理清洗技术，采用了半自动化清洗设备，减轻了工人的劳动强度	研究开发

(续)

序号	名称	适用领域	主要内容	解决的主要问题	类别
8	超声清洗技术	工程机械	超声清洗技术是将高频电能转换成机械能之后,产生振幅极小的高频振动并传播到清洗槽内的溶液中,在换能器的作用下,清洗液的内部将不断地产生大量微小的气泡并瞬间破裂,每个气泡的破裂都会产生数百度的高温和近千个大气压的冲击波,从而清理零件表面以及狭缝中存在的污垢,达到零件所需要的清洁度要求	超声清洗技术采用水基溶液清洗,循环利用清洗液,减轻了工人的劳动强度,消除了煤油清洗作业过程中易燃易爆的安全隐患	研究开发
9	表面油漆清除技术	工程机械	研究废旧工程机械零部件再制造适用的物理清除油漆的工艺,让再制造毛坯达到再制造加工需求的表面状态,以利于后续零件的检测、修复或再制造加工 研究适合废旧工程机械零部件的油漆清洗工艺和设备,实现油漆的高效去除	根据再制造产品生产流程,旧件回收、拆解以后需要对表面有油漆的零件进行油漆清除工作,让零件回归毛坯原本状态,以利于后续零件的检测、修复和重新涂装,防止由于表面油漆存在而引起检测不准确,妨碍修复工序及影响再制造零件的外观质量	研究开发

表 C-3　再制造无损检测与寿命评估技术

序号	名称	适用领域	主要内容	解决的主要问题	类别
1	再制造毛坯缺陷综合无损检测技术	装备机械零部件表层和内部缺陷	基于材料与声、电等能场的作用原理,利用涡流和超声无损检测理论和方法,实现零件材料的表层及内部缺陷检测。涡流检测零件表层缺陷,零件无须前处理,操作工艺简单,可实现自动化作业。超声检测借助表面耦合剂或水浸方式检测零件内部缺陷,可实现自动化作业	涡流/超声波综合无损检测技术关键是在零部件失效分析基础上设计合适的检测探头及检测方法,并结合检测信号的分析处理,有效保证再制造毛坯质量性能的评价,最终为毛坯能否再制造提供确切的参考依据	产业化示范

（续）

序号	名称	适用领域	主要内容	解决的主要问题	类别
2	再制造零件表面涂层结合强度评价技术	装备机械零部件表面涂层	实现在复杂的工厂现场对外形各异的再制造零件表面涂层进行便捷的、高可靠度的结合强度检测	解决压入过程中声发射信号随机性和易受干扰性的难题，在大样本空间下，探索涂层界面开裂与声发射信号反馈的特征关系	研究开发
3	再制造零件服役寿命模拟仿真综合验证技术	装备机械再制造零部件	基于有限元分析和热力学理论耦合建立高仿真、高普适度的有效模型，实现通过模型对再制造零件服役安全寿命的估算和控制；结合已有条件建立具有针对性的典型零件实车验证平台	解决不同材料性质和载荷条件下再制造零件服役平台的仿真能力问题，解决不同性质再制造零件的融合和耦联所带来的材料学、动力学和热力学相关问题	研究开发
4	再制造零件动态健康监测技术	装备机械再制造零部件	针对不同的再制造零件的本体结构和服役工况，解决合理布置传感器和信号接收装置的问题，同时保证实时信号在传输过程中最大程度地减小衰减和散射，确保断裂信号可以实时准确地反馈出再制造零件的服役状态和损伤水平	实现对再制造零件服役过程的在线健康监测，捕捉再制造零件的临界失效状态，并给出实时的预警信息，有效避免再制造零件突然失效的发生	研究开发
5	发动机曲轴疲劳剩余寿命评估技术	中重型车辆发动机曲轴	通过特型专用探头匀速采集曲轴 R 角部位金属磁记忆信号，并提取特征参量，经专用软件处理，获得评价结果	可检测出无裂纹但存在过度疲劳损伤的曲轴，避免该类曲轴作为再制造毛坯件而造成再制造质量的隐患	产业化示范

243

表 C-4 典型机电产品再制造技术及装备

序号	名称	适用领域	主要内容	解决的主要问题	类别
1	发动机缸体等离子喷涂技术	汽车发动机缸体	发动机缸体经过长里程数的运行之后，缸壁的珩磨纹支撑率等参数会下降，使得发动机性能和机油消耗等无法达到正常指标。可以通过等离子喷涂技术，修复发动机缸体表面，使其恢复原始的设计尺寸，再进行镗缸、珩磨，使缸体得到重复利用	等离子涂层表面物理性能稳定，耐磨性能好，完全可以满足的原始设计要求。采用等离子喷涂技术，还可以避免在再制造过程中采购昂贵的特殊尺寸的活塞和活塞环，从而节省再制造的成本	研究开发
2	发动机曲轴激光再制造技术	汽车发动机曲轴	常规修复工艺如堆焊、电刷镀、热喷涂等工艺方法存在变形量大或结合强度不理想等问题，采用激光熔敷从理论上可以弥补上述工艺方法的不足，达到熔敷层与机体的冶金结合，并通过新材料的优选实现曲轴使用性能和寿命的提高，恢复曲轴轴颈原标准尺寸，以实现曲轴再制造	主要解决曲轴轴颈修理尺寸达到极限或局部超过极限尺寸造成曲轴报废的问题，满足曲轴使用要求的激光熔覆材料的选择和研发，确定激光熔覆最佳工艺参数，控制激光熔覆时曲轴变形和熔覆层裂纹，制定了激光熔覆后的精加工艺	研究开发
3	发动机内孔电刷镀技术	汽车发动机内孔零部件	通过数字控制器将电镀刷伸入发动机孔内，然后在发动机孔内上下运动，电镀刷喷出电镀液，在电镀刷和发动机上分别加载正负极电压，就可以将镀液均匀地刷在缸孔内	通过数控方法，在发动机内孔表面制造出纳米晶镀层，使废旧的发动机或其他零件在综合性能上达到原型新品件的水平	研究开发
4	CVT 无级变速器再制造技术	汽车 CVT 无级变速器	开发针对 CVT 无级变速器再制造的拆解、清洗、装备及检测的专用工具及设备，制定了一套完善的再制造作业指导书和相关的企业标准	针对故障及废旧 CVT 无级变速器进行再制造。整个工艺主要分为拆解、零件性能检测、清洗、损坏零件修复、装配、测试这六大环节。再制造产品的质量和性能可达到新品的水平	应用推广

（续）

序号	名称	适用领域	主要内容	解决的主要问题	类别
5	汽车转向器再制造技术	汽车电液转向助力泵	通过对国外转向助力泵技术的消化吸收，自主研发对废旧转向泵进行拆解、清理、整形、部件测试或自产ECU替换方式，使废旧转向器性能提升	汽车电液转向助力泵主要原材料为铝材、铜材、钢材、永磁材料、塑料件等材料构成，每年可直接重新利用有色金属材料约50t，填补了国内电控液压转向助力泵的空白	应用推广
6	柴油机典型零部件再制造技术	柴油机零部件	采用电焊、电镀、配轴瓦、金属扣合等方法，使修理后的零部件性能恢复，尺寸满足图样的技术要求，保持整机良好的工作状态	主要用于船用设备的修理，经过多年生产实际证明，同时也适用于民用设备及其他大型设备部件的再制造，并可以在用户现场进行维修，使用户可以缩短维修周期、降低成本、最大程度地提高设备紧急修理价值	应用推广
7	汽车起动机和发电机再制造技术	汽车起动机和发电机	主要是通过对偶发故障期的废旧汽车起动机和发电机部件进行拆解后，运用先进的表面处理、修复以及过程的检测匹配等技术，使其达到甚至超过新产品的性能。在汽车售后市场进行销售，减少新配件的制造量	废旧汽车起动机和发电机的回收再利用，减少浪费、减少环境污染，有效降低资源能源消耗，减少废弃物排放。发电机循环再利用的配件比例约72%，起动机循环再利用的配件比例约68%，资源综合利用率在70%以上	应用推广
8	大型发电机再制造技术	大型发电机	通过对已损坏发电机进行检测，制定合理的修复方案，运用先进的维修设备及工艺工装技术，将损坏的绕组及零部件进行更换或修复，使其性能和质量达到甚至超过新产品。主要工艺有绕组修复、机械零部件修复，加强绕组绝缘工艺以及性能检测	使用大型发电机再制造技术修复的发电机的性能、质量可达到或超过新品，而且其生产周期较短，节约原材料，并可在原有基础上通过加强绝缘和提高强度等工艺增强发电机的安全性和使用寿命	应用推广

（续）

序号	名称	适用领域	主要内容	解决的主要问题	类别
9	废旧油管再制造技术	油田油管	把报废油管预处理后，利用自主知识产权的发明专利技术，用金属冶金结合填充腐蚀、磨损的油管内壁，内衬陶瓷层防腐、耐磨，提高油管使用寿命5倍以上	将80%的报废油管再制造，解决油管在油田生产中的腐蚀、磨损问题	应用推广
10	轮式通井机再制造技术	油田轮式通井机	研究石油通井机再制造总体方案，车架、井架、分动箱、绞车再制造工艺技术	主要解决产品正常使用过程中出现的机械磨损、密封件老化和电路系统老化等故障。可以实现废旧轮式通井机的性能恢复	研究开发
11	重型支承辊堆焊再制造技术	冶金工业	利用埋弧堆焊工艺，将已失效的轧辊工作层进行恢复，并通过选择适当的堆焊工艺及材料，恢复工作层的性能，使轧辊恢复原有的工作性能	轧辊通过堆焊修复，可以重复堆焊5次左右，大大节省了新备件的制造工作，节省大量金属资源及备件制造过程中的能源消耗，社会效益和环境效益明显	应用推广
12	板坯连铸扇形段辊子明弧焊复合工艺技术	冶金工业	采用明弧焊工艺对工作表面已失效的辊子进行堆焊，重新制作新的工作层，使其恢复到新产品的性能，可以通过选择合适的焊接材料使辊子工作层的性能大大提高，使之更加符合工作要求，既延长辊子使用寿命，又节省了制造新辊所需的材料和能耗	由于实现了废旧辊子的再生利用，大大节省了新备件的制造工作，节省大量金属资源及备件制造过程中的能源消耗，社会效益和环境效益明显	应用推广
13	冷轧辊类热喷涂再制造技术	冶金工业	采用超声速火焰喷涂或者等离子喷涂技术，将满足工况需求的粉体材料加热至熔融或半熔融状态，以极高的速度冲击到经过预处理的表面，形成保护层，实现辊子的再制造	热镀锌锌锅沉没辊涂层突破了涂层结合强度、抗锌渣黏附能力、耐磨性能等关键技术瓶颈，使得带钢质量大大提高。涂层具有良好的抗Mn积瘤、抗Fe积瘤性能和高温耐磨性能。冷轧工艺辊涂层具有良好的耐磨性能以及粗糙度保持性能，解决了辊面黏附异物的难题，且使用寿命长	产业化示范

(续)

序号	名称	适用领域	主要内容	解决的主要问题	类别
14	连铸结晶器再制造技术	冶金工业	采用电镀、热喷涂等方法对结晶器表面进行改性处理，经过表面处理再制造的结晶器不仅是对结晶器尺寸上的修复，而且赋予了结晶器表面高强度、高韧性、优越的耐蚀性、抗磨损性能和抗热疲劳性能，大大提高结晶器表面性能，使得结晶器的寿命大大延长	该技术自主创新开发了连铸结晶器电镀 Co-Ni 镀层技术、电镀 Co-Ni 镀层技术、热喷涂涂层技术、涂层高结合力表面前处理技术。再制造连铸结晶器的使用寿命提高了 3~5 倍，大大提高了连铸作业率和连铸坯质量，降低炼钢运营成本	产业化示范
15	冶金轴承再制造技术	冶金工业	冶金轴承达到预定的生命周期后，部分零件已达到寿命，虽然仍有大部分零件可继续使用，但可能导致轴承的精度降低、游隙变大，甚至超出规定的指标，轴承的性能已经不能满足装备的要求，因此必须进行轴承更换，换下的轴承可返厂修复，进行再制造	利用磨削工艺对磨损零件进行修复加工，使原产品60%的零件得到了再利用，节约了大量的原材料，并降低了能源消耗，减少了污染物的排放	产业化示范
16	冶金装备备件热喷涂再制造技术	冶金工业	利用热源将喷涂材料加热至熔化或半熔化状态，并以一定的速度喷射沉积到经过预处理的基体表面形成涂层，可提高防腐、耐磨、抗高温、抗氧化等一系列性能，达到延长使用寿命，节约材料、能源的目的	是实现备件长寿化的一项重要工艺技术，大大节约了备件用量。同时使得废旧零件的再生利用，其经济效益和社会效益较为明显	应用推广

(续)

序号	名称	适用领域	主要内容	解决的主要问题	类别
17	液压支架立柱再制造技术	矿山采煤机械设备	主要是修复矿用液压支架双伸缩立柱外缸、中缸和活柱表面。采用激光熔敷技术或高温旋压的工艺，对矿用液压支架双伸缩立柱缸筒内敷不锈钢，对立柱进行全面修复	激光熔敷再制造技术、工艺及配套装备已趋于成熟，可实现支架立柱的批量化再制造。精选复合材料，在缸筒的两端找平、缸口附近倒角、高温旋压等操作工艺已基本成熟，产品修复试验获得了初步的成功，使用该工艺修复液压缸大约可节约成本2/3，液压缸寿命可延长2~3倍	产业化示范
18	煤机重载元件再制造技术	矿山采煤机械设备	以锚杆钻车重载元件、链轮和钻箱输出轴为研究对象，采用理论计算与试验相结合的方式，并应用先进表面工程技术，实现重载元件再制造，同时也为后续其他元件的再制造积累宝贵的实践经验	元件表面处理、表面修复等先进表面工程技术的应用研究。表面敷层裂纹控制技术的研究，必须保证再制造后的元件没有裂纹出现。元件缺陷检测技术的研究，根据缺陷的形成原因、位置、尺寸等实际情况，建立不同的修补方法	研究开发
19	矿用链轮再制造技术	矿山采煤机械设备	研究制造废旧、磨损链轮修复的堆焊焊丝，试验堆焊焊丝的各项性能直至符合要求。使用专用设备对使用过的废旧、磨损链轮的疲劳情况进行评估，确定最终的修理方案，改进并进行工业性试验	以恢复尺寸、提升性能的堆焊技术为依托，产学研相结合，引入堆焊新材料，对影响使用可靠性和使用寿命的因素进行了综合分析、实验及改进	研究开发
20	矿用刮板输送机再制造技术	矿山采煤机械设备	通过对煤矿刮板输送机的刮板、链轮、中部槽等零部件磨损失效分析，选择一系列耐磨堆焊焊条，对磨损失效部位提供硬度为20~62HRC的耐磨层，修复部件使用寿命达到或超过原部件使用寿命	修复成本为新部件的1/3，价格为新部件的1/2，解决了煤矿机电设备部件更换成本高，新部件供货不及时的矛盾，为检修单位增加就业机会和经济效益，为国家节约了钢铁资源，减少了环境污染	应用推广

(续)

序号	名称	适用领域	主要内容	解决的主要问题	类别
21	工程机械齿轮再制造技术	工程机械混凝土机械	泵车回转支承长期使用后外齿轮局部断齿，无法与主动齿轮正常配合，泵车整车再制造时，如果将齿轮报废，回转支承整件无法使用，通过研究与试验，采取合适的工艺修复断齿	恢复齿轮的断齿的尺寸及性能，实现废旧齿轮再制造，节约了大量的原材料，并降低了能源消耗，减少了污染物的排放	研究开发
22	混凝土泵车油缸、销轴等零部件再制造技术	工程机械混凝土机械	采用电刷镀技术、冷焊技术、堆焊技术及退铬并重新镀铬技术，实现油缸、销轴等零部件的再制造，探索油缸和轴类零件再制造工艺路线，完成油缸及轴类零件再制造工艺规范	恢复油缸、销轴等的尺寸及性能，实现油缸、销轴等轴类零部件的再制造，节约了大量的原材料，并降低了能源消耗，减少了污染物的排放	研究开发
23	混凝土泵车传动件激光熔敷再制造技术	工程机械混凝土机械	利用高能激光束辐照到待加工材料（涂层材料和基材）表面，使之迅速熔化、扩展及快速凝固，在基材表面形成具有特殊性能（如耐磨、耐腐蚀、耐疲劳、抗氧化等）的冶金结合层的工艺，它可形成与常规性能不同的优质合金熔覆层	运用该技术对失效齿轮进行再制造后，可挽救分动箱、回转支承、回转减速器的整体使用寿命，经激光再制造的齿轮在耐磨性和强度等指标方面均不低于同类新品	研究开发
24	混凝土泵车关键耐磨件高速电弧喷涂再制造技术	工程机械混凝土机械	在原始电弧喷涂技术的基础上改进了喷涂设备和材料。该技术以电弧为热源，将熔化的金属丝用高速气流雾化，熔滴以高速喷射到零件表面形成高质量的涂层。涂层组织结构致密，在耐磨、防腐等方面表现优越	研制一种具有高耐磨性能的材料，用于混凝土泵车的混凝土缸内表面修复。运用该技术，在修复受损混凝土缸内表面镀铬层的基础上，可大幅提高其耐磨、防腐性能	研究开发

（续）

序号	名称	适用领域	主要内容	解决的主要问题	类别
25	大型机床滑动导轨再制造技术	大型机床	机床导轨通常与床身一体，通过实际试验证明，可将磨损导轨面机加工去除，镶嵌力学性能较好的铸铜板，加工恢复至原先导轨高度，可恢复机床使用性能	采用镶嵌铸铜板代替原铸铁导轨，可以大大降低修复及生产的成本，并可达到与原机床产品相同的机械使用性能	产业化示范
26	大型镗杆副再制造技术	大型落地镗床	在保证镗杆副硬度的前提下，通过重磨镗轴或铣轴，并更换与其配合的静压轴承套，恢复镗杆副的精度	对于落地镗床因为磨损、研伤造成镗杆副精度下降，无须更换新的镗杆副，只要对原有镗杆副修复加工，便可恢复其精度，节约成本和时间	产业化示范
27	铁路重载货车轴承再制造技术	铁路重载货车轴承	按照再制造理念，初步建成了重载轴承大修磨装线和配套的磷化线，按照相关文件和产品图样的要求编制了相关技术文件和管理规章，已完成首批再制造产品并通过台架试验	铁路重载货车轴承再制造利用磨削、超精工艺对磨损零件进行修复加工，使原产品85%的零件得到了再利用，节约了大量的原材料，并降低了能源消耗，减少了污染物的排放	应用推广
28	打印机硒鼓再制造技术	打印机硒鼓	硒鼓对用毕的硒鼓拆解、清洗、喷涂、装配、检测，对磁辊、充电辊、感光鼓等核心部件进行再生修复达到新品性能，从而实现再利用的过程	硒鼓再制造过程的管理严格按照再制造产品的生产技术要求进行，从工艺流程及操作规范入手进行科学管理，每一道工序都形成了完整可靠的制度管理文件或标准手册，以保证再制造产品的质量及成本控制合理化	产业化示范

（续）

序号	名称	适用领域	主要内容	解决的主要问题	类别
29	大型水压机模具的再制造技术	大型铸造材料模具	对铸铁模具用镍基焊材冷焊形式进行修复，而对铸钢模具进行预热采用高韧性超低氢的碳钢焊条补焊修复，由于该焊接材料韧性好，扩散氢含量低，成功解决了以前铸钢件补焊只能采用镍基或不锈钢焊材，而难以用碳钢补焊的难题	通过合理改制淘汰模具，以用于新规格产品的生产，满足生产要求。修复和加固报废模具，恢复其功能，重新投入使用，延长其使用寿命	应用推广
30	压缩机转子再制造技术	轴流压缩机，离心压缩TRT，汽轮机，增压机，往复式压缩机曲轴	综合采用等离子喷焊、微弧等离子、冷金属过渡及激光技术等多种表面工程领域的新技术，使制备的熔覆层与母材达到完全冶金结合，实现转子尺寸恢复和性能提升，可以抵抗冲击载荷和交变载荷的作用	对失效和报废的压缩机转子进行再制造，使其恢复或超过原技术性能和应用价值的工艺技术	研究开发
31	胶辊再制造技术	印刷、皮革、印染、造纸、钢铁、纺织等领域胶辊	重复利用旧胶辊轴芯，更换或部分更换胶辊表面橡胶层	采用适用不同环境的胶辊配方及旧胶层的粘合技术，解决胶辊表面修复问题，实现系列胶辊再制造	应用推广
32	电站高温高压阀门等离子喷焊再制造技术	机械、电力、石油化工等行业	利用高温等离子体电弧作为热源，在损坏的高温高压电站阀门密封面上重新制备一层高质量、低稀释率、耐高温、耐冲刷的强化层，使报废的阀门重新恢复到可用状态	和常规的手工堆焊方法相比，等离子喷焊再制造技术得到的焊层质量优异，可以用较少的粉末消耗得到满足质量要求的密封面，节省大量贵重的钴基合金。全机械化操作，生产效率高，工人劳动强度低	应用推广

附录 D 国家发展和改革委员会、工业和信息化部公布的再制造试点企业名单

行业分类	单位名称	地区	性质	备注
发改委第一批再制造试点企业名单（共 14 家，发改办环资〔2008〕523 号）				
汽车整车生产企业	中国第一汽车集团公司	东北	国有企业	无锡大豪动力有限公司（一汽集团）已验收，发改〔2012〕8 号
	安徽江淮汽车集团有限公司	华东	国有企业	
	奇瑞汽车有限公司	华东	国有企业	
零部件再制造企业	上海大众联合发展有限公司（上海大众汽车有限公司授权）	华东	国有企业	上海幸福瑞贝德动力总成有限公司（上汽集团）已验收，发改〔2012〕8 号
	潍柴动力（潍坊）再制造有限公司（潍柴动力股份有限公司授权）	华东	中外合资	已验收，发改〔2012〕8 号
	武汉东风鸿泰控股集团有限公司（东风汽车公司授权）	华中	国有企业	
	广州市花都全球自动变速箱有限公司（东风悦达起亚汽车有限公司等授权）	华南	民营企业	已验收，发改〔2012〕8 号
	济南复强动力有限公司（中国重型汽车集团有限公司授权）	华东	中外合资	已验收，发改〔2012〕8 号
	广西玉柴机器股份有限公司	华南	中外合资	
	东风康明斯发动机有限公司	华中	中外合资	
	柏科（常熟）电机有限公司	华东	外商独资	已验收，发改〔2012〕8 号
	陕西法士特汽车传动集团有限责任公司	西北	外商独资	已验收，发改〔2012〕8 号
	浙江万里扬变速器有限公司	华东	民营企业	已验收，发改〔2012〕8 号
	中国人民解放军第六四五六工厂	华中	军工企业	

（续）

行业分类	单位名称	地区	性质	备 注
发改委第二批再制造试点企业名单（共28家，发改办环资〔2013〕506号）				
再制造专业技术服务	北京奥宇可鑫表面工程技术有限公司	华北	民营企业	
发电机、起动机再制造	北京首特钢报废机动车综合利用有限公司	华北	民营企业	
发动机再制造	长城汽车股份有限公司	华北	民营企业	
再制造专业技术服务	唐山瑞兆激光再制造技术有限公司	华北	民营企业	
旧件逆向物流回收体系	河北省物流产业集团有限公司	华北	民营企业	
转向器再制造	哈飞工业集团汽车转向器有限责任公司	东北	国有企业	
发动机再制造	沃尔沃建筑设备（中国）有限公司	华东	外商独资	
变速箱再制造	采埃孚销售服务（中国）有限公司	华东	外商独资	
变速箱再制造	上海孚美汽车自动变速箱技术服务有限公司	华东	民营企业	
发动机再制造	张家港富瑞特种装备股份有限公司	华东	民营企业	
发动机再制造	玉柴再制造工业（苏州）有限公司	华东	中外合资	
再制造专业技术服务	江苏新亚特钢锻造有限公司	华东	民营企业	
助力泵再制造	全兴精工集团有限公司	华东	民营企业	
发动机、变速箱再制造	浙江再生手拉手汽车部件有限公司	华东	中外合资	
发电机、起动机再制造，旧件逆向物流回收体系	滁州市洪武报废汽车回收拆解利用有限公司	华东	民营企业	
再制造专业技术服务	山东能源集团大族激光再制造有限公司	华东	国有企业	

（续）

行业分类	单位名称	地区	性质	备注
再制造专业技术服务	河南飞孟激光再制造有限公司	华中	民营企业	
再制造专业设备生产	武汉法利莱切割系统工程有限责任公司	华中	中外合资	
机油泵再制造	湖南机油泵股份有限公司	华中	民营企业	
发电机、起动机再制造	湖南博世汽车部件（长沙）有限公司	华中	外商独资	
发动机再制造	江西江铃汽车集团实业有限公司	华中	国有企业	
转向器再制造	广州市跨越汽车零部件工贸有限公司	华南	民营企业	
发电机、起动机再制造	广东明杰零部件再制造有限公司	华南	民营企业	
发动机再制造	陕西北方动力有限责任公司	西北	国有企业	
发电机、起动机再制造	大连报废车辆回收拆解有限公司	东北	民营企业	
空压机再制造	威伯科汽车控制系统（中国）有限公司	华东	中外合资	
发电机、起动机再制造	青岛联合报废汽车回收有限公司	华东	民营企业	
	三立（厦门）汽车配件有限公司	华东	中外合资	

工信部第一批机电产品再制造试点单位名单（共35家：33家企业，2家产业集聚区，工信厅节〔2009〕663号）

行业分类	单位名称	地区	性质	备注
工程机械	徐工集团工程机械有限公司	华东	国有企业	已验收，工信部节〔2016〕30号
	武汉千里马工程机械再制造有限公司	华中	民营企业	已验收，工信部节〔2016〕30号
	广西柳工机械有限公司	华南	国有企业	已验收，工信部节〔2016〕30号
	卡特彼勒再制造工业（上海）有限公司	华东	外商独资	

（续）

行业分类	单位名称	地区	性质	备注
工程机械	天津工程机械研究院	华北	国有企业	已验收，工信部节〔2016〕30号
	长沙中联重工科技发展股份有限公司	华中	国有企业	已验收，工信部节〔2016〕30号（示范单位）
	三一集团有限公司	华中	民营企业	已验收，工信部节〔2016〕30号
工业机电设备	上海宝钢设备检修有限公司	华东	国有企业	
	哈尔滨汽轮机厂有限责任公司	东北	国有企业	已验收，工信部节〔2016〕30号
	中国第一重型机械集团公司	东北	国有企业	
	西安西玛电机（集团）股份有限公司	西北	国有企业	
	湘电集团有限公司	华中	国有企业	已验收，工信部节〔2016〕30号（示范单位）
	安徽皖南电机股份有限公司	华东	民营企业	已验收，工信部节〔2016〕30号（示范单位）
	沈阳大陆激光技术有限公司	东北	民营企业	已验收，工信部节〔2016〕30号（示范单位）
机床	重庆机床（集团）有限责任公司	西南	国有企业	
	武汉重型机床集团有限公司	华中	国有企业	已验收，工信部节〔2016〕30号
	青海一机数控机床有限责任公司	西北	国有企业	
	武汉华中自控技术发展有限公司	华中	民营企业	已验收，工信部节〔2016〕30号（示范单位）
矿采设备	山东泰山建能机械集团公司	华东	国有企业	已验收，工信部节〔2016〕30号（示范单位）
	新疆三力机械制造有限公司	西北	民营企业	
	宁夏天地奔牛实业集团有限公司	西北	国有企业	已验收，工信部节〔2016〕30号
	胜利油田胜机石油装备有限公司	华东	国有企业	已验收，工信部节〔2016〕30号（示范单位）

（续）

行业分类	单位名称	地区	性质	备注
矿采设备	北京三兴汽车有限公司	华北	民营企业	
	成都百施特金刚石钻头有限公司	西南	民营企业	
	松原大多油田配套产业有限公司	东北	民营企业	已验收，工信部节〔2016〕30号（示范单位）
铁路机车装备	哈尔滨轨道交通装备有限责任公司	东北	民营企业	
	山西汾西重工有限责任公司	华北	国有企业	
	中国北车集团大连机车车辆有限公司	华北	国有企业	已验收，工信部节〔2016〕30号
	洛阳LYC轴承有限公司	华中	国有企业	
船舶	大连船用阀门有限责任公司	东北	国有企业	
办公信息设备	珠海天威飞马打印耗材有限公司	华南	民营企业	已验收，工信部节〔2016〕30号（示范单位）
	山东富美科技有限公司	华东	民营企业	已验收，工信部节〔2016〕30号
	富士施乐爱科制造（苏州）有限公司	华东	外商独资	已验收，工信部节〔2016〕30号（示范单位）
再制造产业集聚区	湖南浏阳制造产业基地	华中	国有企业	
	重庆市九龙工业园区	西南	国有企业	

工信部第二批机电产品再制造试点单位名单（共76家，工信部节〔2016〕53号，包括《内燃机再制造推进计划》中20家试点企业）

53家试点企业，3家产业集聚区，内燃机再制造推进计划20家（其中发改委试点8家，工信部12家），合计76家。

内燃机推进计划的20家企业中，潍柴动力（潍坊）再制造有限公司、济南复强动力有限公司、东风康明斯发动机有限公司、柏科（常熟）电机有限公司、上海幸福瑞贝德动力总成有限公司5家为发改委第一批试点企业，三立（厦门）汽车配件有限公司、张家港富瑞特种装备股份有限公司、玉柴再制造工业（苏州）有限公司3家为发改委第二批试点企业。

行业分类	单位名称	地区	性质	备注
工程机械	山东临工工程机械有限公司	华东	中外合资	
	安徽博一流体传动股份有限公司	华东	民营企业	
	芜湖鼎恒材料技术有限公司	华东	民营企业	
	山河智能装备股份有限公司	华中	民营企业	

（续）

行业分类	单位名称	地区	性质	备注
工程机械	北京南车时代机车车辆机械有限公司	华北	国有企业	
	塞克思液压科技股份有限公司	华东	民营企业	
	中铁工程装备集团有限公司	华东	国有企业	
	中铁隧道集团有限公司	华东	国有企业	
	蚌埠市行星工程机械有限公司	华东	民营企业	
	安徽省泰源工程机械有限责任公司	华东	民营企业	
	中国铁建重工集团有限公司	华中	国有企业	
	利星行机械（扬州）有限公司	华东	港资企业	
	南京钢加工程机械科技发展有限公司	华东	民营企业	
	青岛迈劲工程机械制造有限公司	华东	民营企业	
专用设备	宝钢轧辊科技有限责任公司	华东	国有企业	
	上海君山表面技术工程股份有限公司	华东	民营企业	
	上海万度力机械工程有限公司	华东	国有企业	
	中冶宝钢技术服务有限公司	华东	国有企业	
	中冶京诚（湘潭）矿山装备有限公司	华中	国有企业	
	安徽威龙再制造科技股份有限公司	华东	民营企业	
	内蒙古中天宏远再制造股份公司	东北	民营企业	
	四川皇龙智能破碎技术股份有限公司	西南	民营企业	
机床	沈阳机床股份有限公司	东北	国有控股	
电气机械和器材	江苏环球特种电机有限公司	华东	民营企业	
	文登奥文电机有限公司	华东	民营企业	
	南车株洲电力机车研究所有限公司	华中	国有企业	

(续)

行业分类	单位名称	地区	性质	备注
电气机械和器材	平煤神马机械装备集团有限公司	华北	国有企业	
	山东开元电机有限公司	华东	民营企业	
	河北新四达电机制造有限公司	华北	民营企业	
	广西绿地球电机有限公司	华南	民营企业	
运输设备	南京蒲镇海泰制动设备有限公司	华东	国有企业	
	南车南京浦镇车辆有限公司	华东	国有企业	
	南车戚墅堰机车有限公司	华北	国有企业	
	南车洛阳机车有限公司	华中	国有企业	
	湖北吉隆表面工程有限公司	华中	民营企业	
	温州市东启汽车零部件制造有限公司	华东	民营企业	
	成都航利（集团）实业有限公司	西南	国有企业	
	沈阳金研激光再制造技术开发有限公司	东北	民营企业	
内燃机及配件	厦门厦工机械股份有限公司	华南	国有控股	
	河北长立汽车配件有限公司	华北	民营企业	
	江苏毅合捷汽车科技股份有限公司	华东	民营企业	
	广州市欧瑞德汽车发动机科技有限公司	华南	民营企业	
	成都正恒动力配件有限公司	西南	民营企业	
	盘锦市重汽实业有限公司	东北	港资控股	
	辽宁五星曲轴再制造有限公司	东北	民营企业	
	胜利油田胜利动力机械集团有限	华东	国有企业	
	北京柴发动力技术有限公司	华北	民营企业	
	湖南法泽尔动力再制造有限公司	华中	民营企业	
	武汉材料保护研究所	华北	国有企业	

（续）

行业分类	单位名称	地区	性质	备 注
电子信息产品	南京田中机电再制造有限公司	华东	民营企业	
	上海力克数码科技有限公司	华东	民营企业	
	珠海联合天润打印耗材有限公司	华南	民营企业	
	中国电子科技集团公司第十二研究所	华北	国有企业	
再制造产业集聚区	彭州航空动力产业功能区	西南	—	
	马鞍山市雨山经济开发区	华东	—	
	合肥再制造产业集聚区	华东	—	
内燃机	潍柴动力（潍坊）再制造有限公司	华东	国有企业	《内燃机再制造推进计划》试点
	中国重汽集团济南复强动力有限公司	华东	国有企业	
	淄博柴油机总公司	华东	国有企业	
	康跃科技股份有限公司	华东	民营企业	
	龙口油泵油嘴有限责任公司	华东	民营企业	
	大众一汽发动机（大连）有限公司	东北	国有企业	
	大连海事大学董氏镀铁有限公司	东北	民营企业	
	中国石油集团济柴动力总厂再制造中心	华北	国有企业	
	长沙一派数控机床有限公司	华中	民营企业	
	湖南天雁机械有限责任公司	华中	国有控股	
	三立（厦门）汽车配件有限公司	华南	国有企业	
	东风康明斯发动机有限公司	华中	国有企业	
	康明斯（襄阳）机加工有限公司	华中	国有企业	
	张家港富瑞特种装备股份有限公司	华东	民营企业	
	玉柴再制造工业（苏州）有限公司	华东	国有企业	
	柏科（常熟）电机有限公司	华东	民营企业	
	无锡威孚高科技集团股份有限公司	华东	国有控股	
	云南云内动力集团有限公司	西南	国有企业	
	上海幸福瑞贝德动力总成有限公司	华东	民营企业	
	上海上柴发动机再制造有限公司	华东	国有企业	

附录 E 国内外再制造研究机构

序号	机构名称 中文	机构名称 英文	网址	国家	地址	邮箱	联系方式
1	美国再制造与循环再生中心 (C3R)	National Center for Remanufacturing and Resource Recovery	http://www-reman-rit.edu	美国	81 Lomb Memorial Drive Rochester, New York 14623-5603, USA	info@ sustainability.rit.edu	585-475-5385
2	国际再制造产业联盟 (RICI)	Remanufacturing Industries Council International (RICI)	http://www.remancouncil.org/	美国	150 Lucius Gordon Drive, Suite 105, West Henrietta, NY	info@remancouncil.org	(585) 380-8040
3	英国再制造与再利用中心 (CRR)	The Centre for Remanufacturing and Reuse	http://www.remanufacturing.org.uk/	英国	Oakdene Hollins, Ardenham Court, Oxford Road, Aylesbury, HP19 9HT, United Kingdom	ben.walsh@remanufacturing.org.uk	0044-1296423915
4	全党议会可持续资源小组	All-Party Parliamentary Sustainable Resource Group	www.policyconnect.org.uk/apsrg	英国	CAN Mezzanine 32-36 Loman Street London SE1 0EH	apsrg@policyconnect.org.uk	020 7202 8573
5	欧盟再制造委员会 (CER)	European Remanufacturing Council	http://www.remancouncil.eu/	英国	Oakdene Hollins, Ardenham Court, Oxford Road, Aylesbury, HP19 8HT, United Kingdom	info@remancouncil.eu	0044-1296423915
6	弗劳恩霍夫演示中心"产品周期"	Fraunhofer Demonstration Center "Product Cycles"	http://www.fraunhofer.cn	德国	Martin Hieber Nobelstr. 12 D 70569 Stuttgart, Germany	ris@ipa.fhg.de mbh@ipa.fhg.de	49-711/970-1214 or -1116

7	国际工业环境经济研究所瑞典隆德大学	The International Institute for Industrial Environmental Economics, Lund University, Sweden	https://www.iiiee.lu.se/	瑞典	Lund University P.O. Box 196, 22100 Lund, Sweden	msc.program@iiiee.lu.se	46 46 222 00 00
8	新加坡先进再制造技术中心（ARTC）	Singapore Advanced Remanufacturing & Technology Centre	https://www.a-star.edu.sg/artc	新加坡	3 CleanTech Loop, #01/01, CleanTech Two, Singapore	enquiry@artc.a-star.edu.sg	(65) 69087900
9	苏格兰再制造研究院（SIR）	Scottish Institute for Remanufacture	http://www.scot-reman.ac.uk/	苏格兰	SIR, University of Strathclyde, Department of DMEM, James Weir Building, 75 Montrose Street, Glasgow, G1 1XJ	sir-enquiries@strath.ac.uk	44(0)141 548 2736
10	京津冀再制造产业技术研究院	Institute of Remanufacturing Industry Technology	http://www.chinareman.cn/	中国	河北省沧州市河间经济开发区（西区）	info@china-reman.com	010-68834500
11	装备再制造技术国防科技重点实验室	National Key Laboratory for Remanuacturing	—	中国	北京市丰台区杜家坎21号院	—	—
12	机械产品再制造国家工程研究中心	National Engineering Research Center for Machinery Products Remanufacturing	—	中国	北京市丰台区杜家坎22号院	—	—

（续）

序号	机构名称		网址	国家	地址	邮箱	联系方式
	中文	英文					
13	中国循环经济协会再制造专业委员会	Remanufacturing Committee of China Association of Circular Economy	http://www.cacereman.com	中国	北京市丰台区诺德中心九号楼1205	reman@chinacace.org	010-56071889
14	全国绿色制造技术标准化技术委员会再制造分技术委员会	Remanufacturing Committee Green Manufacturing Technology of Standardization Administration of China	http://www.chinareman.cn/	中国	北京市石景山区金融街长安中心26号院5号楼2507	shipj@163.com	010-68834500
15	中国机械工程学会再制造工程分会	Remanufacturing Committee of Chinese Mechanical Engineering Society	http://www.cmes.org/	中国	北京丰台区杜家坎21号再制造技术重点实验室	shipj@164.com	010-66719325
16	中国汽车工业协会汽车零部件再制造分会	The Remanufacture Committee of China Association of Automobile Manufactures	http://www.remanchina.org/	中国	山东省济南市世纪大道7777号	cpra@remanchina.org	0531-85584812
17	绿色制造产业技术创新战略联盟	Innovation Strategic Alliance of Green Manufacturing Industry Technology	http://keji.mei.net.cn/lslm.asp	中国	北京西城区三里河路46号5019室	gmlm2011@163.com	010-68595013
18	中国再生资源产业技术创新战略联盟	Innovation Strategic Alliance of China Recycled Resources Industry Technology	http://www.ciar.org.cn/	中国	北京市西城区西绒线胡同26号-2	ciar@ciar.org.cn	010-88385400

参 考 文 献

[1] STEINHILPER R. Remanufacturing: the ultimate form of recycling [J]. Journal of Industrial Ecology, 1999, 3 (2): 189-192.

[2] U S. Department of Energy Office of Industrial Technologies. Remanufacturing Vision Statement [R]. Washington: United States Department of Energy, 1996.

[3] GIUNTINI R, GAUDETTE K. Remanufacturing: the next great opportunity for improving U S productivity [J]. Business Horizon, 2003 (11-12): 41-48.

[4] 徐滨士, 朱胜, 姚巨坤. 废旧机电产品资源化 [J]. 科技导报, 2005, 23 (6): 17-19.

[5] LUND R T. The Remanufacturing Industry-Hidden Giant [R]. Massachusetts: Manufacturing Engineering Department, 1996.

[6] GIUNTINI R. The US market size of capital goods remanufacturing process expenditures [R]. Lewisburg: OEM Product-Services Institute (OPI), 2001.

[7] 徐滨士. 中国特色再制造产业技术支撑体系和发展模式研究 [R]. 北京: 中华人民共和国工业与信息化部节能与综合利用司, 2012.

[8] 王维钢. 美军装备保障的新发展及其对我军的启示 [J]. 海军装备, 2014 (2): 60-61.

[9] 李永全, 马建成. 美军装备保障信息化建设的特点及启示 [J]. 装备学术, 2016 (2): 79-80.

[10] 王志勇, 曹奕, 侯岳. 美军现行二级维修体制对我军装备维修保障的启示 [J]. 装备学术, 2013 (2): 79-80.

[11] 栗琳. 美军装备保障转型研究 [J]. 空军装备, 2014 (10): 12-14.

[12] 总装备部综合计划部. 美军装备维修保障 [M]. 北京: 国防工业出版社, 2006.

[13] ROOT C. NAVY Additive Manufacturing [C]. DoD Maintenance Symposium, 2014.

[14] NAGUY T. Additive Manufacturing Air Force Perspective [C]. DoD Maintenance Symposium, 2014.

[15] KERWIEN S C. Additive Manufacturing for DoD Maintenance Activities [C]. DoD Maintenance Symposium, 2014.

[16] 曹华军, 杜彦斌, 张明智, 等. 机床再制造与综合提升内涵及技术框架 [J]. 中国表面工程, 2010, 23 (6): 75-79.

[17] BUTLER P. Machine tools: A Report on the Remanufacture of Manual and CNC Tooling Machinery in the UK [R]. Aylesbury: Centre for Remanufacturing and Reuse, 2009.

[18] WILLIAM M H, ROBERT T L. Remanufacturing: Operating Practices and Strategies [R]. Boston: Boston University, 2008.

[19] ULLAH S M S, MUHAMMAD I, KO T J. Optimal strategy to deal with decision making problems in machine tools remanufacturing [J]. International Journal of Precision Engineer-

ing and Manufacturing- Green Technology, 2016, 3（1）: 19-26.

[20] Busch Precision Inc. Brief Introduction [EB/OL]. (2016-01-01) [2018-10-06]. https: //www. buschprecision. com/Busch- Precision. htm.

[21] Machine Tool Service. Brief Introduction [EB/OL]. (2006-01-01) [2018-10-06]. http: //www. machinetoolservice. com/index. html.

[22] Machine Tool Builders Inc. Brief Introduction of machine tool builders [EB/OL]. (2019-03-25) [2019-06-06]. https: //www. machinetoolbuilders. com/.

[23] Machine Tool Research Inc. Brief Introduction [EB/OL]. (2019-05-20) [2019-06-06]. https: //www. mtrnet. com/.

[24] The Daniluk Corp. Brief Introduction [EB/OL]. (1998-01-01) [2018-10-06]. http: //www. daniluk. com/.

[25] ARONSON R B. Remanufactured machine tools [J]. Manufacturing Engineering, 2003, 131 (6): 75-80, 82-83.

[26] 孙玉华, 张曙. 德国机床数控化改造的实践与研究 [J]. 制造业自动化, 2000, 22 (11): 50-53.

[27] OKUMURA S, MORIKUNI T, OKINO N. Environmental effects of physical life span of a reusable unit following functional and physical failures in a remanufacturing system [J]. International Journal of Production Research, 2003, 41 (16): 3667-3687.

[28] KARUNAKARAN K P, MEYYAPPAN S. Rejuvenating machine tools [J]. Industry Watch-Modern Machine Tools, 2005, 4: 22-26.

[29] DU Y, LI C. Implementing energy- saving and environmental- benign paradigm: machine tool remanufacturing by OEMs in China [J]. Journal of Cleaner Production, 2014, 66 (3): 272-279.

[30] 全国绿色制造技术标准化技术委员会. 绿色制造金属切削机床再制造技术导则: GB/T 28615—2012 [S]. 北京: 中国标准出版社, 2012.

[31] 杜彦斌, 李智明. 退役机床再制造整机性能综合提升方案 [J]. 现代制造工程, 2014, (6): 16-21.

[32] 杜彦斌, 李聪波. 机械装备再制造可靠性研究现状及展望 [J]. 计算机集成制造系统, 2014, 20 (11): 2643-2651.

[33] APSRG. Triple Win: The Social, Economic and Environmental case for Remanufacturing [EB/OL]. (2015-09-08) [2018-10-06]. http: //www. policyconnect. org. uk/apsrg.

[34] APSRG. Remanufacturing: Towards a Resource Efficient Economy [EB/OL]. (2014-03-26) [2018-10-06]. http: //www. policyconnect. org. uk/apsrg.

[35] Redefining Value. The Manufacturing Revolution, Remanufacturing, Refurbishment, Repair and Direct Reuse in the Circular Economy [R/OL], United Nations Environment Programme, 2018. http: //www. resourcepanel. org/reports /re- defining- value- manufacturing-revolution

[36] JHAVAR S, PAUL C P, JAIN N K. Micro- plasma transferred arc additive manufacturing for die and mold surface remanufacturing [J]. JOM, 2016, 68 (7), 1801-1809.

[37] XU L, CAO H J, LIU H L, et al. Study on laser cladding remanufacturing process with FeCrNiCu alloy powder for thin-wall impeller blade [J]. The International Journal of Advanced Manufacturing Technology, 2017, 90 (5-8), 1383-1393.

[38] ZHANG W, GUO Y M, CHEN Y X. Applications and future development of thermal spraying technologies for remanufacturing engineering [J]. China Surface Engineering, 2011, 6, 1-10.

[39] HU Z, DONG S, WANG X, et al. New development of nanocomposite electro-brush plating technique facing the equipment remanufacturing [J]. China Surface Engineering, 2010, 87-91.

[40] LIU W W, LI M Z, QING X C, et al. Supercritical carbon dioxide cleaning of metal parts for remanufacturing industry [J]. Journal of Cleaner Production, 2015, 93 (15), 339-346.

[41] CHANG Y, BAE J H, YI H C. Ultrasonic cleaning of used plastic parts for remanufacturing of multifunctional digital copier [J]. International Journal of Precision Engineering and Manufacturing, 2013, 4 (6), 951-956.

[42] KERNBAUM S, FRANKE C, SELIGER G. Flat screen monitor disassembly and testing for remanufacturing [J]. International Journal of Sustainable Manufacturing, 2009, 1 (3), 347-360.

[43] IRVING A W, DANIEL R P, SHARA L A, et al. Remanufactured Goods: An Overview of the U S and Global Industries, Market, and Trade [R]. USITC Publication, 2012.